厦门大学南强丛书【第七辑】

中国外汇储备风险测度与管理

朱孟楠◎著

厦门大学出版社　国家一级出版社
XIAMEN UNIVERSITY PRESS　全国百佳图书出版单位

图书在版编目(CIP)数据

中国外汇储备风险测度与管理/朱孟楠著.—厦门:厦门大学出版社,2021.11
(厦门大学南强丛书.第7辑)
ISBN 978-7-5615-8111-7

Ⅰ.①中…　Ⅱ.①朱…　Ⅲ.①外汇储备—风险管理—研究—中国　Ⅳ.①F822.2

中国版本图书馆 CIP 数据核字(2021)第 045382 号

出 版 人	郑文礼
责任编辑	许红兵
封面设计	李夏凌
技术编辑	朱　楷

出版发行 厦门大学出版社

社　　址	厦门市软件园二期望海路 39 号
邮政编码	361008
总　　机	0592-2181111　0592-2181406(传真)
营销中心	0592-2184458　0592-2181365
网　　址	http://www.xmupress.com
邮　　箱	xmup@xmupress.com
印　　刷	厦门集大印刷有限公司

开本	720 mm×1 000 mm　1/16
印张	15.5
插页	4
字数	271 千字
版次	2021 年 11 月第 1 版
印次	2021 年 11 月第 1 次印刷
定价	68.00 元

本书如有印装质量问题请直接寄承印厂调换

F1332-1-1
ISBN 978-7-5615-8111-7

定价:68.00元

厦门大学出版社
微信二维码

厦门大学出版社
微博二维码

总　序

在人类发展史上，大学作为相对稳定的社会组织存在了数百年并延续至今，一个很重要的原因在于大学不断孕育新思想新文化，产出新科技新成果，推动人类文明和社会进步。毋庸置疑，为人类保存知识、传承知识、创造知识是中外大学的重要使命之一。

1921年，爱国华侨领袖陈嘉庚先生于民族危难之际，怀抱"教育为立国之本"的信念，倾资创办厦门大学。回顾百年发展历程，厦门大学始终坚持"博集东西各国之学术及其精神，以研究一切现象之底蕴与功用"，产出了一大批在海内外具有重大影响的精品力作。早在20世纪20年代，美籍生物系教授莱德博士对厦门文昌鱼的研究，揭示了无脊椎动物向脊椎动物转化的奥秘，发表在美国1923年的《科学》杂志上，在国际学术界引起轰动。上世纪30年代，郭大力校友与王亚南教授合译的《资本论》中文全译本首次在中国出版，有力地促进马克思主义在中国的传播。1945年，萨本栋教授整理了在厦门大学教学的讲义，用英文撰写 *Fundamentals of Alternating-Current Machines*（《交流电机》），引起世界工程学界强烈反响，开创了中国科学家编写的自然科学著作被外国高校用为专门教材的先例。上世纪70年代，陈景润校友发表了"1＋2"详细证明，引起世界巨大轰动，被公认为对哥德巴赫猜想研究的重大贡献。1987年，潘懋元教授编写我国第一部高等教育学教材《高等教育学》，获国家教委高等学校优秀教材一等奖。2006年胡锦涛总书记访问美国时，将陈支平教授主编的《台湾文献汇刊》作为礼品之一赠送给耶鲁大学。近年来，厦大在能源材料化学、生物医学、分子疫苗学、海洋科学、环境生态科学等理工医领域,在经济学、管理学、统计学、法学、历史学、中国语言文学、教育学、国际关系及区域问题研究等人文社科领域不断探索,取得了丰硕的成果,出版和发表了一大批有重要影响力的专著和论文。

书籍是人类进步的阶梯,是创新知识和传承文化的重要载体。为了更好地展示和传播研究成果,在1991年厦门大学出版社建校70周年之际,厦门大学出版社出版了首辑"厦门大学南强丛书",从参评的50多部优秀书稿中评选出15部优秀学术专著出版。选题涉及自然科学和社会科学,其中既有久负盛名的老一辈学者专家呕心沥血的力作,也有后起之秀富有开拓性的佳作,还有已故著名教授的遗作。首辑"厦门大学南强丛书"在一定程度上体现了厦门大学的科研特色和学术水平,出版之后广受赞誉。此后,逢五、逢十校庆,"厦门大学南强丛书"又相继出版了五辑。其中万惠霖院士领衔主编、多位院士参与编写的《固体表面物理化学若干研究前沿》一书,入选"三个一百"原创图书出版工程;赵玉芬院士所著的《前生源化学条件下磷对生命物质的催化与调控》一书,获2018年度输出版优秀图书奖;曹春平副教授所著《闽南传统建筑》一书,获第七届中华优秀出版物奖图书奖。此外,还有多部学术著作获得国家出版基金资助。"厦门大学南强丛书"已成为厦大重要学术阵地和学术品牌。

2021年,厦门大学将迎来建校100周年,也是首辑"厦门大学南强丛书"出版30周年。为此,厦门大学出版社再次遴选一批优秀学术著作作为第七辑"厦门大学南强丛书"出版。本次入选的学术著作,多为厦门大学优势学科、特色学科经过长期学术积淀的前沿研究成果。丛书作者中既有中科院院士和文科资深教授,也有全国重点学科的学术带头人,还有新近在学界崭露头角的青年新秀,他们在各自学术领域皆有不俗建树,且备受瞩目。我们相信,这批学术著作的出版,将为厦大百年华诞献上一份沉甸甸的厚礼,为学术繁荣添上浓墨重彩的一笔。

"自强！自强！学海何洋洋！"赓两个世纪跨越，逐两个百年梦想，面对世界百年未有之大变局，面对全人类共同面临的问题，面对科学研究的前沿领域，面对国家战略需求和区域经济社会发展需要，厦门大学将乘着新时代的浩荡东风，秉承"研究高深学问，养成专门人才，阐扬世界文化"的办学宗旨，劈波斩浪，扬帆远航，努力产出更好更多的学术成果，为国家富强、民族复兴和人类文明进步作出新的更大贡献。我们也期待更多学者的高质量高水平研究成果通过"厦门大学南强丛书"面世，为学校"双一流"建设作出更大的贡献。

是为序。

厦门大学校长 张荣

2020 年 10 月

作者简介

朱孟楠，男，1963 年 3 月出生，福建尤溪人，经济学（金融学）博士，现为厦门大学特聘教授、博士生导师、经济学院副院长，同时担任国务院应用经济学科评议组成员、教育部高等学校金融学类专业教学指导委员会委员、国家社科基金学科规划评审组专家。在 2001—2016 年间，担任全国金融专业学位研究生教育指导委员会委员、国家级实验教学示范中心经管学科组组长，入选教育部新世纪优秀人才支持计划，享受国务院特殊津贴。

主要学术兼职：中国金融学会理事、中国国际金融学会副秘书长、中国现代金融学会常务理事、福建省金融学会副会长、福建省人文社会科学重点研究基地——厦门大学金融研究中心主任。

主要研究方向：国际金融理论与政策，在人民币汇率、外汇储备风险管理、金融监管的国际协调与合作等方面有较深入的研究。迄今在国内外重要期刊公开发表学术论文 270 多篇，出版专著、教材等 26 部（含合作、参编）。先后主持国家社科基金项目、教育部哲学社会科学研究重大课题攻关项目、国家自然科学基金项目等 50 多项国家级、省部级及横向课题研究，30 多项研究成果获国家级、省部级与市级奖励，并荣获首届"厦门大学十大教学名师"（2003）、首届鸿儒金融教育基金会"全国金融学杰出教师"（2015）等荣誉和称号。

前　言

外汇储备，一般来说是一国货币当局持有的，用于弥补国际收支逆差、稳定本国货币汇率、缓冲外部冲击及维持市场信心的一切被普遍接受的可自由兑换的外汇资产。在开放经济条件下，外汇储备作为国际储备的典型代表，确实为一国、一地区，乃至国际金融市场、国际社会的稳定与发展等，发挥了积极的、无可替代的作用。1997 年发生的亚洲金融危机、2007 年爆发的美国次贷危机并由此引发的全球金融危机、欧洲主权债务危机等，都从正反两面，进一步说明了外汇储备的重要性与深刻的影响。也因此，一国或地区都持有或多或少的外汇储备，特别是发展中国家基于经济发展对外部资金的广泛需求、自身资源的限制以及防范金融危机与稳定市场的需要，持有外汇储备规模和比例都在不断增加。

显然，持有外汇储备是正常的货币当局行为，发展中国家适当增加外汇储备的持有，也无可厚非，但外汇储备并非越多越好！外汇储备资产毕竟多为纸质性的金融资产，且多为主要国家的货币及以这些货币表示的价值形态，容易受到储备货币发行国金融货币政策、国际金融市场交易程度以及突发事件，如金融危机、公共卫生事件（如 2020 年蔓延的新冠肺炎）等爆发的影响，典型表现之一就是：持有外汇储备资产往往因资产价格的经常变动甚至大幅度波动，而给持有者带来很大的损失，亦即持有过多的外汇储备带来的风险十分巨大。因此，在持有外汇储备的同时，如何防范、规避、分散储备风险，长期以来一直是国内外学者、业界和管理部门关注、研究的重大问题。

尤其 20 世纪 90 年代末期以来，不少国家和地区（特别是亚洲国家或地区）大幅度提高了外汇储备的持有规模。例如，资料显示：1998 年至 2011 年第三季度，全球外汇储备增长了 519.1%，其中发达国家外汇储备增长了 226.2%，发展中国家和新兴市场国家（地区）外汇储备增长更为明显，这些国家或地区的外汇储备总额增长了 1 001.1%。我国外汇储备自 1994 年以来出现了持续、快速、大幅度增长，特别是 2000 年以来，储备规模从 1 655.74 亿美元激增至 2014 年的 38 430.18 万亿美元,增长了 22 倍多,平均每年增长 2626.7 亿美元。这么大的规模及这么快的增长,是十分令人惊讶的,也引发了人们的各种思考:为什么会如此迅猛增长?增长的动因是什么?增长的影响在哪里?增长过程中的风险有哪些?2014 年后外汇储备规模又为什么会下降?应采取什么样的策略和具体措施来分散、规避风险?

正因为上述的国际、国内环境变化以及外汇储备的非正常增长(包括急剧增长与波动)带来的诸多亟待解决的问题,特别是我国外汇储备 1994 年以来持续、巨额、大幅度增长的事实,激发了我致力于外汇储备问题研究的动力:从 20 世纪 90 年代开始就把外汇储备问题作为我的主要研究方向之一,撰写了一系列这方面的学术论文,并于 1997 年顺利完成的《中国外汇储备:质量与数量研究》的博士论文,提出了务必重视与加强我国外汇储备适度规模、币种结构、投资组织与机制、风险规避等等方面的观点和建议。

进入 21 世纪,特别是 2007 年以来,因美国次贷危机演化而来的全球金融危机致使相当多国家的外汇储备投资损失惨重,现行各国的外汇储备管理与投资体制受到冲击,因此一些新的、更深刻的问题就产生了。例如:如何在全球金融危机的背景下有效提高外汇储备资产安全性和收益性,如何完善外汇储备管理投资体制与机制及提高储备管理的有效性,如何用科学的投资方式和多元化的投资策略去分散风险,以及如何用更精确的方法对外汇储备风险进行测度以便更有效地防范储备风险等。

我国也同样面临上述新问题,甚至因我国在 2006 年外汇储备量超过日本成为世界上持有外汇储备最多的国家,而使面临的问题更加复杂、更加突出。这样的新形势新挑战,引起了我国高层决策者和政府有关部门的高度重视,也正是在这样的条件下,由我牵头组织研究团队申报了 2007 年国家社科基金课题:中国外汇储备风险测度与管理研究,并于当年 6 月获批、立项研究(项目批准号:07BJY157)。之后,承担并完成了教育部重大课题攻关项目和国家自然科学基金项目,对中国外汇储备风险管理做了进一步、较为深入的探讨。本书主要在我承担的国家社科基金结题报告基础上修改完成。

本书撰写的思路:沿着我国改革开放的历程,从我国外汇储备持续增长的历史和现状入手,针对我国外汇储备增长过程中存在的关键问题(如管理有效性问题)、重要问题(如规模过大问题、储备货币结构不合理问题、储备资产价格波动问题,以及由这些方面引起的整体或全面储备风险问题等),通过定性与计量、实证分析,利用大量翔实的数据、资料,予以推论、证明,最后根据得出的结论提出有针对性、前瞻性的政策建议。

本书的内容除导论外还包括如下九个方面:(1)中国改革开放与中国外汇储备增长的关系、特征;(2)中国外汇储备持续快速增长的动因与机制;(3)中国外汇储备持续增长对宏微观经济的影响;(4)中国外汇储备持续增长过程中的风险累积、识别与评估;(5)中国外汇储备适度或最优规模的衡量与确定;(6)中国外汇储备币种结构的优化与调整;(7)中国外汇储备资产的科学运用——以主权财富基金为例;(8)中国外汇储备货币汇率波动风险的测算与规避;(9)中国外汇储备全面风险管理体系的构建等。通过以上九大方面的研究,试图较好地解决我国目前外汇储备管理中存在的主要问题,为我国高效地利用外汇储备、规避外汇储备的存量与增量风险、在大国经济崛起的过程中稳定货币价值、推动人民币国际化、提高我国在国际上的地位与发挥一个负责任大国更大作用等方面,提供理论基础与决策参考依据。

当然,本书的完成,不是问题研究的结束,相反,伴随着国内外经济形势的变化,特别是在世界逆全球化浪潮迭起、金融市场"黑天鹅""灰犀牛"不断飘出不时爆出的背景下,在我国开启全面建设社会主义现代化国家新征程的路上,如何保持中国外汇储备的稳健性(例如2014年我国外汇储备达到峰值后为什么会下降? 在新形势下如何动态优化我国的储备规模与结构? 等等),如何更好地改革、完善外汇储备管理体制机制(例如建立什么样的外汇储备投资进入与退出的体制? 建立什么样的外汇储备储备资产转换机制? 等等),如何更有效地对外汇储备存量、增量进行管理和投资,如何通过对外汇储备这一宝贵国家财富的管理促进我国整体经济的发展,进而提高外汇储备管理的经济和社会效益,都值得我们做更深入的思考,这也是今后本人及我的研究团队重点研究的一个方向。

目　录

第一章 导 论

一、研究背景和意义

外汇储备管理问题,一直以来都是国内外学术界十分关注和着力研究的热点和前沿问题。在开放经济条件下,外汇储备作为国际储备的典型代表,为一个国家乃至国际金融市场、国际社会的稳定与发展等,发挥了积极的作用。因此,一国或地区都持有或多或少的外汇储备。特别是发展中国家,基于经济发展对外部资金的广泛需求、自身资源的限制以及防范金融危机与稳定市场的需要,持有外汇储备的规模及其在国际储备中的占比都在不断增加。简言之,外汇储备已成为一些国家最重要的国际储备资产,甚至在一些国家呈现出了"国际储备外汇化"的现象[①],这在发展中国家包括我国尤为明显。

但外汇储备资产与黄金等具有内在价值的实物性资产不一样,它毕竟多为纸质性的金融资产,且多为主要发达国家的货币。以这些货币表示的价值形态,容易受到储备货币发行国金融货币政策、国际金融市场交易程度以及突发事件,如金融危机的影响,典型表现之一就是:持有外汇储备资产往往因资产价格的经常变动甚至大幅度波动,而给持有者带来损失。也就是说,一个国家如果没有足够的外汇储备,那么是无法满足经济发展与正常交易需求的,尤其面对区域性甚至全球性的金融危机时,必将无力应对甚至束手无策;但如果持有过多的外汇储备,再加上储备货币结构不合理、储备投资方向和投资管理策略出现偏差,那么带来的风险又十分巨大。20 世纪 60 年代,特别是 90 年代以来发生的多次重大的金融、货币危机,以及危机后各国、国际社会所采取的各种拯救举措,都从正反两个方面予以了充分的佐证。

---

① 朱孟楠. 中国外汇储备:质量与数量研究[D].厦门大学,1997.

因此,在各国持有外汇储备的同时,如何防范、规避、分散储备风险,就成为国内外学者、实际工作者长期以来关注、研究的重大问题。

进入 21 世纪以来,新的问题又不断产生。特别是 2007 年以来,由美国次贷危机演化而来的全球金融危机使相当多国家的外汇储备投资损失惨重,现行各国的外汇储备管理与投资体制受到冲击,因此一些新的、更深刻的问题就产生了。例如:如何在全球金融危机的背景下有效提高外汇储备资产安全性和收益性? 如何完善外汇储备管理投资体制与机制及提高储备管理的有效性? 如何用科学的投资方式和多元化的投资策略去分散风险? 如何用更精确的方法对外汇储备风险进行测度以便更有效地防范储备风险? 等等。我国也同样面临上述新问题,甚至因为在 2006 年外汇储备量超过日本成为世界上官方持有外汇储备最多的国家,而面临更加复杂、更加突出的问题。这些问题如果不解决或没有及时得到解决,不但会使各国手上持有的外汇储备资产低效运作,满足不了经济发展或交易的正常需要,更重要的是,会使储备资产长期处于风险暴露或价值波动之中,甚至遭受重大损失。因此,如何有效管理外汇储备,成了 21 世纪以来国际社会研讨的关键问题。

我国的外汇储备管理问题,是与我国改革开放后外汇储备不断增长密切相关的。1994 年以前,我们面临的问题主要是外汇储备缺乏,即如何去增加外汇储备量以满足经济发展的各种需求问题;1994 年尤其是 2000 年以后,我国外汇储备不断增长,至 2006 年一跃成为全球第一大外汇储备国。[①] 因此,这一时期人们关注、思考的主要问题是外汇储备量的适度性、储备货币来源的稳定性、储备货币结构的合理性等。又因这期间亚洲遇到了战后最严重的货币危机,国际社会包括中国等国家在内的一些国家对危机国予以了援助,因此,人们对外汇储备所能发挥的防范金融危机与干预汇率波动的功能予以了关注,加强了这方面的研究工作。

2007 年美国次贷危机爆发,进而蔓延到全球各地,迄今一些国家尚未从金融危机的阴影中走出来。全球金融市场尤其是股票市场、外汇市场一度陷入混乱,我国的经济与金融的发展也受到了影响,我国拥有的全球第一大规模

---

① 我国外汇储备自 1994 年以来出现了持续、快速、大幅度增长,特别是 2000 年以来,储备规模从 1 655.74 亿美元激增至 2011 年的 31 811.48 亿美元,10 年来外汇储备增长了近 19 倍,其中仅 2007 年一年就创纪录地增长了 4 619.05 亿美元,相当于每天增长 12.65 亿美元。2013 年 6 月底我国外汇储备增至 3.5 万亿美元。截至 2020 年 9 月底,我国外汇储备余额为 3.14 万亿美元。

的外汇储备,也因金融危机的冲击遭受损失。2020 年以来,因受重大突发公共卫生事件(新冠肺炎)的冲击,全球经济又受到了严峻的挑战,全球金融市场屡发巨震,各国政府持有的外汇储备因拯救市场之需也受到相当大的影响。因此,一系列更深刻的问题被提到了议事日程上。例如,全球如何有效管理外汇储备?特别在遇到危机时如何既保障外汇储备的安全性,又能较好地维护与促进经济的稳定与发展?如何更好地对暴露的外汇储备风险进行规避与消除?特别的,如何进一步有效管理我国的外汇储备,对存量和增量外汇储备采取有的放矢的管理对策?如何加强对我国巨额外汇储备的风险管理?等等。

但对于外汇储备资产经营过程中的风险管理,尤其是有效的风险管理,国内尚未有过深入、系统的研究。事实已证明,如果不果断、及时加强对外汇储备的风险管理,后果是严重的。加强对外汇储备风险的有效管理,不但关系到外汇储备资产本身的价值稳定性问题,而且关系到央行干预外汇市场的有效性、央行货币政策的执行力度以及一国政府的声誉等。毋庸置疑,实施、加强外汇储备风险管理至关重要,意义巨大。此外,在经济全球化的背景下,为了保持我国经济健康、稳定、持续地发展,审时度势、趋利避害,从金融安全以及更好地发挥国家外汇储备的有效性出发,也都需要进一步加强对我国外汇储备风险管理的研究。总之,从外汇储备管理的角度来看,我国目前外汇储备管理的关键还不单单是争论储备多寡即确定外汇储备的适度规模,还应该考虑如何在现有规模基础上,加强对外汇储备的全面风险管理,最大限度地降低我国外汇储备的持有风险,获得更多的经济甚至社会和国际效益。

正因为上述国际、国内政治经济环境的变化和我国外汇储备非正常增长的情况,特别是我国外汇储备自 1994 年以来持续、快速、大幅度增长的事实,促使我们去研究我国外汇储备增长的动因机制、外汇储备快速与巨额增长的利弊;促使我们去研究一些关键性问题,诸如适度外汇储备量、最优储备币种结构、最合理的储备资产结构等;促使我们去探索外汇储备管理的新问题,诸如外汇储备全面风险管理、外汇储备资产运用与投资机制、金融危机背景下外汇储备有效风险管理体系等。这是一项弥补空白的重要工作,具有非常重要的理论和实践意义。

二、国内外研究现状

对外汇储备的有效管理,是一个系统工程。所谓的有效管理,是指一国外汇储备管理部门根据本国战略发展需要,对外汇储备资产进行充分利用和合理配置,同时降低管理成本,获取最大经济效益和社会效益的整个过程。具体而言,是指一国外汇储备管理部门根据本国的国际收支状况、金融市场发达程度、政府管理水平和经济发展的根本要求,建立完善、合理、科学的储备管理体系,有效控制外汇储备的增长速度和规模,科学安排外汇储备结构,控制和分散外汇储备货币汇率风险,使外汇储备经营管理效益达到(或接近)最优的整个过程。外汇储备有效管理的实质,是通过有效措施的实施,实现外汇储备资产的充分使用和合理配置,以降低管理成本,获得最大经济收益和社会收益。依此定义,外汇储备有效管理所涵盖的内容,从广义角度来看,应包括适度规模管理、币种结构优化管理、投资机制与策略组合管理、储备货币汇率风险管理等。因此,对外汇储备管理的研究,长期以来国内外学者基本上都是围绕着这些问题而展开的,在不同时期,因经济金融发展的情势不同而有所区别,有所侧重。

(一)在外汇储备适度规模管理方面

1. 外汇储备适度规模的定义

J. M. Fleming(1964)首次对外汇储备的适度规模进行了定义,指出,如果储备库存量和增长率使储备的"缓解"程度最大化,则该储备存量和增长率就是适度的。H. R. Heller(1966)则认为,使一国为国际收支逆差所采取的支出转换、支出削减和向外借款融资政策的成本最小的储备量就是适度的储备需求水平。Balogh T.(1960)对发展中国家外汇储备规模适度性进行了定义,认为在现有资源存量和储备水平既定的条件下,如果储备增长能促进经济增长率的最大化,则该储备的增长率是适度的。J. P. Agarwal(1971)则认为适度储备持有额能使发展中国家在既定的固定汇率上融通其在计划期内发生的预料之外的国际收支逆差,同时使该国持有储备的成本与收益相等。Laura Alfaro 和 Fabio Kanczuk(2007)认为主权国家有利用外汇储备偿还外债的动机,因此在外汇储备适度规模的决定过程中,应将持有的外债纳入分析框架。

Olivier Jeanne 和 Romain Rancière（2008）认为小型开放经济体具有抵御经济停滞的需求，以效用最大化为视角，一国外汇储备的适度规模主要取决于该国抵抗危机的脆弱程度、危机的严重程度及外汇储备的持有成本三个因素，因此一国的外汇储备适度规模就是该国外汇储备持有成本最小时的储备量；Barnichon（2008）构建了一个在限制外国资本流入，受自然灾害或贸易条件冲击假定下的小国开放经济的最优外汇储备水平的分析框架，指出这些国家的外汇储备应该用于缓解由外部冲击及避免进口大幅波动引起的国际收支失衡的压力。

2. 如何测算外汇储备适度规模

早期学者主要是运用经验比例法，例如储备-进口比例法、外汇储备/货币供应量、储备/外债、外汇储备/GDP 等。其代表人物之一是著名的美国学者罗伯特·特里芬（Robert Tiffin）。特里芬在 1960 年他所著的《黄金与美元危机》中强调，一国储备量应以满足三个月的进口为宜。这就是著名的"特里芬法则"。该法则指出：一国的外汇储备应与它的年度进口额保持一定的比例关系，这个比例以 40% 为上限，以 20% 为最低限，25% 为适宜，才能在经常项目和资本项目收支时间不匹配时保证正常的支付能力。20 世纪 60 年代后半期，一些学者运用计量回归方法建立关于适度储备量的经济计量模型。典型代表是 J. A. Frenkol（1971）和 M. A. Iyoha（1976）。回归分析方法的不足表现在它是用实际持有量作为需求水平回归，实际上是假设各国各时期的外汇储备都是合理的，以往每年的实际持有量就是适度需求量。这和现实是不符的，因为实际持有量可能是供给量而不是需求量。此外，还假设历史的储备变动也适合未来的情况，这和现实也不完全相符。当然，这一方法在计量上还存在多重共线性问题。20 世纪 60 年代末以来一些学者借鉴微观经济学厂商理论，假定政府同其他经济单位一样追求最大经济福利，则持有储备的边际成本等于边际收益时，可确定该国的最优储备量。该方法早期的主要代表有 H. R. Heller（1966）模型、Clark（1970）模型及 J. P. Agarwal（1976）提出的发展中国家适度储备模型等。20 世纪 80 年代之后，Frenkel 和 Jovanovic（1981）、Edward（1985）、Landell-Mills（1989）、Flood 和 Marion（2002）、Bird 和 Rajan（2003）等也运用过该方法对发展中国家最优国际储备进行计算。该方法在运用时遇到的最大问题是如何正确选择代表成本和收益的变量以及如何量化成本或收益。Olivier Jeanne，Romain Rancière（2011）构建了一个小型的开放经济模型，推导出外汇储备最佳水平的计算公式，并表明，通过合理的校准可以解释许多新兴市场国家的外汇储备量。

3. 中国外汇储备适度规模问题

针对中国外汇储备适度规模问题,国内许多学者也进行了研究。例如:朱孟楠(1995)、钟伟(1995)、徐剑明(1999)、王国林(2003)、魏晓琴(2004)、李昌宝(2006)、陈得胜(2005)、者贵昌(2005)等先后运用比例分析法、成本收益分析法和定性分析法;许承明(2001)、朱孟楠(2005)等运用回归分析法;王丹、李海婴(2004)等综合使用多种方法;滕昕、李树民(2006)等运用径向基神经网络法;陈文政(2009)等从权变管理的角度提出了最优外汇储备规模;谢泽林(2009)、宋娟(2010)、袁恩泽(2011)、喻海燕(2011)等均对此进行了研究。

(二)在外汇储备币种结构管理方面

1. 针对储备币种选择

20世纪70年代末,西方学者把托宾(J. Tobin)和马科维茨(H. M. Markowitz)的资产选择理论用于外汇储备币种选择上,形成外汇储备资产组合理论。资产选择理论主要采用"均值-方差分析法"(mean-variance approach)。运用这一方法,Ben-Bassat(1980)研究了以色列1972—1976年间的外汇储备币种构成;Harris和Chin(1991)考察了韩国1980—1987年间的外汇储备币种构成;冰岛大学经济研究局实证考察了冰岛1987—1993年间的外汇储备币种构成。该方法在实践中面临三个技术性难题:第一是如何选择合适的参考篮子以衡量外汇储备价值;第二是如何处理风险收益关系的不稳定性;第三源于有效资产组合选择中的主观性。这些问题涉及有效资产组合边界的识别和有效资产组合的选择。同时在实践中,货币当局在确定外汇储备的币种时,首要考虑如何迅速有效实现储备弥补国际收支逆差,稳定汇率的职能,其次才是如何降低风险和扩大盈利。有的学者对将资产选择理论应用于储备币种分配表示质疑,提出了外汇储备币种结构的交易视角分析法,典型代表是Heller和Knight(1978),Michael P. Dooley(1987),Dooley、Lizondo和Mathieson(1989),Eichengreen(1998),Barry Eichengreen和Donald J. Mathieson(2000),Pringle-Carver(2003、2005)。

在外汇储备币种结构安排上,还出现过干预视角分析及模糊决策理论分析。典型代表是Srichander Ramaswamy(2000),Elias、Richard和Gregorios(2006),Roland Beek和Ebrahim Rahbari(2008)。Joshua Aizenman和Yothin Jinjarak、Donghyun Park(2011)探讨了互换协议在外汇储备结构管理

中的作用及互换限额是否会减少储备积累的问题,结果表明,只有有限的一些互换品种可以替代储备。

2. 针对外汇储备资产选择

Paul Davidson(1982)按国际储备的功能将资产分为三类:一是营运资产(running assets),用于日常的对外交易支付需要;二是储备资产(reserve assets),用于应付未来的突发性对外支付需要;三是投资资产(investment assets),用于获得长期的资本增值(capital gain)和利益收益。Roland 和 Beck、Ebrahim Rahbari(2011)分析了在资本流入突然停止情况下,央行外汇储备的最佳投资组合。Pierre-Olivier Gourinchas,Helene Rey,Kai Truempler(2011)通过分析双边对外头寸权益的估值变化,对外汇资产投资组合的结构进行研究。

3. 针对我国外汇储备结构

针对我国外汇储备结构,国内学者也展开了一些研究。在定量研究中,易江和李楚霖(1997)、马杰(2001)、朱淑珍(2002)先后运用 H. Markowitz 的组合投资理论对我国外汇储备币种安排进行了研究;李振勤(2003)根据美国财政部的数据推测,中国 2003 年外汇储备的近似组合大体为美元 70%,欧元15%,日元 10%;张文政(2005)根据海勒-奈特模型和杜利模型分析研究中国的外汇储备币种权重,得出币种权重为美元 63%,欧元 20%,日元 15%,但完全没有考虑资产的风险收益因素;李成、杜志斌(2006)根据中国外汇储备总额和相应外汇汇率的研究得出美元占 60%,欧元占 20%,日元占 13%;王国林、牛晓健(2006)对外汇储备币种结构年度和季度变化情况进行了分析;滕昕、李树民(2006)对我国外汇储备币种和资产结构特点进行阐述,并从国际货币体系格局的变化、我国对外贸易结构、我国外商直接投资结构以及外债结构等方面分析了形成这种币种和资产结构的原因;杨胜刚、谭卓(2007)运用层次分析法对中国外汇储备货币结构管理进行了研究;杨胜刚、龙张红、陈坷(2008)借鉴 Markowitz 基本均值-方差模型的思想,运用基于双投资基准和多风险制度的投资组合模型对我国外汇储备币种结构配置进行了实证研究;龙张红(2010)假设外汇储备规模的变化将影响国家外汇储备资产投资的风险选择,用三次效用函数刻画外汇储备在安全性、流动性和收益性三原则之间的权衡关系,建立了基于效用最大化下外汇储备币种结构理论模型。朱孟楠、陈晞(2009)认为如何将美元资产转化为其他资产是中国外汇储备管理的关键所在,而美元资产的转化主要涉及币种多元化和资产形式多元化;喻海燕(2010)

构建了我国外汇储备有效管理的体系；王韬、何巍(2011)采用层次分析法来确定我国外汇储备的货币结构；王荣(2011)则运用波士顿矩阵分析了我国外汇储备的最优结构。

（三）在外汇储备风险管理方面

20世纪90年代以来，由于世界经济、金融的全球化，国际金融市场出现了一系列新的现象，其中表现之一就是各国金融市场面临的风险敞口日益加大，一旦风险在某一点突然加剧，随之而来的是危机国外汇储备规模大量减少，政府维持本国货币汇率的信心下降，继而爆发货币危机或者金融危机。基于此，国际经济金融组织、国内外学者们围绕外汇储备风险管理进行了研究。

1. 针对如何进行外汇储备风险测度

针对如何进行外汇储备风险测度，国内外学者提供了一些理论与方法。例如，修正久期法、在险价值分析法(VaR)、历史模拟法、蒙特卡罗模拟技术，为正常情况下度量外汇储备市场风险的很好的方法；而压力测试为非常态下的极端事件的风险测度提供了方法支持；内部衡量法、损失分布法(LDA)和极值理论的POT法为操作风险的度量提供了参考；信用监控模型(KMV模型)、在险价值方法(CreditMetrics模型)、宏观模拟方法(McKinsey模型)等为信用风险的度量提供参考。相关的实证研究中，Bert和Han(2004)运用资产平衡表模型(a balance sheet approach)，对央行资产面临的潜在收益和损失进行了估计和度量，为外汇储备市场风险的度量提供了参考；Lev和Jay(2004)把雷曼兄弟市场风险模型(Lehman Brothers market risk model)应用于外汇储备的债券资产部分市场风险的管理当中；D. Delgado，P. Martinez和E. Osorio(2004)设计了储备流动性危机模型，用动态分析法来分析央行外汇储备流动性危机发生的可能性，从而考虑了储备资产流动的时间因素；Stephen J. Fisher和Min C. Lie(2004)用均值-方差模型分析了中央外汇储备资产分散的优点；Pierre和Joachim Coche(2004)提出为了满足总体政策目标的要求，央行必须建立一个储备资产的战略组合；Peter和Machiel Zwanenburg(2004)认为要设立外汇储备的战略性组合，首先必须评估资产组合可以接受的总体风险，比如资产回报可以接受的最大波动率，其次要决定风险预算的分配，最后应基于诸如回报预期、可利用的资源、操作性事务的限制和流动性需求等方面的要求对储备资产加以分配；Calballero和Panageas(2008)构建了一个基于外汇流入"骤停"和外部流动性管理的全球均衡模型，并将这个模型用来讨论新兴经济国家和地区在外汇流入"骤停"时的应对机制；王硕、曾诗鸿(2010)运用在险价值的方法分析中国外汇储备的风险内部结构，主要从边际在险价值、成分在险价值、增量在险价值三个角度分析并给出合理的建议；朱孟楠、胡潇云(2011)对主权财富基金的投资风险进行了研究，构建了主权财富基金投资风险三因素评估体系(CSC assessment system)。

2. 针对外汇储备风险管理的定性研究

朱孟楠、喻海燕(2007)认为外汇储备风险管理的过程，就是对风险进行辨识、度量、控制以及管理效果评估的过程。在这方面，最重要的是做好两方面的工作：一是深入探讨外汇储备风险程度测量的理论与方法；二是采取切实可行的管控措施。张丕强(2007)对外汇储备风险从静态和动态的角度进行识别，总结了外汇储备风险管理的演变过程，阐述了外汇储备风险管理的技术与方法，并结合数据对中国外汇储备风险程度进行分析。孔立平(2009)从金融资产和非金融资产两个角度对中国外汇储备的资产优化配置问题进行了研究；王侠(2010)在探讨我国巨额外汇储备面临的风险的基础上，有针对性地提出一系列防范和化解外汇储备风险的对策建议。

3. IMF 通过实证考察 20 个国家外汇储备风险管理状况，制定了外汇储备风险管理的框架

关于外汇储备风险管理的制度框架问题，最具权威性的是 IMF 与世界银行共同制定的《外汇储备管理指南》体系(简称"IMF 指南"体系)。于 2001 年 9 月正式公布的指南总结了对外汇储备管理广泛认同的原则和做法，为外汇储备风险管理提供了基本的制度框架[1]；2003 年 3 月 IMF 又发布了指南的配套文件(Guidelines for Foreign Exchange Reserve Management：Accompanying Document)，考察了在 IMF 指南给出的框架下一些国家外汇储备管理的做法，并给出澳大利亚、博茨瓦纳、巴西、加拿大等 20 个国家外汇储备管理的个案分析[2]；2004 年 8 月 IMF 再次发布《外汇储备管理指南》，进一步加强各国外汇储备的政策管理力度以提高各国抵抗国内外金融市场冲击的能力，并帮助政府制定

---

[1] IMF. Guidelines for Foreign Exchange Reserve Management［S/OL］.［2001-09-20］. http://www. imf. org/external/np/mae/ferm/eng/index. htm.

[2] IMF. Guidelines for Foreign Exchange Reserve Management：Accompanying Document［S/OL］.［2003-03-26］.http://www.imf.org/external/np/mae/ferm/2003/eng/index.htm.

外汇储备管理目标和原则[①]。"IMF 指南"体系,强调了对外汇储备进行风险管理的重要性,特别是 2004 年的"IMF 指南"还界定了外汇储备面临的风险种类、风险管理的整体框架,提出各国必须在一系列可接受的风险水平和范围内管理储备资产风险的建议,同时必须对风险敞口进行实时监控并在其超过可接受的风险水平时加以干预。风险管理框架必须在国内外资金管理上应用相同的原则和测量方法,储备管理者还必须认识到并能够说明潜在的资产损失和他们准备接受的风险敞口。为了评估外汇储备资产的风险和弱点,储备管理主体必须定期进行压力测试,以评估宏观经济和金融变量变动或冲击带来的潜在影响。

2005 年 4 月 1 日 IMF 发布第三版的《外汇储备管理指南》,这一版突出了外汇储备管理效率的重要性。即与传统意义的外汇储备管理目标相比,当前外汇储备管理在资产保值和确保流动性基础上,更应注重管理的有效性以最大化收益(或降低成本)[②]。

值得一提的是,除了国际组织之外,一些国家或地区(如新加坡、挪威、韩国、日本、中国香港等)也进行了外汇储备管理和运用改革的实践。这些实践措施包括:(1)扩大储备币种;(2)改善投资结构;(3)运用先进的风险管理技术、衍生产品技术和更多先进的信息处理技术,对外汇储备进行市场化管理,提高管理透明度;(4)成立专门的机构,对外汇储备进行市场化积极管理。其中最典型的就是将富余的外汇储备分离出来,成立主权财富基金(sovereign wealth funds,简称 SWFs)。截至 2020 年 5 月,全球共有 53 个国家和地区拥有 91 支 SWFs,资金规模达到 8.2 万亿美元。SWFs 俨然已成为当今国际金融市场日益重要的参与者,对国际货币市场、资本市场产生了重要影响。但是,近年来 SWFs 面临的投资环境不确定性日益加剧。一方面,主权财富基金背后色彩浓厚的政府背景让一些国家和组织产生了高度戒备之心,针对 SWFs 投资的限制和约束增多。譬如美国 2007 年颁布《外国投资与国家安全法》(Foreign Investment and National Security Act of 2007);加拿大颁布了《加拿大投资法》之《外国投资指南》;德国修改《对外经济法》,尽管由于政治共

---

①　IMF. Guidelines for Foreign Exchange Reserve Management[S/OL]. [2004-08-16].http://www. imf. org/external/pubs/ft/ferm/guidelines/2004/081604. pdf.

②　IMF. Guidelines for Foreign Exchange Reserve Management:Accompanying Document and Case Studies[S/OL].[2005-04-24]. http://www.imf.org/external/pubs/ft/ferm/guidelines/2005/index.htm.

识没有被批准,但德国政府内部达成共识,认为有必要制定相关法律以规范主权财富基金的活动,并与法国一道积极建议欧盟成立一家专门的监管机构对外国国家控股投资基金进行审核;IMF 于 2008 年 5 月出台了《圣地亚哥原则》,对 SWFs 的全球运作进行规范、引导和约束;等等。另一方面,2007 年以来,由美国次贷危机演化而来的金融危机,使得当多国家的外汇储备投资损失惨重;而近年来国际能源危机、国际主权债务危机的频繁爆发,以及不可预见的重大公共卫生事件危机等使国际投资环境愈加恶化,从而又使如何强化外汇储备管理及资产运用,特别是,如何在当前国际宏观环境背景下,将外汇储备与一国战略发展目标相结合,提高外汇储备资产管理与运用的效率等问题被提上了议事日程。

(四)在外汇储备资产运用管理方面

这方面主要是针对外汇储备的运用方式。朱孟楠(1997)在 20 世纪 90 年代就提出要对超额外汇储备进行多元化的投资,并设想了"低度分散、中度分散、高度分散"三种储备货币币种分散方案,以提高外汇储备投资的效益和减少损失。Putnam(2003)提出一个央行外汇储备投资的指导方针,建议将储备资产划分为两部分:一部分用于应付流动性短期需求,另一部分用于应对流动性长期需求。Fisher 和 Lie(2004)认为新的信用工具优于传统的外汇储备投资方法,传统外汇储备投资方法过度限制了资产组合,而新的信用工具对投资组合的风险收益进行优化,有利于提高投资效率。郑永年和易靖韬(2007)为超额外汇储备的使用提供了四种解决思路:将外汇储备投资和消费,资本项目逐步自由化,外汇储备多样化,藏汇于民。他们认为在考虑风险的情况下,前两种措施可以相互结合。张国君、侯晋、牛利剑(2007)提出将部分外汇储备转换为国家战略石油储备的设想。孔立平(2007)认为应逐步减少对美国国债的持有,并且在存量美元资产中根据债券久期进行期限和结构的调整,增加黄金储备份额,增加民间黄金储备与官方储备并举,建立石油等战略物资储备,引进先进技术和关键设备,鼓励优质企业对外直接投资或进行海外收购,利用外汇储备对金融机构进行注资改造,并将外汇储备运用于国计民生的建设。陈荣、谢平(2007)认为在其他条件不变的情况下,外汇储备的投资收益取决于人才,投资收益率主要决定于经营外汇储备的人力资源。常清、李强(2007)认为我国外汇储备应重点保障我国资源需求的战略目标,资源战略储备的形式除实物储备外还可直接购买或参股资源矿藏、购买资源类企业股票以及通过国际期货市场进行运作。李超(2007)借鉴国际经验论证了海外股权投资的必要性和客观要求,海外股权投资无疑是国家外汇投资公司主要的投资方向。冯晓华(2008)提出通过加强对外直接投资、投资国计民生的重要行业、增加国家的战略储备等方式开拓外汇储备的投资渠道,通过增加间接投资中股票投资的比重、投资具有比较优势的服务贸易行业等方式提高外汇储备的投资收益率。罗航(2009)认为我国应该借鉴日本形式,藏汇于民,增加外汇的私人持有量,扩展私人用外汇储备的渠道和领域以分担国家因大量外汇储备而形成的投资风险和汇率风险,真正实现外汇储备和使用形式的多元化,而且个人和企业可视经营能力和承受能力,投资风险高但收益也高的品种,从而提高资金使用效率。丁志诚(2011)指出除购买石油天然气等资源类产品、大宗商品、高新技术和先进设备之外,应尽可能鼓励我国大型企业走出去,扩大海外商业性投资。易纲(2012)认为我国的外汇储备应继续投资欧元区和欧洲的市场。

(五)在主权财富基金投资管理方面

1. 在主权财富基金投资方面

在超额外汇储备构成的主权财富基金投资方面,任永力(2007)研究了长期最优配置时 SWFs 的理论最优资产组合和最优的货币组合。喻海燕(2008)对中国投资有限公司资金运用、投资品种、投资渠道等进行了研究。宋玉华、李锋(2009)分析了 SWFs 对全球资产价格的影响。朱孟楠、王雯(2009)分析了美国次贷危机后全球 SWFs 的投资新动向。谢平、陈超(2010)从微观角度对 SWFs 的公司治理、透明度和信誉度、资产配置进行了思考。李海闻(2010)则以投资组合理论为基础,建立了模拟资产池,进而对中国主权财富基金的投资风险管理进行模拟分析,得出主权财富基金投资组合比重从大到小依次为美国国债、黄金、美国股市和石油的结论。陆黎雪(2011)运用国际资产投资理论,对中国投资者的全球资产配置的基本模式和操作策略进行研究,综合考虑风险收益特征和中国市场的相关性,通过组合效果检验构造出适合中国投资者的全球投资基础组合。

2. 在主权财富基金投资风险管理方面

在主权财富基金投资风险管理方面,巴曙松(2009)认为 SWFs 的监管是相关各方相互博弈的结果,监管主要集中解决透明度问题和金融保护问题。高洁(2009)以挪威主权财富基金为对象研究了投资中的风险控制技术。杨湘豫(2009)研究了基于 Copula-Garch-Evt 的中国开放式基金投资组合风险度量。余力(2010)基于门限分位点回归的条件度量 VaR 风险。阙晓芳等

（2011）通过对主权财富基金的发展与中国主权财富基金现状进行研究，构建 CRRA 效用模型来分析我国主权财富基金最优资产配置，并运用金融市场风险测度方法 VaR 分别从风险框架与内外部风险层次深入分析其投资风险。

必须说明的是，1994 年以来，我国外汇储备量的迅速增加加大了外汇储备对内外经济的影响力度，因此对我国外汇储备进行研究的学者也正逐步增加，特别在亚洲金融危机后，国内学者对外汇储备的作用有了新的认识。但国内学者的研究有两大特点：一是问题比较集中，大量的文献是对我国外汇储备适度规模提出看法，而这方面存在的分歧又较大；另一特点是以定性研究为主，定量研究相对较少。一些专家学者也注意到了巨额外汇储备潜藏的风险，提出要注重对外汇储备进行风险管理，并且指出在外汇储备管理过程中应建立与完善风险管理框架等。比如喻海燕（2010）在其著作《中国外汇储备有效管理研究》中设计了"我国外汇储备有效管理的宏观策略：POMDOI 体系"和"我国外汇储备有效管理的微观体系：有效管理的具体方案"，做了有益的探索。但至今为止，国内学术界对于在外汇储备风险管理框架中如何运用先进的风险管理技术，如何完善内部风险管理制度和风险披露制度等问题，并未做深入的解释和系统的研究。

三、研究的基本思路、主要方法和篇章结构安排

（一）研究的基本思路

本书围绕我国外汇储备风险有效管理这一中心，沿着"发现问题—剖析问题—解决问题"的逻辑顺序循序渐进地、有重点地展开研究。

在本书研究中，我们认为，外汇储备管理的风险分布于外汇储备形成、持有、运用的整个过程中。因此，外汇储备风险不单单存在于储备资产价格的变动上，即由主要储备货币利率、汇率变动引起的风险，而且存在于形成的储备资产规模、币种结构、资产投资运用等方面。如果外汇储备规模不合理，币种结构不合理，投资领域和方向等不合理，就会导致成本增加或收益减少，导致国家宝贵的外汇储备资源没有得到充分利用或被浪费，就会在汇率变动过程中出现资产贬值或损失，也就是说，会带来一系列显性和隐性的风险。

具体而言,本书研究的基本思路是:

首先,在对国内外相关理论和实证研究进行梳理、分析的基础上,对我国改革开放以来的外汇储备增长的历史、现状、特点进行考察,同时探析了我国外汇储备增长的多方面、多层次原因,以及我国外汇储备不断增长对我国整体经济和外汇储备资产本身投资收益性的影响。

其次,切入外汇储备风险的概念,对外汇储备风险进行分类识别。研究中,分析了外汇储备增长过程中的风险累积与表现方式;在此基础上,以主权财富基金为例,进一步分析了外汇储备风险的识别、评估,并建立相应的主权财富基金风险评估体系,即 CSC 风险评估体系。

再次,重点分析了我国外汇储备风险有效管理的三个重心:(1)基于外汇储备非均衡分析框架,对我国最优外汇储备规模进行测算,以期从理论模型上规避外汇储备过少或过多带来的"规模风险";(2)基于风险溢酬的视角,探究储备币种的合意动态结构及其中长期影响因素,以及动态变化过程中的"结构风险";(3)重新定义我国外汇储备汇率风险,并对储备货币汇率风险的损失区间进行测度,更好地防范、规避汇率变动的风险。

最后,在上述研究的基础上,构建未来或全球金融危机背景下,我国外汇储备全面风险管理体系,包括从实践角度对其他国家(地区)外汇储备风险管理的做法进行总结和归纳;从宏观角度构建、完善外汇储备全面、有效的风险管理体系;从微观内容角度提出具体设想、安排和措施建议。

(二)研究的主要方法

本书主要采用规范分析与实证分析相结合、理论研究与实践研究相结合、比较研究与借鉴研究等相结合的研究方法,而其中主要是采用计量和实证分析方法,以我国外汇储备持续增长过程中存在的主要问题为切入点,围绕我国外汇储备风险管理的重点、重心展开研究。

各章采用的具体研究方法如下:

(1)在第二章"中国改革开放与外汇储备的增长"和第三章"中国外汇储备持续快速增长的动因与机制"中,主要采用制度分析法、归纳分析法,同时运用大量的数据、图表来分析我国改革开放对我国外汇储备规模、币种结构和投资状况及风险的影响,剖析我国外汇储备持续增长在经济、需求、制度、结构、主观等方面的动因及其相互间的影响关系。

(2)在第四章"中国外汇储备持续增长对中国经济的影响:宏观绩效与微

观效益"中,主要通过建立理论模型与实证分析的方法,论证我国外汇储备持续增长对宏微观经济的影响。

(3)在第五章"中国外汇储备持续增长过程中的风险累积、识别与评估"中,首先是运用归纳分析、分类分析等方法来研究我国外汇储备面临的风险,进行一般性识别、分类;而后,借鉴国际国内的经验,结合评分制和计量统计的方法,针对外汇储备积极投资的那部分资产——主权财富基金——所面临的国家风险、主权风险及商业风险分别提出了衡量方法,并建立"主权财富基金投资风险评估体系",即"CSC(country risk,sovereign risk and commercial risk)风险评估体系";最后,运用案例分析法,以中投公司为例分析了 CSC 风险评估体系在投资中的运用。

(4)在第六章"中国外汇储备风险管理:最优外汇储备规模的测算——基于外汇储备非均衡分析框架"中,基于外汇储备短期非均衡是一种常态的角度,引入货币学说的观点,构造外汇储备动态调整模型;通过实际外汇储备量来估计调整系数;通过套算计算出决定最优外汇储备规模的各变量系数,即推导出一个经济体最优外汇储备规模需求函数。实证分析结果显示:我国实际外汇储备规模大于本章模型测算的最优外汇储备量。

(5)在第七章"中国外汇储备风险管理:币种的合意动态结构及其中长期影响因素——基于风险溢酬的视角"中,在均值-方差法框架下,运用 Markowitz 的资产组合管理思想,从风险溢酬视角分析这部分外汇储备的合意币种结构;通过考察其系统性风险的动态过程及风险货币之间的个性与共性,运用经济学原理对币种选择给予一定的解释,也为设计较长时间内我国外汇储备的币种结构提供参考。

(6)在第八章"中国外汇储备风险管理:储备资产的科学应用——以主权财富基金为例"中,针对过去外汇储备资产在全球范围内有效配置存在的问题及学界研究的不足,以现代投资组合理论为基础,探析投资资产的相关性,在此基础上结合我国战略发展目标,构建了中国主权财富基金投资模拟资产池,构建了最优投资组合。

(7)在第九章"中国外汇储备风险管理:汇率风险损失区间测度——基于重新定义下的研究"中,在国内外最新测度外汇风险的 GARCH-M-EWMA 模型和 O-GARCH 模型的基础上,根据本章的定义对因子分析进行修正,提出 MFA-VaR(Modified Factor Analysis Value at Risk)模型。采用 IMF 发布的 COFER 中发展中国家外汇储备的币种结构作为我国外汇储备币种结构,国际外汇市场上的交易数据作为样本,利用上述三种模型分别对我国外汇储备面临的汇率风险进行测度。

(8)在第十章"金融危机背景下中国外汇储备全面风险管理体系的构建"的研究中,主要采用制度分析、归纳分析、比较借鉴等方法,分析、借鉴各国在外汇储备风险管理上的有益政策、具体举措,并结合我国的实际,建立既符合我国国情的又能适应国际金融市场变化的外汇储备全面风险管理体系,并提出相应的对策建议。

(三)篇章结构安排与主要内容

本书的篇章结构安排、主要内容、结论和政策建议如下:

第一章:导论。着重对课题研究的理论与实践意义、国内外研究现状、研究思路和研究方法、研究的难点和重点、主要创新和未来的研究方向等,进行梳理、分析、阐述。

第二章:中国改革开放与外汇储备的增长。重点研究改革开放对我国整体经济和外汇储备规模、结构、风险等的影响。

第三章:中国外汇储备持续快速增长的动因与机制。重点研究影响我国外汇储备增长的经济动因、需求动因、制度动因、结构动因和主观动因,并探讨它们相互间影响、促进的机制体系。

第四章:中国外汇储备持续增长对中国经济的影响:宏观绩效与微观效益。重点研究我国外汇储备持续增长对宏观经济绩效和微观效益的影响。前者,主要是指对货币政策、通货膨胀、国际收支、整体经济等的影响;后者,主要是指对外汇储备投资收益、管理收益的影响。

微观经济上,无论在存量还是增量上,无论在效益还是效率上,也无论是在国内经济还是国际金融市场上,因此要引起高度重视。

第五章:中国外汇储备持续增长过程中的风险累积、识别与评估。重点研究外汇储备风险的定义,风险种类的划分,现实中风险的累积与表现方式;同时,以我国主权财富基金为例,具体研究我国主权财富基金投资风险的识别与分类,主权财富基金投资风险评估(CSC风险评估)体系的设计,CSC风险评估体系在投资中的运用以及在CSC风险评估体系下的风险控制策略等。

第六章:中国外汇储备风险管理:最优外汇储备规模的测算——基于外汇储备非均衡分析框架。重点通过建立模型,测算我国最优货币需求和货币需求缺口,建立我国外汇储备最优规模。构建的最优外汇储备函数,既体现了持有外汇储备的传统动机,也体现了持有外汇储备的现代动机,具体包括外汇储备的交易动机、预防动机、重商主义需求动机以及满足经济体间攀比效应等的需求动机。

第七章:中国外汇储备风险管理:币种的合意动态结构及其中长期影响因素——基于风险溢酬的视角。重点通过模型和实证分析,研究交易型、投机型外汇储备币种的合意动态结构及影响我国外汇储备币种配置的中长期因素。外汇储备的交易需求主要包括国际贸易、外债偿付、预防性需求、维持汇率制度安排等。

第八章:中国外汇储备风险管理:储备资产的科学运用——以主权财富基金为例。重点研究外汇储备资产如何在全球范围内进行有效配置。具体以现代投资组合理论为基础,选用 10 个世界主要国家或地区的证券市场指数,研究 2009 年 1 月—2020 年 4 月间这些指数之间的相关性;在此基础上,结合我国战略发展目标,构建中国主权财富基金投资模拟资产池,构建最优投资组合。

第九章:中国外汇储备风险管理:汇率风险损失区间测度——基于重新定义下的研究。本章重点:(1)创新性地重新定义我国外汇储备面临的汇率风险,即储备中各个币种各自的汇率波动性、币种之间汇率波动的相关性及这两者共同作用给储备资产损益带来的不确定性;(2)在国内外最新测度外汇风险的 GARCH-M-EWMA 模型和 O-GARCH 模型的基础上,根据本书的定义对因子分析进行修正,提出 MFA-VaR(Modified Factor Analysis Value at Risk)模型;(3)采用 IMF 发布的 COFER 中发展中国家外汇储备的币种结构作为我国外汇储备币种结构,国际外汇市场上的交易数据作为样本,利用上述三种模型分别对我国外汇储备面临的汇率风险进行测度,并得出研究结论:在弱化各币种汇率波动相关性的条件下,我国外汇储备面临的汇率风险较小;若同时考虑各个币种汇率波动性与波动相关性,那么我国外汇储备面临一定的汇率风险。

第十章:金融危机背景下中国外汇储备全面风险管理体系的构建。外汇储备风险管理,就是对外汇储备风险进行辨识、度量与控制的整个过程。对外汇储备风险进行管理是一个系统、全面的工作,它不仅仅涉及外汇投资风险测度与控制本身,还包括对外汇储备规模、外汇储备结构等进行全面的统筹安排,通过有效控制外汇储备规模、科学优化外汇储备币种结构和资本结构,达到事先降低投资风险的目的。在这一问题上,最重要的是做好三方面的工作:

一是深入探讨外汇储备风险管理的理论与方法,二是构建一个全面的外汇储备风险管理体系,三是采取切实可行的管控措施。基于此,本章研究的重点是:从发达国家和发展中国家两个视角,阐述和归纳外汇储备风险管理的国际经验和共性,为我国外汇储备风险管理提供实践借鉴;从宏观角度构建我国外汇储备全面风险管理体系,包括风险管理组织构架的建立和风险管理程序的设计两方面;从微观角度提出实现中国外汇储备全面风险管理的现实策略与配套措施。

四、研究特色与创新之处

本书具有如下四个方面的特色和创新。

(一)以公开发表的重要研究成果为基础

本书是在我承担的国家社科基金项目"中国外汇储备风险测度与管理研究"结题报告基础上撰写的,在撰写过程中也参考了我承担的教育部重大课题的攻关项目和自科项目的部分成果。

本书主要是在这些已在国内重要刊物和国外 SSCI 期刊发表的学术论文、部分著作等的基础上,按照严格的逻辑和中心主线、研究重点撰写形成的。持续的跟踪研究、较为丰富的成果积淀、较深的研究力度,是本书写作的一个重要特点。

(二)研究思路清晰,对策建议严谨可信

本书首先从我国改革开放入手,研究外汇储备增长的大背景,在此基础上分析我国外汇储备增长的动因和影响;其次,阐述外汇储备风险的概念、分类、识别和评估;再次,重点分析我国外汇储备规模适度化、币种结构优化、外汇储备货币汇率风险损失区间测度等关键性问题;最后,在上述研究基础上构建我国外汇储备全面风险管理体系。整个研究思路清晰,结构完整,重点突出。

本书在前期调研的基础上,运用大量的资料数据,采用科学合理的研究方法,大部分章节都进行了实证分析,论证有据有力,结论严谨可信,对策建议既有针对性又有前瞻性,具有重要的理论和实践参考价值。

（三）研究视角独特

本书聚焦于国内外背景，从"风险"和"有效管理"的立意出发，以此为切入点研究我国外汇储备的有效管理和运用、风险类别与测度。同时，从微观角度分别构建相应的模型，对我国外汇储备的规模、结构、风险的相关指标进行测度并实现动态优化，从宏观角度构建我国外汇储备全面风险管理体系的框架，在此基础上提出我国外汇储备管理和运用的具体现实策略。

（四）主要观点新颖

1. 关于外汇储备风险的定义

学术界把外汇储备风险分为广义和狭义两方面。广义的外汇储备风险是指包括外汇储备规模、外汇储备结构、外汇储备运用、外汇储备资产价格变动等在内的，单独或者交互作用而产生的风险，它强调的是一个整体，是一个系统。狭义的外汇储备风险就是外汇储备货币汇率变动风险。我们对此进行了一定的补充，比如外汇储备货币汇率风险，是指储备中各个币种各自的汇率波动性、币种之间汇率波动的相关性及这两者共同作用给储备资产损益带来的不确定性，强调了单种储备货币汇率的变动与各种储备货币汇率相互交叉变动所产生的作用。

2. 关于外汇储备有效管理

本书严格区分了外汇储备管理、外汇储备有效管理这两个概念：（1）外汇储备管理是一个笼统的概念，是计划经济或市场经济不成熟、不发达条件下的一般称谓。（2）外汇储备有效管理（effective management），是嵌入了市场因素的，考虑到资源通过市场实现有效配置与得到充分利用的概念。这是一个国家市场经济发展到一定程度的必然选择。市场经济，一般而言就是追求最高或最适效率的经济形态，现代市场经济的灵魂在于资源（包括外汇）的最优配置与经济的最适化调整，因此，管理应该追求有效性。有效管理就是实现"效率"和"效益"的统一。本书把外汇储备有效管理定义为一国外汇储备管理部门根据本国战略发展需要，对外汇储备资产进行充分利用和合理配置，同时降低管理成本，获取最大经济效益和社会效益的整个过程。具体而言，是指一国外汇储备管理部门根据本国的国际收支状况、金融市场发达程度、政府管理水平和经济发展的根本要求，建立完善、合理、科学的储备管理体系，有效控制外汇储备的增长速度和规模，科学安排外汇储备结构，控制和分散外汇储备货币汇率风险,使外汇储备经营管理效益达到(或接近)最优的整个过程。外汇储备有效管理的实质,是通过有效措施的实施,实现外汇储备资产的充分使用和合理配置,以降低管理成本,获得最大的经济效益和社会效益。

3. 关于外汇储备全面风险管理体系

外汇储备有效管理注意到了效率与效益,注意到了成本与收益,注意到了风险的分散与规避,但更多是某个部门就某个方面(例如币种结构)采取某些措施,而且在风险测度、分散、规避等方面,不够突出,不够完善。在当今世界经济不断全球化、金融化的情况下,未能有效地做到与世界各国、国际社会的协调与合作。因此,提出外汇储备全面风险管理的概念,建立外汇储备全面风险管理体系,意义十分重大。依照广义外汇储备的概念和外汇储备有效管理的定义,结合外汇储备风险的特性,我们把外汇储备全面风险管理体系定义为:以监控管理风险为目标的,存在于外汇储备形成、持有与运用全过程中的一种制度安排,是既满足国内经济发展与市场交易需求,又能适应经济金融全球化、自由化发展趋势,且与国际规则相统一的现代化、市场化、开放性的管理体系。它包括了两个主要内涵:一是指设置独立的风险监管组织,对外汇储备管理机构的不同业务层次、各种类型风险进行全盘管理。这种管理要求将市场风险、环境风险、操作风险以及包含这些风险的各种金融资产与资产组合、承担这些风险的各个业务单位纳入统一的体系中,依据统一的标准进行风险测量并加总,依据全部业务的相关性对风险进行控制和管理;二是指对外汇储备规模、外汇储备币种结构、外汇储备资产运用、外汇储备各币种及相互间汇率波动等进行重点、全过程管理。全面风险管理体系的特点是:(1)实现了管理效率与效益的统一,国内管理与国际规则的统一,单个管理与全面管理的统一;(2)全面外汇储备风险管理是一个连续、循环、动态的过程,全面风险管理是更高要求的、更高层次的有效管理。

(五)内容与主要方法创新

第一,在第五章"中国外汇储备持续增长过程中的风险累积、识别与评估"中借鉴国际国内的经验,结合评分制和计量统计的方法,针对主权财富基金的国家风险、主权风险及商业风险分别提出衡量方法,并建立"主权财富基金投资风险评估体系"即"CSC风险评估体系",最后通过案例分析法,以中投公司为例分析了CSC风险评估体系在投资中的运用。

第二,在第六章"中国外汇储备风险管理:最优外汇储备规模的测算——

基于外汇储备非均衡分析框架"中,沿用需求函数法研究经济体最优外汇储备,且通过构建模型测算我国外汇储备的最优规模,但与已有研究不同的是:(1)在采用回归分析法时,区别了实际外汇储备与最优外汇储备;(2)使用两组数据(即平减前和平减后)测算实际外汇储备和最优外汇储备;(3)所构建的最优外汇储备函数不仅体现持有外汇储备的传统动机,同时也体现持有外汇储备的现代动机,具体包括外汇储备的交易动机、预防动机、重商主义需求动机以及满足经济体间攀比效应等需求动机。

第三,在第七章"中国外汇储备风险管理:币种的合意动态结构及其中长期影响因素——基于风险溢酬的视角"中:(1)首次用风险溢酬刻画外汇储备的收益和风险;(2)引入无风险资产,提高资产有效边界。在 MV(mean-variance approach,即均值-方差法)框架下确定外汇储备币种的动态结构;(3)探讨了影响外汇储备币种配置的中长期因素。本书通过谱分析、因子分析挖掘币种配置与全球经济、国际货币体系格局变化等因素的内在联系,在此基础上探讨中长期内,外汇储备的币种结构应如何设计;(4)本书在 MV 法框架下用风险溢酬刻画外汇资产的收益和风险,并运用经济原理予以解释,为长期内各类外汇资产如何进行配置提供了一种思路。

第四,在第八章"中国外汇储备风险管理:储备资产的科学运用——以主权财富基金为例"中,针对过去外汇储备资产在全球范围内有效配置存在的问题及学术界研究的不足,以现代投资组合理论为基础,探析投资资产的相关性;在此基础上,结合我国战略发展目标,构建了中国主权财富基金投资模拟资产池,构建了最优投资组合。同时,提出我国的储备资产投资应逐渐从纸质性或虚拟性资产为主转向战略性、资源性资产为主或并重的观点和建议。

第五,在第九章"中国外汇储备风险管理:汇率风险损失区间测度——基于重新定义下的研究"中,在国内外学界测度外汇风险的 GARCH-M-EWMA 模型和 O-GARCH 模型的基础上,根据本书的定义对因子分析进行修正,提出 MFA-VaR(Modified Factor Analysis Value at Risk)模型;同时,采用 IMF 发布的 COFER 数据作为我国外汇储备币种结构,国际外汇市场上的交易数据作为样本,利用上述三种模型分别对我国外汇储备面临的汇率风险进行测度,并得出研究结论:在弱化各币种汇率波动相关性的条件下,我国外汇储备面临的汇率风险较小;若同时考虑各个币种汇率波动性与波动相关性,我国外汇储备面临一定的汇率风险。

第六,在第十章"金融危机背景下中国外汇储备全面风险管理体系的构建"中,本书定义了全面风险管理体系的概念及其两个内涵,构筑了我国外汇储备全面风险管理体系,包括我国外汇储备全面风险管理体系组织框架、全面风险管理的过程与具体内容(涵盖适度规模管理、币种结构优化管理、储备资产科学运用等全过程),在此基础上提出了具体的、相应的对策建议。

五、社会影响和效益

本书除有助于学界拓宽视野,有助于为国家决策和管理部门进行有效管理外汇储备提供理论依据和思路外,还具有重要的社会影响和效益。

第一,测算我国外汇储备适度或最优规模,不但有助于正确认识外汇储备的规模问题,纠正类似"外汇储备越多越好"这样的观点和理念,更重要的是在实践当中加以运用,对"超度"的外汇储备进行科学运用,实现国家宝贵资源的合理配置与充分使用。

第二,合理、合意或最优外汇储备资产结构的安排,不但可以提高外汇储备资产经营与管理效益,还可以在这一过程中培养、锻炼一大批既懂国情又深谙国际市场规则的风险管理人才,这种社会影响是不可估量的。此外,通过资产结构管理,还可以学习其他国家先进的管理方法、管理经验,这也必将为人民币国际化,人民币成为国际货币,人民币成为未来的国际储备货币等,创造条件。

第三,对各种外汇储备风险进行识别、测度,并建立全面外汇储备风险管理体系,会最大限度地减少成本,降低和分散风险,同时,通过构建外汇储备风险预警体制,有助于防范、抗击货币危机乃至金融危机及其产生的影响。

第四,通过有效管理外汇储备,即对规模、结构、资产价格变动、管理体系等进行全面管理,对过度的外汇储备进行结构性调整,可以:(1)建立经济发展基金用于国内战略产业、新兴产业、瓶颈产业和公共事业的建设;(2)建立民生基金用于促进我国的民生建设,促进人民福利水平的提高,藏富于民;(3)建立市场稳定基金用于稳定汇率、防范金融危机以及保障金融秩序;(4)建立全球发展基金援助发展中国家、危机国家,维护全球金融市场与经济的稳定,等等。毫无疑问,这些创新举措都会在经济、民生、社会、国际舞台上发挥重要的作用,将产生广泛而深远的社会和国际影响,在一定程度上,为大国、强国的崛起创造良好的条件,打下坚实的基础。

六、今后进一步研究的方向

本书虽然在我国外汇储备风险管理的重要方面,利用较为合理的方法进行了研究,并得出相应的结论与政策建议,但随着国际经济金融形势的不断变化,"黑天鹅"与"灰犀牛"并存,诸如金融危机等仍然会不时爆发,各国的外汇储备持有量也会此消彼长。因此一些新的问题还会不断产生。从建立外汇储备全面风险管理体系的角度来看,我们还需在以下几个方面继续进行深入的研究:

第一,从更高的视野去研究外汇储备资产的科学管理与战略运用。进行外汇储备全面风险管理,务必与本国整体经济发展的中长期目标紧密地联系在一起。但在经济金融全球化时代,一国政府不能把眼光局限于本国的经济和社会发展要求,还应该放眼世界,从国际角度与各国、国际社会加强协调与合作,建立有弹性的、开放性的外汇储备有效管理体系。

第二,开发新的方法,更精确地测度外汇储备风险。在进行外汇储备风险测度与管理时可以采用人工智能领域的非参数方法进行有效评估并预测风险。风险评估是非常复杂的非线性系统,因此拟采用一些非参数分类方法特别是包括决策分类树(CT)、人工神经网络(ANN)、遗传算法(GA)等的人工智能方法来选择影响储备风险评估的指标体系,从而构造外汇储备风险评估预测模型,并进行相应的实证研究。应与有志于这方面研究不同专业的国内外学者、研究者合作,开发新的研究方法。此外,系统、层次、动态管理的原则今后还应该继续坚持,并从国际战略高度,将外汇储备规模问题、结构问题、资产运用问题、风险管理等系统地结合在一起进行研究。

第三,完善、细化外汇储备全面风险管理体系的构建。在过去的课题研究以及本书的撰写过程中,都提出了对外汇储备资产进行全面风险管理的构想,并对全面风险管理的组织架构和程序进行了设计。但在具体架构上尚需完善、细化。值得注意的是:全面风险管理体系的构建与完善,还务必考虑外汇储备形成与退出机制这一重要问题,只有建立进退自如的外汇储备运作与管理机制,才能从体制机制上更好地防范和规避外汇储备风险。

第四,高度重视主权财富基金的研究,提高管理效益。过去很长时期,我国外汇储备存在着储备规模失度、储备结构单一、投资风险集聚的特点。为加强外汇储备管理,我国于2007年9月成立了中国投资有限责任公司(CIC)以拓展外汇储备投资渠道,提高投资收益。CIC成立后,为提高我国外汇储备投资收益做了很多积极的尝试,效果显著,但也有一些深刻的教训和面临的新问题新挑战。在错综复杂的国际政治形势下,在金融危机频繁爆发、国际金融市场投资环境不确定性日益加剧以及更为动荡的背景下,如何通过主权财富基金或其他新型的投资机制将外汇储备运用与国家未来发展核心战略紧密联系起来,科学安排和运用外汇储备资产,提高我国主权财富基金自身的运作效率与效益,意义重大。

第二章　中国改革开放与外汇储备的增长

中国的改革开放,举世瞩目,创造了很多第一或奇迹。特别是自 1992 年以来进一步推出的一系列改革开放政策和措施,有力地促进了中国经济的发展:利用外资不断增长;出口贸易规模不断扩大,国际收支顺差不断增加;GDP规模超越日本、德国、英国等国家,仅次于美国位列世界第二;国民财富不断增长,人均收入不断提高,等等。除此之外,还有一个典型表现,那就是国家外汇储备规模的持续、大幅度增长:自 2006 年以来中国一直是全球官方外汇储备最多的国家。据统计,截至 2020 年 12 月,我国的外汇储备规模已逾 3.2 万亿美元,保持世界第一储备大国的地位。这是一个辉煌的成就!

下面,让我们循着改革开放这一历程,对中国外汇储备增长与改革开放之间的关系作一个系统回顾与分析,研究自改革开放以来我国外汇储备在规模、币种安排、投资结构以及风险管理等方面的变化和特点。

一、中国改革开放进程的回顾

改革开放是中国共产党在 1978 年召开的十一届三中全会上提出的一条"对内改革、对外开放"的战略决策,是中华人民共和国成立以来第一个对外开放的基本国策。这一决策和国策扭转了我国相当长时期经济落后甚至积贫积弱的状况,使我国经济逐步得到了恢复,直至快速发展。

我国的改革开放主要经历了四个发展阶段。

(1)改革开放起步阶段(1978—1991 年)。这一阶段主要措施包括建立经济特区和设立沿海开放城市,兴办经济技术开发区和经济开放区,确立了家庭联产承包责任制,提出有计划地发展商品经济,开启全民所有制企业改革。

(2)改革开放快速发展阶段(1992—2001 年)。这一阶段确立了社会主义市场经济体制改革的目标,建立现代企业制度,进行分税制改革,提出金融体制改革目标,外贸体制综合配套改革,实行人民币经常项目下的可兑换,确立非公有制经济的地位,提出西部大开发战略,加入世界贸易组织(WTO)。

(3)改革开放深化和完善阶段(2002—2012年)。这一阶段确立建设小康社会的奋斗目标,振兴东北等老工业基地,进行国有商业银行股份制改造,废除农业税,建设社会主义新农村,启动股权分置改革。

(4)全面深化改革与高质量发展阶段(2013年至今)。2013年11月十八届三中全会顺利召开,会议通过了《中共中央关于全面深化改革若干重大问题的决定》,明确全面深化改革的五大体制改革。在2019年党的十九大会议上首次提出高质量发展,同时也表明我国经济由高速增长阶段转向高质量发展阶段。

改革开放使得中国经济迅速发展,成就举世瞩目。在2020年,我国实际利用外资达1万亿元;全年货物进出口贸易总额达32.16万亿元;我国人均国内生产总值由1978年的225美元增加到2020年的1.05万美元;2007年中国国内生产总值总量超越德国,2010年超越日本,成为世界第二大经济体;2020年国内生产总值突破101万亿人民币。截至2020年12月末,我国外汇储备规模为32 165亿美元。

二、改革开放以来中国外汇储备规模的变化及其特点

改革开放以来,中国外汇储备规模整体呈现持续增长态势。表2-1、图2-1显示了外汇储备规模的变动,外汇储备规模由1978年的1.67亿美元增加到2019年的31 079.24亿美元,增加幅度为18 610倍,年均增长率为10.93%。具体来讲,中国外汇储备规模的变化经历了以下五个时期,呈现出相应的变化特点。

表2-1 1978—2019年中国外汇储备规模

时间	金额/亿美元
1978	1.67
1979	8.40
1980	−12.96
1981	27.08
1982	69.86
1983	89.01

续表

时间	金额/亿美元
1984	82.20
1985	26.44
1986	20.72
1987	29.23
1988	33.72
1989	55.50
1990	110.93
1991	217.12
1992	194.43
1993	211.99
1994	516.20
1995	735.97
1996	1 050.29
1997	1 398.90
1998	1 449.59
1999	1 546.75
2000	1 655.74
2001	2 121.65
2002	2 864.07
2003	4 032.51
2004	6 099.32
2005	8 188.72
2006	10 663.44
2007	15 282.49
2008	19 460.30
2009	23 991.52
2010	28 473.38
2011	31 811.48
2012	33 115.89
2013	38 213.15
2014	38 430.18
2015	33 303.62
2016	30 105.17
2017	31 399.49
2018	30 727.12
2019	31 079.24

数据来源：国家外汇管理局官方网站

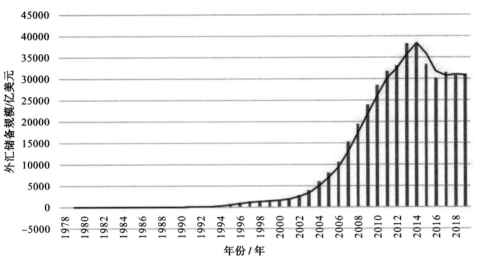

图 2-1　1978—2019 年中国外汇储备规模及变化趋势

（一）外汇储备短缺时期（1978—1989 年）

这一时期被称为中国外汇储备零储备时期。这时期外汇储备的特点是：外汇储备极度短缺，规模小，但年均增长率高。1978—1989 年外汇储备规模增加 32 倍，年均增长 37.51％。这一时期，我国尚处于改革开放初期，仍然坚持的是计划经济的法则，相关的经济、金融政策尚不完善，对外经济的开展受到一定的阻碍。一方面经济发展需要外汇储备引进先进设备和技术，外汇需求量大；另一方面当时出口的主要是农副产品等初级产品，出口创汇能力低，外汇收入少。两个原因导致了外汇储备规模一直维持在 20 亿～90 亿美元这样的低水平，1980 年更是出现了外汇储备为负值的局面。外汇储备不足制约了中国经济的发展，同时也不利于中国的金融稳定。

（二）外汇储备波动增长时期（1990—1995 年）

这一时期被称为中国外汇储备百亿储备时期。其特点是：外汇储备存量小，增长速度开始加快，但波动较大。其中 1994 年因为汇改政策的实施，外汇储备出现跳跃性的增长。这时期我国外汇储备规模增长的原因主要在于：（1）外商投资的推动。1990—1995 年外汇储备规模年均增长率 46％。1992 年邓小平视察南方发表谈话后，我国对外资的认识加深，国家引进外资的制度不断优化和完善。为加快外资的引入，我国对于外商投资企业给予超国民待遇，例如对符合规定的外资企业实施两免三减半的税收优惠政策,促进了外商投资净额迅速增加。1990—1995 年累计外商投资净额为 1162 亿美元,是 1984—1989 年外商累计净投资额的 8 倍。图 2-2 显示了外商投资增长率的变化:1990—1995 年外商投资年均增长率为 59.21%,1992 年和 1993 年两年年均增长率高达 150%。(2)出口的增加。国家在这一时期采取了一系列措施(例如出口退税政策)奖出限入,与此同时,出口商品中,工业制成品比重上升,高附加值商品出口增速加快,出口贸易从 1993 年的逆差转为 1994 年的顺差。(3)政策驱动。1994 年 1 月 1 日,我国推出了汇率并轨政策,开始实行单一的有管理的浮动汇率制;同时,开始实行强制结售汇制度。这些政策和措施的实施,促进了贸易,扩大了外来投资,从 1994 年开始国际收支出现双顺差,进而推动了外汇储备的增加。但这一时期规模变化不稳定,大致表现为总体在波动中增长的趋势。

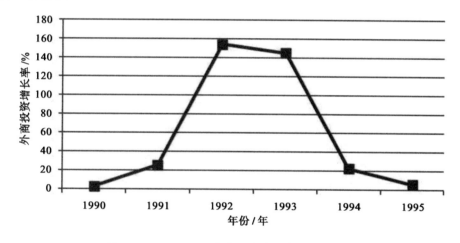

图 2-2 1990—1995 年中国外商投资增长率变化

数据来源:国家外汇管理局

(三)外汇储备快速增长时期(1996—2005 年)

这一时期被称为中国外汇储备千亿储备时代。这时期外汇储备变动的特点是:伴随着国际收支持续双顺差趋势的形成,储备规模进一步增加,外汇储备增长率逐年提高。这时期的外汇储备增长主要是贸易推动型的储备增长。1996 年我国经济实现软着陆,经济进入"低通胀,高增长"的良性发展通道。2001 年我国加入 WTO 后,对外贸易总额快速增加,2002 年经常性项目顺差比 2001 年增加 180 亿美元,增幅高达 103.45%。1996—2005 年贸易顺差年均增长 38.20%,高于外汇储备规模 25.63% 的增长率。贸易顺差成为这一时期外汇储备增长的主要推动力。虽受 1997 年亚洲金融危机的影响,经常账户、资本和金融账户顺差相对于危机前有所回落,1998 年更是出现资本和金融账户逆差(参见表 2-2),但中国外汇储备规模仍保持增长,1998 年增长率也达到 3.62%。

表 2-2　1996—2005 年中国经常账户差额与资本和金融账户差额

单位:亿美元

时间	经常性账户差额	资本和金融账户差额
1996	72	400
1997	370	210
1998	315	−63
1999	211	52
2000	205	19
2001	174	348
2002	354	323
2003	431	549
2004	689	1 082
2005	1 324	953

数据来源:国家外汇管理局

(四)外汇储备持续、巨额增长时期(2006—2013 年)

这一时期被称为中国外汇储备万亿储备时代。这一时期外汇储备的特点是:存量大,增长速度放缓,但始终保持增长趋势。2006 年我国外汇储备规模超过日本,成为世界第一大外汇储备国。这一时期外汇储备的增长主要源于三个因素:(1)热钱流入加快(参见表 2-3)。2005 年 7 月汇改后,人民币汇率持续升值。截至 2012 年 12 月 31 日,人民币对美元汇率比 2005 年 7 月 21 日累计升值 22.44%。人民币升值预期导致国际热钱蜂拥而至,以寻求套利机会。按照梅新育(2006)提出的公式计算[①],2006—2013 年年末流入我国的热

---

① 梅新育(2006)提出,热钱流入数额=外汇储备增量—货物贸易顺差—实际使用外资金额。

钱总额为 4472.27 亿美元,尤其是美国金融危机后两年即 2009 年和 2010 年,流入我国的热钱规模迅速扩大。(2)国际收支持续保持双顺差。(3)避险资本的流入。金融危机后美元贬值,使得以美元计价资产的账面价值虚增,同时世界经济低迷而我国经济仍保持快速增长,出于避险目的,大量外资进入我国。

表 2-3　2006—2018 年中国热钱规模变动

单位:亿美元

时间	外汇储备规模变动	货物贸易顺差	实际使用外资	热钱
2006	2 474.72	1 775.2	698.76	0.76
2007	4 619.05	2 643.4	783.39	1 192.26
2008	4 177.81	2 981.2	952.53	244.08
2009	4 531.22	1 956.9	918.04	1 656.28
2010	4 481.86	1 815.1	1 088.21	1 578.55
2011	3 338.1	1 549.0	1 176.98	612.12
2012	1 304.41	2 303.1	1 132.94	− 2 131.63
2013	5 097.26	2 590.2	1 187.21	1 319.85
2014	217.03	3 830.6	1 197.05	− 4 810.62
2015	− 5 126.56	5 939.0	1 262.67	− 12 328.23
2016	− 3 198.45	5 097.1	1 260.01	− 9 555.56
2017	1 294.32	4 195.5	1 310.35	− 4 211.53
2018	− 672.37	3 509.5	1 349.66	− 5 531.53

数据来源:根据中国统计年鉴数据计算

(五)外汇储备规模增长趋缓时期(2014 年至今)

这一阶段我国外汇储备规模增长明显放缓,跨境资金净流入规模也相对降低。尤其是在 2015 年,外汇储备规模增长大幅下降,降幅达到了 5 126.56 亿美元;2014—2016 年,热钱流出的规模也在逐年上升。直到 2017 年,这种情况才有所改善,2017 年年底我国外汇储备较年初增长了 1 294.32 亿美元。这一时期外汇储备规模增长趋缓主要是金融市场改革、对外开放不断推进以及境内外宏观环境变化共同作用的结果。一方面,2015 年我国推出了"811"汇改①,人民币汇率双向波动明显增强,汇率定价更趋向于市场化;另一方面,世界经济自 2008 年金融危机以来,呈现出不平衡复苏,国际金融市场波动加剧,新兴经济体普遍承受着资金外流以及货币贬值的压力,同时,国内经济的发展进入了新常态,对跨境资本流动的影响也进一步加大。

三、改革开放以来中国外汇储备币种结构的变化

由于我国外汇管理部门没有公开有关外汇储备币种结构数据,因此,对于外汇储备币种结构只能进行估计。目前,估计我国外汇储备币种结构的方法主要有两大类:直接估计法和模型法。(1)直接估计法:侧重于对实际外汇储备币种结构的描述,一般是将国际货币基金组织(IMF)COFER 数据库中新兴和发展中国家外汇储备的币种结构作为我国外汇储备币种结构的代表,该法主要依据我国是世界上最大的发展中国家和外汇储备国,持有的外汇在发展中国家外汇储备中占据较高比重。(2)模型法:主要是依据不同的外汇管理目标,选择最优的币种结构,其侧重于外汇储备币种结构的优化。常用的币种结构优化模型主要有资产组合模型、海勒-奈特模型和杜利模型等。

外汇储备币种结构的形成与变化,主要受四个方面因素的影响。(1)贸易结构。对外贸易顺差是外汇储备的重要来源之一,一国与某贸易伙伴国的贸易额较大,则该国也应该持有较多的该贸易伙伴国的货币。虽然贸易对象不一定使用本国货币进行结算,但外贸结构大体上能反映对外贸易中使用的币种与比例。因此,可以通过观察我国贸易进出口来源、数量、去向以及买卖双方支付方式等对币种结构进行粗略估算。(2)外债结构。为了确保能够按期还本付息,降低币种转换成本,外汇储备的币种结构应尽量与短期外债的币种结构保持一致。(3)外商直接投资状况。投资国对被投资国的投资越多,被投资国持有的该投资国的货币也应该越多。(4)储备货币的风险和收益情况。外汇储备管理遵循"安全性、流动性和收益性"原则,货币管理当局权衡三原则

---

① "811"改革是指 2015 年 8 月 11 日,中国人民银行宣布做市商在每日银行间外汇市场开盘前,参考上日银行间外汇市场收盘汇率,综合考虑外汇供求情况以及国际上主要货币汇率变化向中国外汇交易中心提供中间价报价。此次改革使得人民币兑美元中间价更能反映外汇市场供求力量变化,参照一篮子货币进行调节,提高了中间价报价的合理性。

的重要性,通过调整币种结构实现管理目标。

本部分主要是描述改革开放以来外汇储备币种结构的变化,COFER 数据是各国向 IMF 报送的数据的汇总。为更接近真实的我国外汇储备币种结构,本书采用 COFER 数据库中新兴和发展中国家储备头寸的币种结构,作为我国的外汇储备的币种结构(参见图 2-3)。

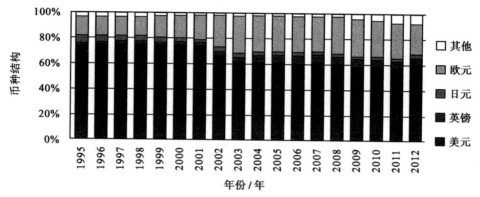

图 2-3　1995—2012 年中国外汇储备币种结构

数据来源:COFER 数据库(COFER 数据在 2015 年之后改为保密数据因而无法更新)

在 1999 年欧元诞生以前,COFER 数据以欧元区成员国货币计价的外汇储备单独列示。为保持数据的一致性,我们将单独列示的以欧元区成员国货币计价的外汇储备纳入以欧元计价的外汇储备范围。我国的外汇储备以美元、欧元、英镑、日元四种货币作为主要计价货币,其中美元是最主要的计价货币。从图 2-3 可以看到:随着时间的推移,以美元计价的外汇储备比重整体呈下降趋势,以欧元计价的外汇储备比重呈逐渐上升趋势,以英镑和日元计价的储备货币的比重基本保持稳定,以其他国家币种作为计价货币的外汇储备比重呈逐渐增长趋势。

1995 年以来,以美元、英镑、欧元、日元作为主要计价货币的外汇储备占我国外汇储备总量的 90% 以上,其中以美元计价的外汇储备比重约在 60% 左右。2001 年之前,中国外汇储备中以美元计价的储备货币的比重在 73% 以上,2002 年这一比重下降到 66.67%,降幅达 7 个百分点。与此同时,以欧元计价的外汇储备的比重则由 2001 年的 19.62% 增加到 2003 年的 29.64%,每年平均增长 5 个百分点。2002 年欧元区宣布以欧元替代该区国家主权货币,使欧元成为唯一法定货币。欧元的推出,一方面改变了欧元区贸易伙伴国的结算方式;另一方面相对于主权货币而言,超主权货币增强了欧元区国家货币的安全性。2002 年我国对欧元区贸易额同比增长 15.26%，实际利用欧元区直接投资同比下降 11.61%；同年我国与美国贸易额同比增长 20.76%，实际利用美国直接投资同比增长 22.35%。因此可以推测：2001—2003 年我国外汇储备币种结构的变化不是由对外贸易和外商直接投资变化导致的，而主要是受欧元区统一货币事件的主导。受欧债危机的影响，2010 年后，以欧元计价的外汇储备比重出现了回落。2008 年金融危机后，以其他非主要货币计价的外汇储备比重逐渐上升，由 2007 年的 1.62% 增长到 2012 年的 7.61%。虽然以非主要货币计价的外汇储备占比依然较低，但其快速增长反映了我国外汇储备币种构成的多元化趋势。

四、改革开放以来中国对外投资与风险状况

我国对外投资包括三种方式，即直接投资、证券投资和其他投资，并在发展过程中呈现出如下三个特点：(1)其他投资是我国对外投资的主要方式；(2)直接投资逐年增加，于 2009 年超越证券投资，成为中国第二大对外投资方式；(3)直接投资和其他投资整体上呈现增长趋势。其中，2008—2009 年其他投资净额略有下降，但其后便快速增加；证券投资净额在 2006 年之前稳定上升，2006 年后出现小幅下降并趋于稳定，并在 2015 年之后稳步上升。具体参见图 2-4。

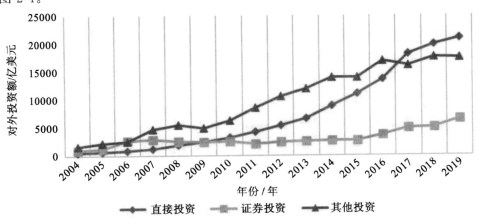

图 2-4　2004—2019 年中国对外投资情况

数据来源：国家外汇管理局

（一）中国对外直接投资一直保持稳定增长

1. 对外投资规模

我国对外直接投资一直保持稳定增长（参见图 2-5）。1992 年以前我国对外直接投资很少,1992 年邓小平视察南方发表谈话后,我国开始实施走出去战略,对外直接投资才开始增加,由 1991 年的 9 亿美元增加到 1992 年的 40 亿美元,增幅达 344%。2011 年年底我国对外直接投资净额（流量）实现了自数据发布以来连续 10 年的增长,达到 746.5 亿美元,同比增长 8.5%,再创年度投资流量的历史新高。2002—2018 年,中国对外直接投资流量年均增长速度高达 28.2%,对外直接投资流量占全球比重连续三年超过 10%。从双向投资来看,2018 年中国对外直接投资与吸引外国直接投资基本持平。2018 年年末,中国对外直接投资存量 19822.7 亿美元,较上年年末增加 1732.3 亿美元,是 2002 年年末存量的 66.3 倍,在全球的占比由 2002 年的 0.4% 提升至 6.4%,排名仅次于美国和荷兰,由第 25 位攀升至第 3 位。[①]

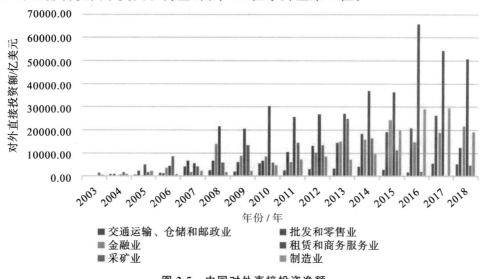

图 2-5　中国对外直接投资净额

数据来源:中国统计年鉴

---

① 根据商务部、国家统计局和国家外汇管理局联合发布的《2019 年中国对外直接投资统计公报》,2019 年中国对外直接投资流量蝉联全球第二,存量保持全球第三（达到 2.2 万亿美元,次于美国的 7.7 万亿美元、荷兰的 2.6 万亿美元）。投资覆盖全球 188 个国家和地区,领域更趋多元化。

2. 对外投资地域与行业分布

从投资行业来看,截至 2018 年年底,我国全行业对外直接投资 1298.3 亿美元,同比增长 4.2%。其中对外金融类直接投资 93.3 亿美元,同比增长 105.1%;对外非金融类直接投资 1205 亿美元,同比增长 0.3%。从对外投资结构看,对外投资主要流向租赁和商务服务业、制造业、批发和零售业、采矿业,占比分别为 37%、15.6%、8.8% 和 7.7%。流向第三产业的对外直接投资 842.5 亿美元,同比增长 3.6%,占 69.9%。房地产业、体育和娱乐业对外投资没有新增项目,非理性投资继续得到有效遏制。从投资地域上看,截至 2018 年年底,中国超 2.7 万家境内投资者在全球 188 个国家(地区)设立对外直接投资企业 4.3 万家,全球 80% 以上国家(地区)都有中国的投资。在 2018 年全年,中国在"一带一路"沿线国家(地区)设立境外企业超过 1 万家,中国企业对"一带一路"沿线的 56 个国家实现非金融类直接投资 156.4 亿美元,同比增长 8.9%,占同期总额的 13%。中国对外直接投资地域分布高度集中,存量前 20 位的国家(地区)占总额的 91.7%。从对外投资方式看,企业对外投资并购活跃,境外融资比例高。此外,实物投资、股权置换、联合投资、特许经营、投建营一体化等对外投资方式也呈现出良好的发展态势。

(二)中国对外证券投资逐渐由债权投资为主向股权投资转变

我国对外证券投资主要是指股权证券投资和债权证券投资,投资的主要特点是:起步晚,增长迅速,2006 年之前稳定上升,2006 年后出现小幅下降后趋于稳定,2015 年后又逐年上升,投资标的以外国国债为主,且主要投资于美国国债[①]。

我国从 1985 年开始持有美国国债,但购买的数量较少,直到 1994 年伴随着外汇储备的增长才逐渐增持美国国债,截至 2019 年年底中国持有美国国债

---

① 美国国债是由财政部发行,并由美国政府提供完全信用担保,属于美国政府的直接债务。发行的目的主要是弥补财政赤字,但也有为特定目的而发行国债的。20 世纪初,美国国债的规模非常小,但从第一次世界大战开始,美国国债的数量急剧增加,在大萧条期间又增加了一倍;至 20 世纪 40 年代,美国政府为了筹措第二次世界大战资金,又大量发行国债;在越战和随后的高速通货膨胀期间,未偿还国债数量逐渐增加;至 20 世纪末,预算盈余在一定程度上阻止了美国国债总量的上升。进入 21 世纪后,美国政府的开支大量依靠发行国债,导致债务负担剧增,国债规模增幅逐渐加快,至 2011 年年末,未偿还国债总额达到了 14.79 万亿美元,占当年 GDP 的 98.11%。至 2020 年年末,美国财政部数据显示,美国国债余额已达 27.7 万亿美元,同比增长 19.6%,占 GDP 的 132%,同比上升 25%。2021 年拜登政府上台以来,又通过了 1.9 万亿美元的财政刺激法案,美国国债规模已近 30 万亿美元。

余额为 1.07 万亿美元（最高曾持有约 1.3 万亿美元左右，并若干年均为美国第一大债权国），成为美国除日本外第二大债权国。[①] 我国从 2006 年开始对外国进行股权证券投资，当年股权证券投资净额为 15 亿美元，2012 年增加到 1298 亿美元。图 2-6 显示，2007 年以来我国对外股权投资持续增长情况。

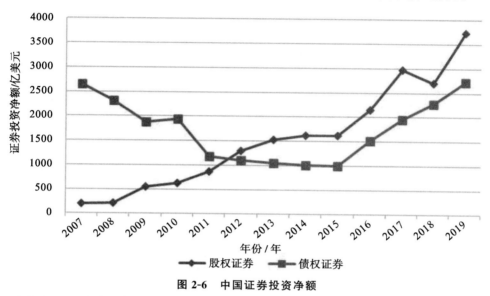

图 2-6　中国证券投资净额

数据来源：国家外汇管理局

2008 年金融危机后我国对美债券投资快速回落，主要是受我国对于美国政府机构债券持有量变动的影响。2008 年之前我国大量增持美国政府机构

---

① 购买、持有美国的国债作为一种投资行为是毋庸置疑的，但有两个关键性问题是值得深入思考的：（1）国债收益率问题。中国是否陷入了"斯蒂格利茨怪圈"呢？即新兴市场国家将贸易盈余转化为官方外汇储备，通过购买收益率很低的美国国债回流美国资本市场，美国再将资金投资在新兴市场获取高额回报？（2）规模问题。笔者认为一定要把握投资美国证券包括国债在内的适度规模，唯如此，才有投资效率与效益即投资的有效性。如果从更高的层面、更实质性的角度来看，美国等国家之所以发行大量的国债（当然要具备这个能力），是为了满足他们国家正常或超常的需要，因此，包括中国在内的很多国家购买美国政府发行的国债，从主观上看是对外投资的一种主动行为，但从客观上看相当程度上是为美国政府服务。这个现象非常值得反思！目前美国政府拥有约 30 万亿美元的对外债务，如果没有中国等国家的大力"支持"，美国政府的运作，甚至整体经济的发展都会受到很大的影响。

债券,而政府机构债券中绝大多数是由"两房"①发行的债券(据美国财政部数据,"两房"发行了约 5 万亿美元的债券及房贷担保债券,外资持有的债券总值约 1.3 万亿美元,其中,中国持有最多,达 3 760 亿美元),受金融危机影响,"两房"债券价值急剧下跌,出于安全性投资目标的考虑我国减持了美国政府机构债券②。

2006 年以来,我国对外股权投资净额逐年增加,主要原因有二:(1)QDII制度的实施为国内投资者直接参与国际市场开辟了途径;(2)2007 年中国投资有限责任公司(简称"中投")成立,作为我国主权财富基金的管理机构,中投的成立开启了我国大规模海外证券投资的新纪元。我国对外股票投资中,地域上美国是主要投资标的,行业上金融业是主要投资标的。截至 2018 年年末,我国对外证券投资资产(不含储备资产)4 980 亿美元。其中,股权类投资2 700 亿美元,债券类投资 2 279 亿美元。投资前五位的国家及地区是中国香港、美国、开曼群岛、英属维尔京群岛和英国,投资金额分别为 1 542 亿美元、1 320 亿美元、429 亿美元、370 亿美元和 159 亿美元。

(三)中国对外其他投资额度加速上升,投资净额规模巨大

其他投资主要指贸易信贷、贷款、货币和存款,其中,货币和存款是最主要的投资方式,其次是贸易信贷(参见图 2-7)。货币和存款,是变现能力最强的外汇资产,其快速增加一方面反映我国外汇储备具有较为充裕的流动性,另一方面货币和存款往往收益率低,大量的外汇储备投资于外国货币和存款制约了我国外汇储备的获利能力。③ 贸易信贷是由对外贸易购赊销形成的,其快

---

① "两房"是指美国两个住房抵押贷款融资机构"房利美"和"房地美"的简称,前者全称是联邦国民抵押贷款协会(Federal Mortgage Association,简称 Fannie Mae),后者全称是联邦住宅贷款抵押公司(Federal Home Loan Mortgage Corporation,简称 Freddie Mac)。它们由美国国会立法设立,属于政府资助机构。房利美成立于 1938 年,房地美成立于 1970 年,最初都是联邦政府机构的组成部分,后来都改成了股份制公司。

② 我国持有美元债券资产的形式主要有国债、机构债、公司债。根据美国财政部国际资本流动报告(TIC),截至 2021 年 6 月,我国持有美国国债规模为 10619 亿美元,同期日本为12773 亿美元,英国为 4529 亿美元。

③ 更重要的是,国外银行家会把吸收的、来自包括我国在内的大量的货币和存款,投放于世界各地,包括中国,既可以获取更高的利率和投资收益率,还可以享受一些发展中国家引资的优惠政策和待遇。换句话说,一些国家包括中国在内的利用外资(例如 FDI),可能相当部分就是自己的钱。这种资金的"循环"运作应引起高度的重视。

速增长反映了我国出口贸易的增加。

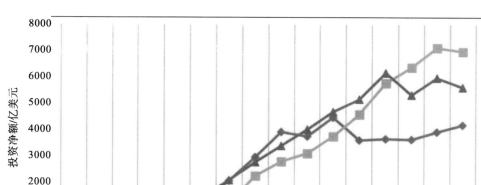

图 2-7　中国贸易信贷、贷款、货币和存款投资净额

数据来源：国家外汇管理局

　　2008 年以前贸易信贷、贷款、货币和存款投资稳步上升，2008 年以后这三种投资方式净额加速上升。其中，货币和存款的增长速度最快，主要是由于金融危机后避险资金和热钱的加速流入形成的。这与之前计算的金融危机后热钱的变化与资本和金融账户顺差的变化相印证。

　　通过以上分析，我国对外投资主要面临四个方面的风险：

　　(1)投资集中度高。具体包括行业集中度高、地域集中度高和币种集中度高。我国无论是债券投资还是股权投资，都主要集中于美国，这使得我国的外汇资产很容易受到美国经济和政策的影响，面临美元利率和汇率变动的风险。根据周茂清(2005)估计，美国十年期国债利率每上升两个百分点，我国外汇储备将会遭受 10% 的损失。行业上我国的股权投资集中于金融业，而金融业往往是高风险行业。2007 年中投斥资 30 亿美元入股黑石集团，斥资 68 亿美元入股摩根士丹利，2008 年两只股票跌幅均超过 60%，导致巨额账面亏损。币种上，如上所述，我国的外汇储备以美元、欧元、英镑、日元四种货币作为主要计价货币，其中美元是最主要的计价货币，美元储备规模也最大。因此，美元对外价格变化带来的影响是显而易见的。

　　(2)外汇储备资源利用不充分。我国对外投资中，直接投资和证券投资不足,说明未对国外资源进行充分利用。此外,其他投资中贸易信贷、货币和存款占其他投资的 70％以上,而贸易信贷、货币和存款属于低息资产,过多的外汇储备投资于低息资产易产生较高的机会成本。

(3)投资过程中出现信息不对称。委托投资比例高容易产生委托—代理问题,引起道德风险。

(4)投资渠道单一。在境外投资组合中,公开股票市场投资、长期投资、固定收益投资等传统方式占 80％以上,衍生类金融产品投资少,缺乏风险对冲工具,加大了储备资产的风险敞口。

本章小结

改革开放以来,中国外汇储备无论在规模、币种结构,还是投资结构方面,都发生了巨大变化。外汇储备规模也不断增加,年均增长率达 10％左右。在外汇储备结构上形成了以美元、欧元、英镑、日元为主要计价货币的币种结构,其中,近 10 年来美元占比接近 60％。在投资结构上,以直接投资、债券和股票投资、贸易信贷、贷款、货币与存款为主要投资渠道。与此同时,外汇储备投资也面临着集中度高、资源利用不充分、信息不对称、投资渠道单一等风险。

结论与政策建议:(1)改革开放造就了我国整体经济的发展,为我国外汇储备持续、快速增长提供了前提条件;(2)我国外汇储备增长出现了规模、结构、风险等失衡现象,外汇储备风险不断累积;(3)加强外汇储备风险管理,势在必行!

第三章　中国外汇储备持续快速增长的动因与机制

改革开放以来,我国的外汇储备经历了从短缺到充足,之后高速增长甚至出现超额储备,但 2015 年以来又持续下降并趋于稳定的过程。1994—2014年这 20 年间持续、快速、大幅度增长(截至 2020 年年底,已达 32 165 亿美元),已成为我国外汇储备发展的重要特征,并有力地推动了我国整体经济的向前发展。当然,我国外汇储备快速大幅度增长的同时,也带来了一些亟须解决的问题。为此,众多专家学者试图找到外汇储备急速增长的表面原因和深层次原因,力图把握和控制外汇储备规模增长速度,缓解因外汇储备规模变化过大、增长速度过快引发的经济问题。本章选择从外汇储备迅速增长的直接原因入手,深入到需求动因、制度动因,进而到宏观动因,来分析外汇储备增长及其变化的深层次原因与机制。

一、外汇储备增长的直接动因——国际收支双顺差

从第一章分析可见,改革开放以来,我国外汇储备出现了持续、快速、大幅度增长,同时,我国外汇储备规模占全球所有国家外汇储备的比例,也在不断上升(参见表 2-1、图 2-1、附录 1)。那么,是什么力量、动力、体制、机制推动我国的外汇储备不断快速增长呢?

从理论上说,外汇储备增加有三种渠道:第一,由于国际收支顺差,外汇市场上外汇供大于求,中央银行为维持汇率的相对稳定而在外汇市场上抛出本币购入外汇;第二,用借入的外汇补充外汇储备;第三,用外汇储备收益补充外汇储备。我国把外汇储备的收益列入中央银行的对外资产,没有列入我国的外汇储备,我国也不存在借入外汇补充外汇储备的情况,所以基本上是通过第一种渠道来增加外汇储备的。

1994 年外汇体制改革以来,我国外汇储备逐步形成了以下增长(减少)机制(见图 3-1)。

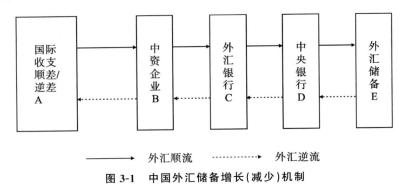

图 3-1 中国外汇储备增长(减少)机制

其一,外汇储备增长机制:国际收支顺差→中资企业外汇净收入→结售汇制下中资企业卖出大部分外汇→外汇银行外汇净买入→结售汇周转头寸限额下外汇银行卖出大部分净买入的外汇→中央银行买入外汇→外汇储备增加。在增长机制下,外汇从最初的国际收支顺差 A,经过中资企业 B、外汇银行 C,最终流入中央银行 D,导致外汇储备 E 的增加。这一机制表现为外汇顺流,在图 3-1 中用实线箭头表示。

其二,外汇储备减少机制:国际收支逆差→中资企业外汇净支出→外汇银行卖出外汇→中央银行卖出外汇→外汇储备减少。在减少机制下,外汇储备 E 通过中央银行 D,流入外汇银行 C 和中资企业 B,最终弥补了国际收支逆差。这一机制表现为外汇逆流,在图 3-1 中用虚线箭头表示。

从上述增加和减少机制中可以看出,国际收支顺差是外汇储备增加的直接原因。1994 年以来我国国际收支持续顺差,外汇储备增长机制得以充分体现,而外汇储备减少机制尚未得到展现的机会。

在国际收支平衡表中,存在着这样的关系式:储备资产增减额=国际收支差额=经常账户差额+资本与金融账户差额。若经常账户差额和资本与金融账户差额之和大于 0,则国际收支顺差,储备资产增加,由于我国外汇储备占储备资产的比例达 90%以上,因此,外汇储备也随之增加。而国际收支顺差包括两个部分:一是经常项目顺差,二是资本和金融项目顺差。表 3-1 是我国 1994—2019 年经常项目、资本和非储备性质的金融项目顺差以及外汇储备增长情况。从表中可以看出,两者对外汇储备增加的影响程度是不一样的。

表 3-1　1994—2019 年中国经常项目顺差、资本和金融项目顺差与外汇储备变化

单位:亿美元

年度	经常项目顺差	资本和非储备性质的 金融项目顺差①	外汇储备增加额	外汇储备余额
1994	77	326	304	516
1995	16	387	220	736
1996	72	400	315	1 050
1997	370	211	349	1 399
1998	315	—63	51	1 450
1999	211	52	97	1 547
2000	204	19	109	1 656
2001	174	348	466	2 122
2002	354	323	742	2 864
2003	431	549	1 060	4 033
2004	689	1 082	1 904	6 099
2005	1 324	953	2 526	8 189
2006	2 318	493	2 853	10 663
2007	3 532	942	4 609	15 282
2008	4 206	401	4 783	19 460
2009	2 433	1 985	3 821	23 992
2010	2 378	2 869	4 696	28 473
2011	1 361	2 655	3 848	31 811
2012	2 154	—318	987	33 116
2013	1 482	3 461	4 327	38 213
2014	2 360	—514	1 188	38 430
2015	3 042	—4 341	—3 423	33 304
2016	2 022	—4 164	—4 487	30 105
2017	1 951	1 094	930	31 399
2018	255	1 721	182	30 727
2019	1 413	374	—198	31 079

资料来源:国家外汇管理局

---

① 此处将 BPM6 下的资本和金融项目做了一定调整,不包含储备资产。

下面,将分别介绍经常项目顺差及资本和金融项目顺差对外汇储备增加的影响机制。

（一）经常项目顺差

经常项目,是国际收支平衡表里最基本、最重要的项目,它反映一国与他国之间真实资源转移状况,具体包括货物贸易、服务贸易、收益和经常转移等内容。我国自 1979 年实行改革开放政策以来,对外贸易一直保持着持续快速的增长,尤其 1994 年之后,经常项目长期维持顺差态势,进入 2000 年以后,我国贸易出口急速增长,外贸顺差加大,2005 年经常项目顺差突破 1 000 亿美元,达到 1 324 亿美元,2008 年我国经常项目顺差总额为 4 206 亿美元,为历年之最(参见表 3-1)。

我国经常项目之所以能保持持续的顺差,除了长期以来我国拥有良好的政治、经济环境,以及世界经济全面增长的大好时机之外(次贷危机之前),还有如下几个方面的原因:

第一,我国国内投资小于国内储蓄,这是导致经常项目顺差的理论原因。造成投资小于储蓄的深层次原因,主要有我国经济结构、人口年龄结构、消费结构、投融资结构等还不尽合理等,在这里不作详述。

第二,对外贸易政策和出口导向型发展战略是我国经常项目持续顺差的政策原因。计划经济时期,我国饱尝外汇短缺之苦,在外汇需求的巨大压力下,外贸企业甚至被迫不计成本地增加出口,以换取当时极为宝贵的外汇。改革开放后,特别是伴随着外国市场经济的不断发展,国内经济环境得到了很大改善,也因应形势变化的情况调整了原有的外贸政策和发展战略,但原有的政策仍然影响着我国外汇储备的形成。

第三,我国粗放型外贸增长是导致经常项目顺差的主要经济原因[①]。自 20 世纪 90 年代开始,发达国家在全球范围内开展了新一轮经济结构调整,将其在本国没有竞争优势的制造业、服务业和闲置的资本向低成本的发展中国

---

① 粗放型贸易增长方式在改革开放刚开始的一段时期,是合理、可行的,对我国国际收支和外汇储备顺差的形成、不断增加有着很大的推动作用,但这种依赖廉价劳动力,牺牲资源和环境,透支未来经济潜力的发展方式,无疑是杀鸡取卵、竭泽而渔,与保持我国未来经济可持续发展、促进经济增长方式从粗放型向集约型转化的高质量发展方式不相符合,应引起我们的深刻反思,并积极、主动、果断地采取措施。

家转移[①]，这与我国的对外开放进程正好形成了一个非常重要的时间契合点。我国逐步形成了以加工贸易为主的"大进大出"的粗放型外贸增长方式。对外贸易形式主要是加工贸易，而加工贸易属于一种增值的贸易形式，它占总贸易额的比重在 1997—2019 年间平均为 40.96%（参见表 3-2）。可见，加工贸易是我国对外贸易顺差中的重要组成部分。而经常项目顺差对我国外汇储备的增加有着重大的直接影响，图 3-2 揭示了经常项目顺差对外汇储备顺差的贡献率。从图中可以看出，1998 年经常项目顺差对我国外汇储备增长的贡献率达到了高峰[②]。

表 3-2　中国出口贸易主要构成

年度	一般贸易占比/%	加工贸易占比/%
1997	35.93	52.64
1998	36.38	53.70
1999	40.54	51.52
2000	43.27	48.90
2001	44.28	47.72
2002	42.74	48.98
2003	43.48	47.81
2004	42.56	47.87
2005	41.83	48.79
2006	42.58	47.43
2007	44.45	45.49
2008	48.14	41.23
2009	48.12	41.25
2010	50.03	38.99
2011	52.79	35.88

---

① 我国有较完善的基础设施、良好的工业配套能力和大量熟练的廉价劳动力，吸引着全球制造业向我国转移，使我国成为"世界工厂"。

② 1994 年是我国改革开放以后十分重要的时间窗口。如果说改革开放到 1993 年是我国经济恢复性增长时期，那么从 1994 年开始到现在就是我国经济迅速崛起时期，它的重要表现之一是：从 1994 年开始我国的对外贸易由 1993 年的逆差转变为顺差，经常项目和资本项目（除 1998 年例外）从此出现双顺差；我国的外汇储备余额由 1993 年 212 亿美元一跃而为 1994 年的 516 亿美元，直至 2014 年的顶峰 3.8 万亿美元；我国综合经济实力迅速上升，2010 年我国 GDP 超过日本而成为世界第二大经济主体。国际收支顺差对我国外汇储备的增长、整体经济的发展发挥了积极的作用。

续表

年度	一般贸易占比/%	加工贸易占比/%
2012	51.96	34.81
2013	52.81	32.69
2014	53.82	32.81
2015	54.25	31.56
2016	55.85	30.26
2017	56.54	29.08
2018	58.01	27.43
2019	58.99	25.21
平均	46.59	40.96

数据来源:海关总署

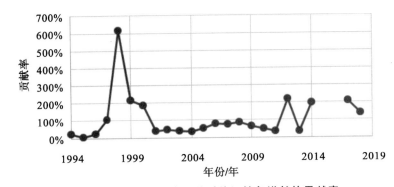

图 3-2　中国经常账户顺差对外汇储备增长的贡献率

注:由于 2015 年、2016 年与 2019 年经常账户顺差与外汇储备增长符号相反,未在图中标示

综上所述,我国近 20 多年来经常项目顺差快速增加,直接导致了外汇储备的快速增长。

(二)资本与金融项目顺差

资本与金融项目,是记录居民与非居民之间资产转移、投资与借贷资本变化的一个项目。该项目与外汇储备有着密切的关系,主要体现在债务性储备方面。以外商直接投资、证券投资或者其他投资形式的资本净流入是债务性外汇储备的来源。资本流动的方向、流量对一国的外汇储备都会产生重要的影响。同时,资本流动又具有很强的不确定性:当本国经济发展良好时,会吸引大量的外来资本流入,导致外汇储备增加;而当本国的经济发展趋于恶化时,会出现大量的资本外流,导致外汇储备流失,甚至影响正常的经济秩序。

　　从表 3-1 可以看出,1994—2019 年间,我国资本与金融账户差额为逆差的年份有 5 年。在发生顺差的 21 年中,2019 年资本与金融账户虽然为顺差,但外汇储备却是减少的,所以能计算贡献率的年份为 20 年。

　　图 3-3 揭示了资本与金融项目顺差对外汇储备增长的贡献率。

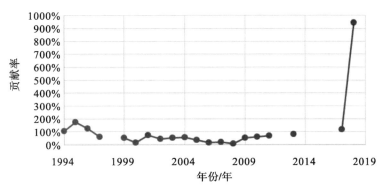

图 3-3　中国资本与金融账户顺差对外汇储备增长的贡献率

　　下面,将重点从外商直接投资(FDI)、证券投资、其他投资三个方面来解释为何资本与金融账户顺差是外汇储备增加的直接动因。

1. 外商直接投资对外汇储备的影响

　　根据 IMF 的定义,FDI 是指在投资人以外的国家所经营的企业中拥有持续利益的一种投资,目的在于对该企业的经营管理具有有效的发言权,换句话说,FDI 是指投资国对东道国投资,并对所投资的项目拥有直接管理控制权的一种行为。改革开放以来,我国不断推进与完善外商投资管理体制,积极采取措施招商引资,成为世界上吸引外资最多的国家之一。FDI 是我国资本和金融账户顺差最稳定和重要的来源,我国吸引的 FDI 中的一大部分转化成了外汇储备。在 FDI 中除去用于国外采购的支付(即进口机器设备和技术等方面),其余的投资会转化为国内原料、机器设备和劳动力的购买,而这些需要以人民币的方式在国内支付,投资方必然会向商业银行结汇从而形成央行的外汇储备。

　　从图 3-4 可以看出,1994—2014 年间我国吸收的 FDI 远高于我国对外直接投资,且差额持续增长,这成为这一时期我国外汇储备增加的一个重要动因。2015 年至今,外商投资的净值快速下降后有所反弹并趋于稳定,这是我国外汇储备规模在 2015 年后呈现出新变化的重要原因。

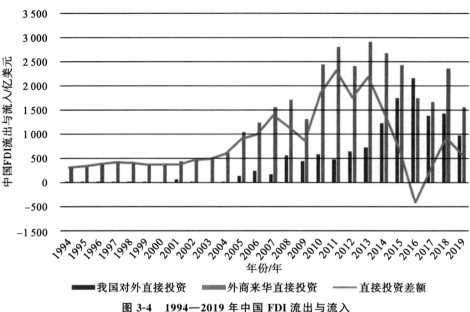

图 3-4 1994—2019 年中国 FDI 流出与流入

数据来源：国家外汇管理局

　　FDI 不构成新的对外债权债务,其对外汇储备的影响是间接的。就一般情况而言,直接投资增加表现为资本收入和进口的增加。从短期来看,对外资流入效益的评价可视作对进出口贸易效益的评价。因为,一项国际资本的流入,不管其本身是否被用来采购东道国的产品,其最终用途是用于进口,所以对东道国来说,任何国际资本的流入都可视为一笔进口。从长期来看,直接投资对资本输入国国际收支状况的影响要广泛得多。

　　传统的分析方法,主要是比较直接投资流入额和未来利润流出的金额,单纯运用这种方法测量直接投资对东道国国际收支的长期效应,容易得出一个看似正确,而实则片面的结论,即投资利润流出额远高于投资流入额,因此,投资国会把投资利润不断地汇回母国,从而影响被投资国的国际收支。实际上,不能只简单地从投资流入额和利润汇出额现值差的正负或大小来评估一项直接投资对资本输入国国际收支的影响,因为直接投资对一国经济所产生的间接效应是十分复杂和广泛的。直接投资除了会刺激进出口贸易的扩张,还会对东道国经济、产业结构以及国民收入等产生多方面的间接影响,这些影响最终都会通过外汇储备的变动反映到该国的国际收支上来。

　　发展中国家吸引 FDI 的根本原因主要是国内资本不足,特别是由于外汇不足而不能从国外进口先进设备和技术。在理想状态下,引进的大部分 FDI 应转化为进口。这样,虽不可避免会有一部分通过结汇方式转换成人民币在国内进行采购,但大部分仍会反映为进口增加,以贸易逆差的形式抵消资本账户的顺差,外汇储备就不会因为 FDI 的流入而产生很大的变化。但在我国,FDI 和进口的关联度并不明显,巨额的 FDI 并没有导致我国的贸易逆差;相反,大量 FDI 利用我国的廉价劳动力形成了出口加工业,从而增加了我国出口,尤其是增加了加工贸易出口,从经济总量上看,则出现了外资与内资的替代关系。可以说,这种大量 FDI 贡献于外汇储备的现状,主要是在我国出口导向战略的影响下形成的。

2. 证券投资对外汇储备的影响

从融资的角度看,证券投资所占比例最低。从投资的角度看,仍然远远低于其他投资方式。我国证券投资在国际投融资中所占比例低的主要原因是过去较长期我国证券市场开放程度较低。

总体来说,我国证券投资形式的资本流动相对于直接投资与其他投资来说流量较低,其对于外汇储备的影响力也较小。原因主要是我国证券市场开放度不高,市场容量不大。但证券投资对国际金融市场环境变化的敏感性较高,在国际环境如利率、汇率等明显变化时,证券投资的流向也会随之发生较大变化。从图 3-5 可以看出我国证券投资差额波动较大,且相比于 FDI,很多年份表现为逆差,说明我国对外证券投资大于境外对我国的证券投资。但随着我国近年来新金融开放举措的持续出台,境外证券投资的体量在快速增长,并且境外资本越来越看好我国的证券市场。

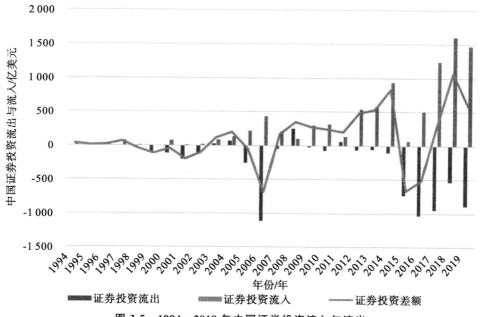

图 3-5　1994—2019 年中国证券投资流入与流出

数据来源:国家外汇管理局

3. 其他投资对外汇储备的影响

从我国资本流动的构成比例来看,其他投资占有重要地位。从资本流出的构成来看,证券投资与直接投资规模都远远低于其他投资。由于无论是资本流入还是资本流出,特别是资本流出,其他投资的流量在整个资本账户中有较大的比重(见图3-6),同时其他投资又是一个容易受到国际资本市场利率、汇率变动影响的项目,因此对外汇储备影响比较大,而且其影响突出表现在资本市场利率波动比较明显的年份。2015 年、2016 年外汇储备分别流失 3 423亿美元与 4 487 亿美元,这两年的其他投资净流出分别为 4 340 亿美元与 3 167亿美元,可见两者之间有着很大联系。

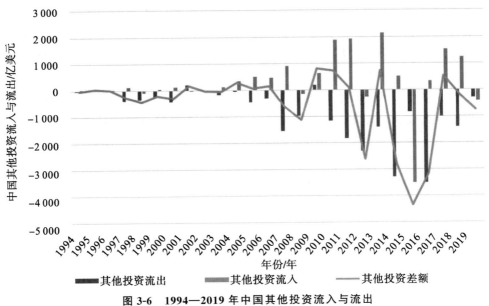

图 3-6　1994—2019 年中国其他投资流入与流出

数据来源:国家外汇管理局

一般认为不同来源的外汇储备具有不同的经济利益。从来源看,外汇储备可以分为债权性储备和债务性储备两类。债权性储备来源于贸易、服务等经常项目差额。债务性储备则来源于外商直接投资、证券投资和其他投资等资本和金融项目差额。经常项目顺差引起的外汇储备增加构成一国的净储蓄积累,是一个国家的净财富,并且由于有实际资源的国际流动作为背景,储备性质比较稳定。来源于资本与金融项目下的外汇储备增加,实际上是以负债的增加换取外汇储备的增长,这类外汇储备的增长具有借入储备的性质,具有一定的脆弱性或不稳定性。

二、我国外汇储备增长的需求动因

（一）交易性需求

交易性需求,指持有外汇储备用于满足公共或私人部门对外支付的一种需求,例如贸易进口需要付汇,偿付外债需要用汇等。如果一个国家的货币是完全自由兑换的,本国货币就可以满足这些支付需求,但包括中国在内的发展中国家目前还无法做到。多数发展中国家货币的可兑换性不高,不容易通过与其他国家签订货币互换等协议来紧急融通外汇资金;还有不少发展中国家不同程度地实行外汇管制政策,外资不容易自由进出;此外,发展中国家在国际金融市场上的融资能力较弱,不容易从国际金融市场上及时获得大笔借款。因此,发展中国家只有更多地依靠自身所持有的外汇储备来满足交易性的外汇需求。这方面的需求主要包括一国的进口支付需求、外债还本付息需求、外商直接投资利润汇出需求以及经常项目下其他类型的用汇需求。

1. 贸易支付需求

在国际经济往来历史中,进口贸易是最早对他国货币产生需求的经济活动,即便到了现在,进口贸易仍然是国与国之间最重要的国际经济活动之一,其他的国际经济活动几乎都是从进口贸易这个基础上派生出来的。如果一国的开放程度高,对国际经济环境的依存度较强,进口金额大,那么,该国对外汇储备的需求就较大;反之,需求就较小。改革开放以来,我国的进出口贸易规模不断增长,自 2013 年以来,货物贸易进口额与出口额连续多年位居世界第一位。进口支付是我国外汇储备需求增长的一个重要原因。

2. 偿债支付需求

发展中国家利用外资加速自身经济发展的一个重要手段就是对外举债。外债在国际收支平衡表中归入资本流入项目,外汇储备规模大小是判断一国债务清偿能力高低的重要指标,外债还本付息是影响外汇储备需求的重要因素。外汇储备达到一定量才不会出现债务清偿困难,尤其是短期外债的及时偿还更需要外汇储备的支持。在我国的对外经济往来中,对外借偿是我国利用外资的重要举措。截至 2020 年 6 月底,我国的外债余额(按全口径统计,含本外币)已达21 324亿美元,其中外债为13 287亿美元,本币外债为8 037亿美元。表 3-3 揭示了外汇储备余额与外债的关系与相关情况。

表 3-3 1985—2019 年中国长期与短期外债结构与增长

单位:亿美元

年度	外债余额	中长期外债余额	短期外债余额	短期外债/外汇储备/%
1985	158.28	94.10	64.18	242.74
1986	214.83	167.14	47.69	230.16
1987	302.05	244.85	57.20	195.69
1988	400.03	326.96	73.07	216.70
1989	412.99	370.22	42.67	76.88
1990	525.45	457.79	67.66	60.99
1991	605.61	502.57	103.04	47.46
1992	693.21	584.75	108.46	55.78
1993	835.73	700.27	135.46	63.90
1994	928.06	823.91	104.15	20.18
1995	1 065.90	946.74	119.16	16.19
1996	1 162.75	1 021.67	141.08	13.43
1997	1 309.60	1 128.20	181.40	12.97
1998	1 460.43	1 287.00	173.40	11.96
1999	1 518.30	1 366.50	151.80	9.81
2000	1 457.27	1 326.50	130.80	7.90
2001	2 033.00	1 195.30	837.70	39.48
2002	2 026.30	1 155.50	870.80	30.40
2003	2 193.60	1 165.90	1 027.70	25.49
2004	2 629.92	1 242.82	1 387.10	22.74
2005	2 965.45	1 249.05	1 716.40	20.96
2006	3 385.88	1 393.58	1 992.30	18.68
2007	3 892.18	1 535.38	2 356.80	15.42
2008	3 901.61	1 638.81	2 262.80	11.63
2009	4 286.48	1 693.89	2 592.59	10.81
2010	5 489.38	1 732.43	3 756.95	13.19
2011	6 949.97	1 940.96	5 009.01	15.75
2012	7 369.86	1 960.57	5 409.29	16.33
2013	8 631.67	1 865.42	6 766.25	17.71
2014	17 799.32	4 817.00	12 982.00	33.78
2015	13 829.80	4 955.70	8 874.10	26.65
2016	14 158.01	5 497.60	8 660.40	28.77
2017	17 579.58	6127.20	11 452.40	36.47
2018	19 828.00	6 936.00	12 891.50	41.95
2019	20 573.00	8 520.00	12 053.00	38.78

资料来源:国家外汇管理局

3. 投资利润汇出的需求

外商直接投资是发达国家对外输出剩余资本、发展中国家利用外国资源的一种主要形式。外商投资是要赚取利润的，并且这种投资方式的利润率还很高。因此，接受投资的东道国其经常项目下每年都会有大量利润汇出，即便是利润转为追加投资，也只意味着利润汇出的延迟。直接投资规模累积到一定程度，由此而产生的利润汇出会对一国形成对外付汇压力。因此，一国货币当局在制定外汇储备政策时，必须考虑到直接投资对外汇储备的需求。

（二）预防性需求

预防性需求，是指一国货币当局在外汇市场出现大幅震荡或发生金融危机时，为及时干预市场维持本币汇率稳定而持有的外汇储备。实行固定汇率制度的国家或地区，出于不能通过调整汇率来改善本国国际收支状况、抵御国际资本对本国货币投机冲击的考虑，该国货币容易成为国际资本袭击的目标，因此这些国家或地区的货币当局就需要持有规模较大的外汇储备，必要时用于干预市场，以维持自身货币币值的稳定和良好的金融、经济秩序。

亚洲金融危机的爆发提升了发展中国家对于外汇储备的预防性需求，以便货币当局能够更加灵活地干预外汇市场，从而影响国际投机资本的预期，并据此对国际资本，特别国际游资保持一种"威慑"，使得它们不敢轻易对本币汇率发起攻击。从实践效果来看，一个经济体的外汇储备水平越高，其"威慑"作用就越大。就我国而言，尽管我国没有直接遭到亚洲金融危机的冲击，但发生在"身边"的危机所造成的灾难性后果足以使我国警觉。很明显的是，亚洲金融危机后我国一方面收窄了人民币汇率的浮动区间，另一方面保持了外汇储备的快速增长。虽然此举的主要目的在于稳定人民币汇率，也是出于保持充足的外汇储备以满足预防性需求的考虑。

也有一些学者分析外汇储备的盈利性需求，但是我国现在持有外汇储备的主要目的并不是盈利，通常是在安全性得到充分保障的条件下，才考虑争取较高的收益水平。所以在这里对盈利性需求不作详细介绍。

三、中国外汇储备增长的制度动因

（一）国内制度原因

1. 外汇管理制度对外汇储备增长的作用机制

外汇管理，广义上指一国政府授权货币金融当局或其他机构，通过立法和设立市场规则，对在其境内和管辖范围内的本国和外国的机关、企业、团体、个人对外汇的收支、买卖、借贷、转移以及国际结算、外汇汇率和外汇市场等，进行的组织、协调、制约和控制等管制行为；狭义上是指对本国货币与外国货币的兑换实行一定的限制。下面，主要从三个方面来分析外汇管理制度对外汇储备增长的作用机制。

（1）强制结售汇制度[①]。始于1994年的外汇管理体制对企业实行了强制结售汇制，即企业所有的外汇收入必须卖给外汇指定银行，企业自身不得持有外汇；企业需要外汇按规定凭有效凭证向外汇指定银行购买。1994年，我国的外汇储备从年初的212亿美元增加到年底的516亿美元，而在这新增的304亿美元中，有263亿美元来源于对外的净结汇。与此同时，在这次改革中，人民币对外贬值幅度高达50%，加之我国实行紧缩的财政和货币政策，国内基本建设规模和信贷规模受到了严格的控制，资本品市场萎缩，这些都极大地提高了企业的出口积极性，当年出口增长率高达35.6%，出口额超过1 000亿美元。在这种情况下，企业为了维持正常的资金运行以及获得套利套汇收益，便将其存放在国外的外汇资金调回国内结汇，也出现部分企业将外汇管理条例中规定的不属于结汇范围内的资本项目外汇资金，拿来充当经常项目外汇资金卖给外汇指定银行，这就使外汇结额大量增加。

（2）外汇指定银行结算周转外汇限额。在强制结汇制下，企业将外汇出售给外汇指定银行，但是中央银行对于外汇指定银行持有外汇的头寸进行了限

---

① 伴随着我国外汇管理体制改革的不断深入，1994年开始实行的强制结售汇制已不适应时代发展的要求。2008年修订后的《外汇管理条例》明确企业和个人可以按规定保留外汇或将外汇卖给外汇指定银行。这意味着强制结汇制退出了历史舞台，取而代之的是意愿结汇制，即企业、个人外汇收入可以卖给外汇指定银行，也可以开立外汇账户保留，结汇与否由外汇收入所有者自己决定。

制,即确定各家银行持有外汇头寸的额度,外汇指定银行只能持有限额内的外汇,超过部分必须在外汇市场出售。我国实行的是有管理的浮动汇率制度,在实际操作中允许汇率浮动的区间十分有限[①]。此外,在外汇市场供需失衡的情况下,银行结汇大于售汇,各个外汇指定银行的结售汇周转余额必定超过其所规定的上限,外汇指定银行不得不在外汇市场上大量抛售外汇,中央银行只能入市调控买入外汇,最终形成大量的外汇储备。

（3）经常项目和资本项目差别管理。多年来我国在外汇管理体制上实行的是对经常项目和资本项目的账户进行差别管理,经常项目实行的是强制结售汇制,经常项目下外汇收入必须按规定卖给外汇指定银行,经常项目下的用汇必须持规定的有效凭证和商业单据由外汇指定银行直接售汇。此外,资本项目还没有完全放开,资本项目结售汇实行审批制。国家仍然实行鼓励资本流入、限制资本流出的政策。资本项目的非均衡管制,在一定程度上遏制了资本流出和我国对外直接投资的发展。

2. 缺乏弹性的汇率制度对外汇储备增长的作用机制

外汇储备的一个主要作用是稳定货币汇率,因此储备需求与汇率制度有密切关系。一般说来,实行固定汇率制的国家,政府有义务维持汇率稳定,需要持有较多的储备以应付国际收支可能发生的突发性逆差或外汇市场大规模的投机活动。而实行浮动汇率制的国家,政府原则上没有干预市场、稳定汇率的义务,汇率随市场供求关系的变化而变化,因此,储备持有量可以减少。但在现实生活中,在实行有管理的浮动汇率制的国家,储备需求取决于货币当局干预的程度,而在国际游资剧增的情况下干预往往有增无减;而那些声称实行浮动汇率的国家有不少存在对汇率浮动的害怕[②],还有的在现实当中,尤其当

---

① 在 2005 年汇改之后我国人民币对美元的波动幅度经过了 3 次调整:(1)自 2007 年 5 月 21 日起,银行间即期外汇市场美元兑人民币交易价浮动幅度由 3‰ 扩大至 5‰。(2)自 2012 年 4 月 16 日起,银行间即期外汇市场人民币兑美元交易价浮动幅度由 5‰ 扩大至 1%,即每日银行间即期外汇市场人民币兑美元的交易价可在中国外汇交易中心对外公布的当日人民币兑美元中间价上下 1% 的幅度内浮动;外汇指定银行为客户提供当日美元最高现汇卖出价与最低现汇买入价之差不得超过当日汇率中间价的幅度由 1% 扩大至 2%。(3)自 2014 年 3 月 17 日起,银行间即期外汇市场人民币兑美元交易价浮动幅度由 1% 扩大至 2%,外汇指定银行为客户提供当日美元最高现汇卖出价与最低现汇买入价之差不得超过当时汇率中间价的幅度由 2% 扩大至 3%。

② 朱孟楠,余玉平.新兴市场国家货币汇率"害怕浮动"现象分析——以新制度经济学为视角 [J].厦门大学学报,2006(3).

本国货币受到外围国际金融炒家的冲击损害本国经济利益的时候,都会或多或少地进行干预,甚至联合干预!

1994 年我国宣布人民币汇率并轨,实行单一的、以市场为基础、有管理的浮动汇率制度。到 2005 年 7 月 21 日,我国宣布放弃钉住汇率制度,实行以市场为基础,参考一篮子货币调整的、有管理的浮动汇率制度。因此,在 1990 年之后的大部分时期,我国实行的是缺乏弹性的汇率制度。

随着国际收支的持续顺差,我国外汇市场出现了外汇持续供大于求的状况。在这种情况下,市场汇率的变化存在两种可能性:一是完全通过市场供求双方自由变动,即通过名义汇率的波动来调节外汇供求;二是通过市场机制下的央行吞吐外汇来调节汇率。面对外汇供给过剩情况,中央银行如果任由市场调节,则外汇汇率会大幅下跌,人民币汇率会大幅升值,显然,在缺乏弹性的汇率制度下,中央银行只能入市干预,承担起在外汇市场买卖外汇、吞吐差额的任务。当外汇供大于求时,央行就必须全部买进多余外汇,其结果是导致外汇储备越来越多。也可以这么说,我国外汇储备的规模过大是长期实行缺乏弹性的汇率制度的结果,外汇储备量的快速增长成为其时汇率制度的副产品。[①]

同时,人民币汇率对外汇储备规模的影响是间接的。2001 年以来,由于人民币存在汇率升值预期,吸引了不少境外资本进入我国,2005 年 7 月人民币升值后,继续吸引了大量资金(包括热钱)流入,在华外商投资企业将大量利润进行再投资,而我国居民持有外汇的意愿降低,部分居民将美元兑换成人民币资产,致使大量外汇经央行的操作成为外汇储备。人民币升值预期与外汇储备增加出现了一定的联动关系,快速增长的外汇储备也形成了人民币汇率进一步升值的压力。

3. 中间价形成机制的改革对我国外汇储备规模变化的影响

人民币汇率形成机制改革一直是我国汇率制度改革的重点,改革的方向是市场化,改革的目标是建立真正的有管理的浮动汇率制度。从实践过程来看,这种改革已对我国外汇储备的增长机制与增长规模产生重大影响。

(1)2005 年 7 月 21 日的人民币汇率形成机制改革。这一天中国人民银行发布(2005)第 16 号文《中国人民银行关于完善人民币汇率形成机制改革的公

---

① 因此,从增强我国外汇储备有效性来看,必须加快改革人民币汇率形成、运作、管理等机制,增强汇率机制弹性。但鉴于我国微观经济主体防范意识不够强,总体经济承受汇率波动的能力相对较弱,以及中央银行通过外汇市场操作来确保汇率稳定的调节机制尚不完善,这种改革还应循序渐进地进行。

告》,主要内容包括制度类型、中间价制定、交易价格调整、浮动幅度等。其中,中间价制定是一个有力的改革:中国人民银行于每个工作日闭市后公布当日银行间外汇市场美元等交易货币对人民币汇率的收盘价,作为下一个工作日该货币对人民币交易的中间价格。同年 12 月 29 日,外管局批准 13 家银行开展做市商服务[1],包括工、农、中、建 4 家国有商业银行,交行、中信、招商、兴业 4 家股份制银行以及花旗、渣打、汇丰、荷银和蒙特利尔 5 家外资银行在内的总共 13 家银行获得了首批人民币做市商牌照。

2006 年 1 月 3 日,《中国人民银行关于进一步完善银行间即期外汇市场的公告》(中国人民银行公告〔2006〕第 1 号)规定:自 2006 年 1 月 4 日起,在银行间即期外汇市场上引入询价交易方式(简称 OTC 方式),同时保留撮合方式;中国外汇交易中心(CFETS)于每个工作日上午 9 时 15 分对外公布当日人民币兑美元、欧元、日元和港币汇率中间价,作为当日银行间即期外汇市场(含 OTC 方式和撮合方式)以及银行柜台交易汇率的中间价。中国外汇交易中心于每日银行间外汇市场开盘前向所有银行间外汇市场做市商询价,并将全部做市商报价作为人民币兑美元汇率中间价的计算样本,去掉最高和最低报价后,将剩余做市商报价加权平均,得到当日人民币兑美元汇率中间价,权重由中国外汇交易中心根据报价方在银行间外汇市场的交易量及报价情况等指标综合确定。可见,由此前的收盘价确定人民币兑美元的中间价,改为做市商询价方式,是人民币汇率形成机制改革的一个重要的市场化举措。此项改革也引起了汇率的较大波动,尤其在市场存在贬值预期强烈时,很容易触及日波幅上下限,当资本出现较大流出时,显然对国家的外汇储备产生影响。

(2)2015 年 8 月 11 日的人民币汇率形成机制改革(简称"811"汇改)。2015 年 8 月 11 日,中国人民银行突然宣布,对人民币汇率形成机制进行重大改革,即调整人民币兑美元汇率中间价报价机制,做市商参考上日银行间外汇市场收盘汇率,向中国外汇交易中心提供中间价报价,由此初步实现了"收盘汇率+一篮子货币汇率变化"的报价机制,市场对于判断每日中间价走势变得更加

---

[1]　做市商(market makers 或 dealers),通常是一些具备相当资金实力和市场信誉的经营性法人。其有两项基本功能:(1)为该金融产品连续报出买价和卖价;(2)用自有资金或证券库存,无条件地按自己报出的买卖价,买入或卖出投资者指定数量的金融产品。其作为买卖的中介,解决了买者和卖者在出价时间上的不对称问题,大大改善金融市场的流动性。由于做市商的交易开始于做市商们的报价(quote),因此,做市商市场又被称为报价驱动的市场(quote driven-market)。

有迹可循,避免中间价偏离市场预期而出现大幅波动,人民币中间价形成的规则性、透明度和市场化水平显著提升。这次改革对人民币兑美元汇率中间价进行了大幅调整,由当天人民币兑美元汇率中间价 6.1162 元连续贬值 3 天到 6.4010元,贬值幅度达 4% 以上,此次汇改对人民币汇率走势的信号作用明显。

"811"汇改推动了人民币兑美元汇率中间价机制的进一步市场化,更好地反映了当期外汇市场的供求关系。但由于汇改的时机选择不是最佳,导致汇率出现了大幅度波动,进而也引发了罕见的外汇储备大规模下降的情况。"811"汇改时,人民币汇率已维持了 10 年的上升通道,人民币兑美元汇率升值达 36% 以上,实际有效汇率升值了 50% 以上,市场形成了人民币汇率单边升值的十年趋势,但同时也形成了单边投机的扭曲现象,因此,通过新的改革措施打破这种趋势或惯性,抑制单边投机,使汇率水平更好地反映市场供求,满足经济发展的需要,是无可厚非的,也就是说"811"汇改方向是正确的,但时机与方式选择值得商榷。直到汇改前我国整体经济下行压力非常大,出口贸易持续走弱,资本与金融账户呈现逆差状况,股市也出现极其罕见的断崖式下跌,等等。再加上 2014 年下半年以来,随着美联储加息预期渐浓,美元出现升值趋势,国际金融炒家也利用离岸、在岸人民币累积的贬值压力以及人民币纳入 SDR 的市场化举措,大肆炒作人民币。此外,央行突然宣布调低汇率中间价,又给国际社会留下了极大的想象空间。在各种因素共同作用下,人民币兑美元汇率出现了持续贬值,并导致了恐慌性的资本外逃,央行又被迫干预市场,我国外汇储备也从2014 年底的峰值 3.8 万亿美元下降到 2015 年底的 3.3 万亿美元(2015 年最低降至 2.9 万亿美元左右)。此次改革的结果也导致了中央银行于 2017 年再次调整人民币中间价定价机制,加入"逆周期因子"作为汇率定价基准。

(二)国际制度原因

1. 美元-华尔街体系

在布雷顿森林体系的基础上,美国设计了集中体现美国国家利益,至今仍是国际金融体系主导的美元-华尔街体系。实际上这形成了国际金融体制中的"中心-外围"结构。尽管欧洲的实力在逐步增强,但美国一直处在结构的中心,发展中国家处在外围。对美国而言,美元币值不再受到布雷顿森林体系中固定汇率制度的束缚,在国家战略的支配下,美国财政部和美联储可以不顾其他国家的利益而自主确定美元的汇率。同时美国金融市场在国际金融市场的核心地位,以及其庞大的规模和美国金融机构的雄厚实力,使其成为吸引资金的磁场,包括发展中国家在内的其他国家愿意在华尔街投资和筹资。由于美元充当国际储备货币,美国成为世界各国所持有的美元的最终清算中心,各国的美元通过各种途径流入华尔街。美元-华尔街体系集中体现了美国的意志和国际利益,对发展中国家而言,无论实行什么样的汇率制度,它们的本币汇率总会不同程度上受到美元币值的影响甚至支配。

在美元-华尔街体系作用下,20 世纪 80 年代以来,国际金融风险不断加剧:美元汇率常出现剧烈波动,国际金融市场动荡不安,国际金融危机频频发生。我国是一个正在全面实行工业化、现代化的发展中国家,人民币汇率经过了 20 世纪 70 年代的"钉住一篮子货币"、80 年代的"其他管理浮动"、90 年代中期到 21 世纪初的"钉住单一美元货币"和 2005 年"参考一篮子货币调整"的制度变迁。在现行的汇率制度下,虽然我国的资本项目尚未完全放开,但因为美元汇率剧烈变动,人民币汇率也受到"牵连",人民币汇率风险突出,国家经济安全受到威胁。1997 年发生的东南亚金融危机表明,拥有充足外汇储备的经济体能够更有信心地抵御国际金融风险。2008 年爆发的全球金融危机更加强化了人们的这一判断。基于此,在美元-华尔街体系下,我国外汇储备担负着抵御国际金融风险、维护国家经济安全的职责,美元-华尔街体系也是导致我国外汇储备增加的制度动因之一。[①]

2. 世界区域货币竞争

世界经济的区域化与集团化是当前国际政治经济格局的另一个重要特征。近年来,在与美元的竞争中,欧元的地位和市场认可度有了进一步的提高。为了迎接欧洲一体化的挑战并与之抗衡,早在 1994 年 1 月 1 日,美国、加拿大、墨西哥等就开始组建北美自由贸易区,以此为依托,美元的国际货币地位得到进一步的巩固和加强。随着厄瓜多尔等拉美国家实行美元化,美洲大陆形成了不同于欧元区的松散的"美元区"。

---

① 美元-华尔街体系是美国自 19 世纪末以来政治、经济、金融不断发展及在世界范围内影响扩大的必然结果。其中,两次世界大战以及美国自身的进取为这种体系的建立与崛起创造了条件。但时至今日,伴随着世界经济全球化的不断扩大与深入、包括中国等在内的金砖五国和其他发展中国家的经济的快速发展、美元"一元"独大带来的不确定性或金融危机的事实,以及区域货币例如欧元的创立与运行、人民币国际化的不断深入,等等,这种体系以及由此形成的美元霸权地位,受到了前所未有的挑战。美元作为目前世界上最重要的储备资产,占各国储备货币中的比例必然会减少,作用也会受到影响,但在今后相当长一段时间里它仍然是国际关键货币。

美元与欧元两大区域货币对其他货币构成挤压之势。在挤压之下,新兴工业国家甚至工业化国家压力倍增,为了赢得市场对其货币的信心,它们普遍增加了外汇储备。中国也采取了相同的策略。目前,人民币已实现了经常账户下可兑换,它的下一步目标是实现资本和金融账户完全可兑换。美元与欧元两大区域货币的竞争决定了人民币国际化之路将艰难而曲折,同时由于人民币的国际化会削减美元与欧元的既得利益,美国与欧盟必将采取或明或暗的措施挤压人民币的成长空间。因此,我国外汇储备担负着近期为实现人民币完全可兑换提供必要的条件,远期为应对国际区域货币竞争创造基础的重任。总之,世界区域货币竞争成为导致我国外汇储备增加的另一个国际制度动因。

四、中国外汇储备增长的结构动因

(一)储蓄过剩

储蓄过剩是外汇储备高增长的深层次原因。由于我国具有崇尚节俭的文化背景,加之社会保障体系还不健全、投资渠道有限等原因,我国的居民储蓄率一直较高(参见图 3-7),而消费因受到各方因素的限制,始终未能突破瓶颈(参见表 3-4)。经过多年的重组和改制,国企走出困境,导致企业储蓄率上升,加之政府储蓄率攀高,储蓄大于投资将是相当长时期内我国客观存在的现实。

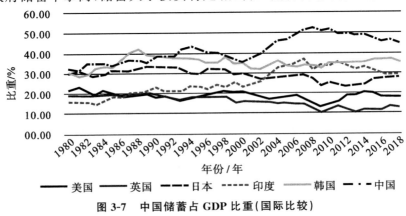

图 3-7 中国储蓄占 GDP 比重(国际比较)

数据来源:IMF

表 3-4　中国总消费和家庭消费占 GDP 比重(国际比较)

2018 年	最终消费支出占 GDP 比重/%	家庭最终消费支出占 GDP 比重/%
中国	53.35	38.68
韩国	64.74	48.65
印度	70.62	59.39
日本	75.33	55.59
美国	82.28	68.14
英国	84.01	65.51

数据来源:世界银行数据库(WDI)

在我国的宏观经济运行中,私人部门的储蓄过剩,储蓄无法完全转化为投资,当政府部门不能完全吸收私人部门的过剩储蓄时,即国内部门投资和储蓄不能平衡时,贸易顺差扩大是实现宏观经济平衡的必要条件。贸易顺差扩大必然导致外汇储备的增加。因此,储蓄过剩是外汇储备高增长的深层次原因。

我国自 1990 年以来绝大部分年份经常项目都是顺差,它意味着国内储蓄超过了国内投资的融资需要,剩余的国内储蓄以经常项目盈余的方式流出本国,即我国没有利用好国内的储蓄,相反,国外资本通过 FDI 的形式对我国的储蓄进行利用。值得注意的是,国内储蓄是通过迂回的方式向外资企业融资的,而美国等境外投资者则以 FDI 的方式将资金输送到我国。这就是所谓的"斯蒂格利茨怪圈"。

图 3-8 显示了储蓄大于投资导致外汇储备增长的作用机制:储蓄大于投资导致经常账户顺差,经常账户顺差导致国际收支顺差、外汇储备增加,增加的外汇储备流到国外,外国将流入的资金以 FDI 的形式投资于中国,中国的资本与金融账户顺差,由此导致经常账户顺差和国际收支顺差,从而又开始新的循环。因此,储蓄投资失衡成为我国外汇储备规模过大的深层次原因。

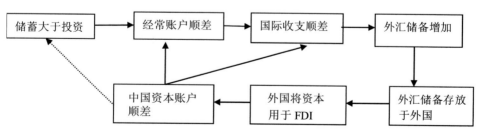

图 3-8　中国储蓄投资失衡对外汇储备增加的作用机制

（二）以加工贸易方式参与国际分工

导致国际收支双顺差的原因可以视作我国外汇储备规模过大的间接原因。在国际收支双顺差中，经常账户顺差以加工贸易顺差为主，资本与金融账户的顺差以 FDI 顺差为主，因此，国际收支双顺差实际上体现为加工贸易顺差与 FDI 顺差。

20 世纪 80 年代以来，经济全球化不断向纵深发展，国际分工的基本单位从产品深入到工序环节和流程区段，为后进国家参与国际分工谋求经济发展提供了有利条件。随着我国全方位融入世界经济中，全球供应链发生了实质性变化。越来越多的生产商将产品组装环节转入我国，我国逐渐成为庞大的世界性生产体系中的最后组装地，成为美国第一大贸易逆差国，将大量产品通过组装后再出口变成了我国对美欧等地的贸易顺差。由于分享我国比较优势利益动机的大量国外资本以 FDI 的形式进入，这是我国资本账户顺差的主要原因。加工贸易与 FDI 之间存在结盟效应，共同推动了我国国际收支持续双顺差，导致我国外汇储备规模过大。

（三）过度依赖外需的增长方式

外汇储备过度增长，也反映了我国的经济增长方式存在这样那样的缺陷。首先，大量贸易顺差显示出我国的经济增长依然过度依赖外需，内需不足使得大量产品依靠国际市场消化，并因此带来大量贸易摩擦；其次，大量 FDI 流入推动了我国外汇储备的快速增长，同时 FDI 主要集中在出口加工业，利用我国廉价的劳动力和资源获取国际竞争力，通过加工贸易使我国不断积累着贸易顺差。长期以来，基于这种增长方式，我国在经济管理上倾向于"重出口轻进口""鼓励外商直接投资""严格限制资本流出"，使我国外部经济长期处于失衡状态，高额外汇储备的形成正是这种失衡的结果。因此，转变经济增长方式，使得经济增长能够建立在内外均衡的基础上，是必然的选择。

五、中国外汇储备增长的主观动因

（一）人民币升值预期

人民币升值预期与外汇储备过快增长之间存在着紧密的互动关系：人民币预期升值，导致游资持续流入，推动外汇储备增加；外汇储备出现过快增长反过来又会强化人民币升值的预期。2002 年 2 月起，基于巨额贸易、财政双赤字，美元又开始贬值，人民币钉住美元，相应的人民币对其他货币也出现贬值（这就是国外学者所谓的币值低估现象），全球收支不平衡加剧，要求人民币升值的呼声与压力不断上升。同时，中国国际收支平衡表发生了重大变化，误差与遗漏项发生逆转（从负号变为正号），显示出长期的资本外逃迅速变为隐蔽的资本内流，同时外商减少投资收益的汇出，将大量利润留在国内，我国境内的热钱数量激增，这对（2002—2014 年间）我国外汇储备高速增长起到了推波助澜的作用。所以 2002 年以来中国超常增加的外汇储备中有相当币种的资金是由于人民币汇率升值的预期引致的。

具体来说，人民币升值预期通过以下三个渠道促使外汇储备出现高增长：(1)许多从事进出口贸易的企业可以低报进口原材料和中间产品的价格，高报最终出口品的价格，虚增贸易盈余以套取汇率升值的收益，由此造成在预期汇率升值时，经常账户的顺差反而会扩大。(2)国外资金流入套利。升值预期刺激了国际资本向我国的流动，资金流入的方式多种多样，如以商品及服务贸易的盈余或者以直接投资的方式，或以无法正式统计的灰色渠道流入。2007 年年底特别是 2009 年下半年以来，受利差与汇率差双重收益诱导，境内市场主体的跨境美元套利交易规模开始扩张，使得资本与金融账户出现更多剩余。(3)人民币升值预期进一步加大企业"负债外币化"倾向。境内银行为满足境内外汇贷款需求，不断调回境外资产。升值预期驱使境内金融机构纷纷减少对国外资产的运作，将滞留在境外的大量外汇通过各种渠道调回国内。人民币升值预期也促使企业和个人主动配合政府增加外汇储备量，因为在政府保证人民币不贬值的承诺和人民币升值预期下，人民币已经成为一种可以用来保值的资产，企业持有人民币的意愿增强了。这些资本的流入使外汇储备增长加快，从而又强化了人民币的升值预期，继而导致资本进一步流入、外汇储备的继续增长和进一步的升值预期,形成了一个自我加强的循环过程。

(二)主观偏好

首先是对外汇储备的直接偏好。1997 年亚洲金融危机后,在 IMF 对外汇储备功能的最新表述中,增强对本币的信心被放在外汇储备功能的核心地位。外汇储备能为一国宏观经济的稳定发挥诸多功能,各国在对待外汇储备上存在一种多多益善的偏好。根据马赫卢普的"衣橱理论"[①],一国货币当局对国际储备的需求相当于马赫卢普夫人对衣柜中时装的需求。马赫卢普认为:任何货币当局都希望其持有的储备年复一年地增长,因此,某一时期国际储备需求不过是前一时期储备需求的函数,前者等于后者加上一个增量。我国政府没有公开表达这种偏好,但是对于外汇储备至少体现了"默许"增加的态度。在我国经济的快速发展过程中,在对外支付、稳定汇率及应对突发事件等方面比之过去有着更大的需求,加持有外汇储备是正常的,但任何事情发展都应该有度,持有过多的外汇储备实际上也是一种资源浪费,因此保有适度外汇储备规模是上乘的选择。

其次是重商主义(mercantilism)观点的影响。重商主义追求的是贸易顺差,关注的是如何提升出口竞争力。重商主义主张采取措施促进出口的目的,在于创造新的工作机会,用来吸收从农业中转移出来的过剩劳动力。对贸易顺差的直接偏好,往往导致外汇储备的增加。于是外汇储备增加成为重商主义下贸易顺差的"副产品"。我国 1978 年改革开放以来的情况非常典型:一方面劳动力过剩决定了必须创造更多的就业机会,资金短缺决定了我国必须引进外资;另一方面只有追求贸易顺差才能加速资本积累,进而缓解外汇资金短缺,只有追求贸易顺差才能引入国外净需求,增加新的就业岗位。尽管我国没有公开宣布实行重商主义政策,但从贸易效果来看,带有明显的重商主义痕迹。在这一视角下分析,重商主义观念是我国外汇储备规模增加的重要原因之一。

---

① 该理论由奥地利裔美国经济学家弗里茨·马赫卢普提出。他注意到一些国家货币当局热衷于其管理的货币储备,他把货币当局追求储备最大化的行为,比喻为他太太对衣橱中更多新衣服的追求。后人将这种现象戏称为"马赫卢普夫人的衣橱"(Mrs. Machlup's Wardrobe)。

本章小结

从本章分析可见,我国外汇储备规模增长的五大动因是:直接动因、需求动因、制度动因、结构动因和主观动因(参见图 3-9)。就五个动因的关系来看,直接动因和结构动因是互为表里的关系,直接动因是表,结构动因是里,二者统一在国际收支上;主观动因讲的是货币当局的动机及国外投机者的资金流向;制度动因讲的是货币当局对市场主体持有外汇权限的限制以及国际金融环境对我国的制约;需求动因则是从我国持有外汇储备的需求分析其增加的机制。它们共同推动我国外汇储备规模的增加,其中:结构动因是根本原因,它通过直接动因表现出来;制度动因是相对重要的因素,它直接影响外汇储备的多寡,中央银行可以通过改变制度调节外汇储备规模;主观动因是中央银行对外汇储备的偏好,它没有直接的表现形式,只能根据客观事实进行事后判断,因而其相对稳定;需求动因从外汇储备用途上揭示了持有外汇储备的必然性。五个动因相互交叉,共同促进了我国外汇储备规模的快速增长。

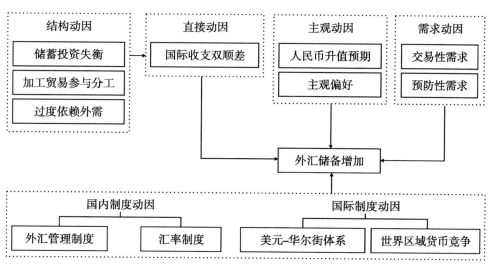

图 3-9　中国外汇储备规模增长的五大动因

结论与政策建议:(1)1994 年以来我国外汇储备增长是一系列内外因素共同作用的结果,国际收支双顺差、交易需求、制度设计、主观偏好等均是推动外汇储备不断增长的主要因素；(2)我国应根据外汇储备形成的具体原因制定出相应的对策；(3)我国应对外加强外汇储备运用的有效性，加强风险管理，对内建立藏汇于民的体制与机制，由此提高巨额外汇储备带来的整体福利水平。

第四章　中国外汇储备持续增长对中国经济的影响[①]:宏观绩效与微观效益

　　1994 年我国进行了一系列经济、金融体制机制改革,其中重要的改革之一就是汇率制度改革[②],受此改革的影响,我国的外汇储备进入了千亿储备增长阶段:1996 年年底,我国外汇储备首次突破 1 000 亿美元,此后,外汇储备平稳上升;2002 年后,随着我国加入 WTO,国际收支顺差继续扩大,外汇储备呈现快速增长趋势;2006 年 2 月,我国外汇储备增至 8 537 亿美元,超过日本,成为全球官方外汇储备最大持有国;2007 年美国发生次贷危机,但我国外汇储备规模并未改变稳步增长趋势,到 2014 年 6 月达到 3.99 万亿美元的最高规模。截至 2020 年 12 月底,我国外汇储备余额维持在 3.2 万亿美元的稳定水平上。外汇储备的这种增长会对我国经济带来什么样的影响呢?

一、中国外汇储备增长对宏观绩效的影响
——一个实证分析

(一)关于外汇储备增长对宏观经济影响研究的文献回顾

　　关于这方面的研究,学术界认为外汇储备增长对我国经济的影响有利有弊。陈立梅和刘伟(2000)认为我国外汇储备增长对经济主要有四方面的影

---

① 中国外汇储备的持续、大幅度增长,对我国经济、社会和国民的文化生活及对外交流等均会产生重要的影响。为方便研究,在这里对我国经济的影响主要界定在宏观层面,包括对货币政策、通货膨胀、整体经济等方面;对国民的影响,主要是界定在投资管理的收益层面。

② 实现了汇率并轨(官方汇率与外汇市场调剂汇率并轨),实行了以市场供求关系为基础的、单一的有管理的浮动汇率制度。

响:(1)外汇储备的增加导致外汇渠道的货币发行剧增;(2)外汇储备与物价水平不存在线性关系,但外汇储备增加会提升通货膨胀的压力;(3)外汇储备增长与国民经济增长存在一定的替代性;(4)外汇储备规模扩大导致贸易顺差减少,将进一步削弱外汇储备的稳定基础。高丰和于永达(2003)研究了我国外汇储备增长对经济影响的两面性,认为我国外汇储备增长的积极作用主要是可以提高我国国际信贷能力,增强我国对外支付能力和调节国际收支能力,保持我国汇率的基本稳定;但同时也有消极作用,主要是加剧了我国通货膨胀,即通过增加货币供应量进而加剧通货膨胀,迫使人民币升值,削弱出口竞争力,使我国无法享受 IMF 的资金支持。魏章友(2008)也认为高额外汇储备对我国经济的发展有利有弊:有利于增强国际清偿能力,应对突发事件,防范金融风险等;但也带来了较高的汇率风险,使我国承担着高额的机会成本损失等。Maggiori(2017)对金融发展水平不同的国家之间的均衡风险分摊建模,发现越是发达的国家,面临的风险也就越大,作为储备货币发行国的主体在危机期间承担了最大的损失,而不能像其他国家那样得到对冲的保护。

研究外汇储备对货币政策或物价影响的文献也比较多。杨胜刚、刘宗华(2001)认为外汇储备增长是货币供给的重要渠道,因而短期资本通过影响外汇储备会对货币供给产生影响。胡援成(2005)认为外汇储备规模大且增长迅速与外汇管理体制密切相关,中央银行为维持汇率稳定,被迫吸纳大量外汇,向国内市场相应投放大量人民币,从而降低了中央银行灵活运用货币政策工具的独立性。范从来和赵永清(2009)通过研究表明,外汇储备增加虽然影响M_1,但中国货币政策独立性并没有受到系统性制约。王三兴和王永中(2011)通过实证研究表明,中国渐进的资本市场开放战略和外汇储备的持续积累并没有对央行货币政策的独立性产生系统影响。朱孟楠和曹春玉(2019)基于央行应对银行挤兑、卖出储备干预外汇市场维持固定汇率的理论模型,用固定效应面板数据回归发现,适度规模的外汇储备有助于金融稳定,而货币高度国际化后,将会逐步减少外汇储备的金融稳定需求。

国内外学者对外汇储备与通货膨胀之间的关系存在着不同的观点,有些学者认为外汇储备与通货膨胀没有直接关系。例如,王珍(2006)认为,实践中由于央行的干预和不完全的市场机制,使得我国外汇储备变动与物价变动之间的动态均衡在短期内不存在,在长期内,它们之间也不存在直接的双向格兰杰因果关系。另外一些学者认为外汇储备可以直接影响物价,如方先明、裴平、张谊浩(2006)利用中国 2001 年第一季度到 2005 年第二季度的数据研究后认为,外汇储备增加具有明显的通货膨胀效应;曲强、张良、扬仁眉(2009)使用结构向量自回归(SVAR)模型证实央行通过货币冲销能有效抑制外汇储备增加引起的通胀压力。汤凌霄和欧阳峣等(2014)采用静态和滚动的 Pearson、Spearman 相关系数法证明新兴大国外汇储备波动具有协动性且日趋增强,该协动性是由国际冲击因子和新兴大国特征因子共同作用所致,但各国受两因子影响程度不同;协整分析将两因子内涵具体化,证明代表新兴大国特征因子的经济增长率、通货膨胀率、货币供应增长率、进出口总额增长率四变量及代表国际冲击因子的美元实际有效汇率、美国股票市场波动与储备增长率存在长期稳定关系。本章尝试在现有文献的研究基础上,采用理论分析和实证分析,针对外汇储备对中国经济的影响做进一步的研究。

(二)外汇储备对中国宏观经济影响的作用机制

从中国人民银行的资产负债表(参见表 4-1)看,外汇储备处于资产方的国外资产项目,它的变动必将引起负债或其他资产的波动,在短期内如果将存款准备率与其他影响资产、负债的因素看成是稳定的,那么这种波动的结果就是直接导致一国基础货币供给的变动,在货币乘数的作用下这种波动将进一步放大,从而影响货币供给与社会总需求。货币供给与社会总需求的变动又会传递到价格与利率,进而影响国际贸易与国际资本流动,所有这些因素的变动最终都可以影响到一国的经济总量,对一国经济增长产生影响。

外汇储备增长对中国整体经济的影响作用过程可从图 4-1 得到清晰反映。外汇储备增加使货币供应量增加,从拉动我国经济增长的"三驾马车"来看,货币供应量增加影响经济增长的三种途径是:第一,货币供应量增加,居民企业的收入增加,刺激社会总需求,消费增加,从而拉动经济增长;第二,货币供应量增加使得社会可利用资金充裕,实际利率下降,企业投资成本降低,使投资增加,推动经济增长;第三,货币供应量增加使得整个社会的货币存量增加,当商品的总供给速度低于货币的总供给速度时,就会引起物价的上涨,进而影响出口企业商品的竞争力,净出口下降,其对经济增长有一定的副作用。

表 4-1　中国人民银行资产负债表

总资产	总负债
国外资产 　外汇 　货币黄金 　其他国外资产 对政府债权 　其中：中央政府 对其他存款性公司债权 对其他金融性公司债权 对非金融性公司债权 其他资产	储备货币 　货币发行 　金融性公司存款 　其他存款性公司 　其他金融性公司 不计入储备货币的金融性公司存款 发行债券 国外负债 政府存款 自有资金 其他负债

资料来源：中国人民银行报表

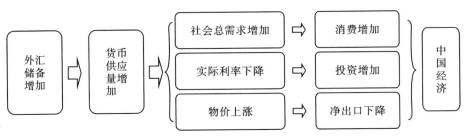

图 4-1　外汇储备增加对中国经济的影响机制

（三）外汇储备增长对中国宏观经济影响的实证检验

1. 模型指标与数据选取

为了从实证角度分析外汇储备增长对中国经济的影响，本章根据外汇储备的作用过程选择货币供应量、物价、经济增长作为模型的变量，采用向量误差修正模型进行建模。同时，选取它们各自的代表性指标：（1）以基础货币 M0 和广义货币供应量 M2 作为货币供应的代表性指标。通过实证检验外汇储备 FR 变化对基础货币 M0 和广义货币供应量 M2 的各自作用，进而分析外汇储备对各个货币政策工具的具体影响。（2）以居民消费价格指数 CPI 作为物价的代表性指标。由于生产者物价指数 PPI 是衡量工业企业产品出厂价格变动趋势和变动程度的指数，反映某一时期生产领域价格变动情况，而居民消费价格指数 CPI 是反映与居民生活有关的产品及劳务价格统计出来的物价变动指标，故通常作为观察通货膨胀水平的重要指标。(3)以国内生产总值 GDP 作为经济增长的代表性指标。GDP 是一定时期内(通常为一个季度或一年)一个国家或地区的经济中所生产出的全部最终产品和提供的劳务市场价值的总值，是宏观经济中最受关注的经济统计数字，所以本章以它作为衡量经济增长的唯一指标。

本章所有指标变量均选取 2002—2019 年的月度数据，主要原因在于：(1)2002 年以来，亚洲金融危机的负面影响基本消失，经济恢复持续快速的增长，国际收支持续大额顺差，外汇储备进入高速增长阶段。(2)国家统计局在2000 年出台了《关于开展居民消费定基价格指数编制工作的通知》，各省陆续对居民消费价格指数的统计进行了重大的改革：调查的商品和服务数量有所增加，基期和权数也进行了调整。从 2002 年开始，各地统计的口径基本趋于一致，数据更加准确。

其中，CPI 数据是月度定基居民消费价格指数，以 2001 年 12 月为基期；同时，由于国家统计局只公布 GDP 季度和年度数据，本章 GDP 月度数据根据每月的工业增加值占季度的权重乘以 GDP 季度额求得，即：

$$第 1 月 GDP = \frac{第 1 月工业增加值}{当季工业增加值} \times 当季 GDP$$

另外，外汇储备 FR 月度数据在 2003 年 12 月、2008 年 10 月、2009 年 1 月和 2 月、2010 年 5 月出现减少。2003 年 12 月外汇储备下降的原因是中央汇金公司用外汇储备注资中行和建行。2008 年年底，中央汇金公司向农行注资，使外汇储备在短期内呈现减少趋势。2014 年 6 月中国外汇储备规模达到3.99 万亿美元之后开始下跌。2015 年 8 月 11 日，央行宣布调整人民币对美元汇率中间价报价机制，做市商参考上日银行间外汇市场收盘汇率，向中国外汇交易中心提供中间价报价。这一调整使得人民币兑美元汇率中间价报价机制进一步市场化。2015 年 6 月，A 股市场开始出现大幅下跌，预期降低导致外汇储备规模开始不断下降，到 2019 年 12 月，中国外汇储备规模维持在 3.1万亿美元左右。外汇储备月度数额出现减少跟热钱流出、国际货币的汇率变动等因素不无关系。

2. 实证分析

(1)ADF 单位根检验

采用 ADF 检验法对上述变量进行单位根检验，结果如表 4-2 所示。

表 4-2　经济变量 ADF 检验结果

变量	检验类型	ADF 值	1%临界值	5%临界值	10%临界值	P 值
LnFR	(c,0,0)	−1.49	−4.00	−3.44	−3.14	0.83
LnM0	(c,t,0)	−1.47	−3.47	−2.88	−2.57	0.55
LnM2	(c,t,0)	−1.17	−3.47	−2.88	−2.57	0.69
LnCPI	(c,t,1)	−4.93	−4.00	−3.44	−3.14	0.00
LnGDP	(c,t,1)	−4.16	−4.00	−3.44	−3.14	0.01
ΔLnFR	(c,0,0)	−14.67	−3.47	−2.88	−2.57	0.00
ΔLnM0	(c,0,0)	−20.31	−3.47	−2.88	−2.57	0.00
ΔLnM2	(c,0,3)	−11.84	−3.47	−2.88	−2.57	0.00
ΔLnCPI	(0,0,0)	−14.00	−2.59	−1.95	−1.62	0.00
ΔLnGDP	(c,0,0)	−15.65	−3.47	−2.88	−2.57	0.00

注:检验类型(c,t,s)中,c 表示带有截距项,t 表示带有时间趋势项,s 表示采用的滞后阶数,根据 AIC、SC 最优信息准则确定。

由表 4-2 可知,变量序列外汇储备(LnFR)、基础货币(LnM0)、广义货币供应量(LnM2)、国内生产总值(LnGDP)都是不平稳序列,而它们的一阶差分在 1%的显著水平均为平稳的,这说明研究变量的一阶差分具有平稳性,均为 I(1)序列。根据 AIC、SC 最优信息准则确定模型的最优滞后阶数为 3,即 VaR(3)。

(2)Johansen 协整检验

由以上单位根检验可知,各变量均存在单位根,且它们之间存在单整关系。在此基础上,再检验各变量之间是否具有协整关系,即变量之间是否存在一种长期稳定的均衡关系。

由表 4-3 迹统计量检验、表 4-4 最大特征值检验结果看,变量序列外汇储备、基础货币、广义货币供应量、居民消费价格指数、国内生产总值在 5%的显著水平下至多存在 2 个协整关系。

表 4-3　迹统计量检验结果

假设的协整关系数	特征值	迹统计量	5%显著水平的临界值	P 值
没有	0.36	164.29	69.82	0.00
至多 1 个	0.15	69.34	47.86	0.01
至多 2 个	0.12	35.52	29.80	0.01

续表

假设的协整关系数	特征值	迹统计量	5%显著水平的临界值	P 值
至多 3 个	0.05	10.16	15.49	0.27
至多 4 个	0.002	0.003	3.84	0.95

表 4-4　最大特征值检验结果

假设的协整关系数	特征值	最大特征值统计量	5%显著水平的临界值	P 值
没有	0.36	94.95	33.88	0.00
至多 1 个	0.15	33.81	27.58	0.01
至多 2 个	0.11	25.36	21.13	0.01
至多 3 个	0.05	10.16	14.26	0.20
至多 4 个	0.002	0.003	3.84	0.95

（3）Granger 因果关系检验

根据协整检验可知,变量之间存在长期协整关系。据此,采用 Granger 检验法对变量之间的因果关系进行检验。

从表 4-5 检验结果看：(1)外汇储备与基础货币在滞后一阶时存在较明显的双向因果关系(在 10%的显著水平均拒绝原假设),即在短期内外汇储备增加可以引起基础货币投放增加,反之,基础货币增加可以使外汇储备增加,但这种双向因果关系只在短期内成立,长期内并不存在明显；(2)外汇储备与广义货币供应量不存在因果关系(均无法拒绝原假设)；(3)外汇储备与居民消费价格指数不存在显著的单向因果关系(均无法拒绝原假设)；(4)外汇储备与国内生产总值也存在非常显著的双向因果关系,能以几乎百分之百的概率保证外汇储备增加引起国内生产总值的增加,反之,国内生产总值的增加可以保证外汇储备的增加。

表 4-5　Granger 因果关系检验

原假设 H_0	滞后阶数	F 统计量	P 值
LnFR 不是 LnM0 的 Granger 原因	1	3.54	0.03
LnM0 不是 LnFR 的 Granger 原因		3.37	0.07
LnFR 不是 LnM2 的 Granger 原因	3	0.17	0.85
LnM2 不是 LnFR 的 Granger 原因		0.93	0.43
LnFR 不是 LnCPI 的 Granger 原因	3	0.07	0.97
LnCPI 不是 LnFR 的 Granger 原因		0.85	0.47

续表

原假设 H_0	滞后阶数	F 统计量	P 值
LnFR 不是 LnGDP 的 Granger 原因	10	8.99	0.00
LnGDP 不是 LnFR 的 Granger 原因		2.31	0.01

（4）脉冲响应检验

为了说明外汇储备对其他变量的具体影响，对其做脉冲响应试验，脉冲响应检验结果如图 4-2 所示。

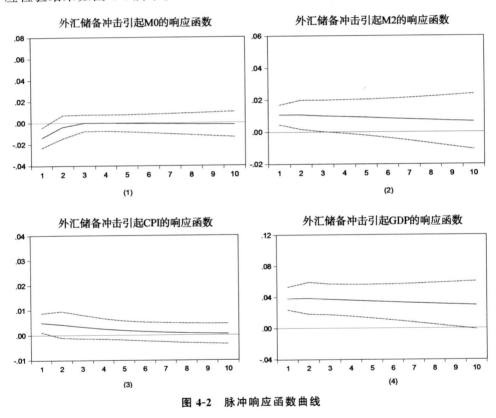

图 4-2　脉冲响应函数曲线

根据图 4-2 可以看出：（1）基础货币在受到外汇储备的一个单位标准差冲击之后，在滞后第一年内冲击效应会反复上下波动，第一个月为－0.018，接着负向效应逐渐减少，至第三个月降至 0，随后效应稳定在 0 附近，表明外汇储备持续增加对基础货币的影响有限，但在短期内这种影响会造成波动；（2）广义货币供应量对外汇储备单位标准差冲击为正，其后具有正效应，并持续稳定在 0.01 的水平上，说明从长期看，外汇储备增加可以使广义货币供应量增加；（3）居民消费价格指数在受到外汇储备的一个单位标准差冲击之后,在滞后第二个月达到最大值0.005,第六个月后冲击值有所下降,一年之后保持平稳,说明外汇储备增加可以持续稳定正向影响居民消费价格;(4)受外汇储备的一个单位标准差冲击之后,国内生产总值第一个月冲击值为正,滞后第二个月达到最大值0.04,此后开始递减,并稳定在0.038,说明外汇储备增加对国内生产总值增加有积极的影响,短期会有所波动,甚至会出现负的影响,但从长期来看,其影响是积极稳定的。

（四）结论与政策建议

1. 结论

通过对中国外汇储备持续增长对经济影响的理论分析,结合运用2002年至2019年的月度数据所做的实证检验,本章得出以下结论:

(1)外汇储备持续增长对我国货币政策作用明显。从实证结果看,外汇储备增加对基础货币在短期内存在Granger双向因果关系,长期不存在因果关系;外汇储备对广义货币供应量无论短期还是长期均不存在因果关系,脉冲响应检验在短期内有所波动,长期趋于平稳。这表明,外汇储备的持续增长极大地影响了我国的货币政策调控:外汇储备增加使得外汇占款增加,直接作用于基础货币,但基础货币投放通过货币乘数作用所放大的广义货币供应量超出了央行的目标,央行通过公开市场业务回笼一定的基础货币,同时运用存款准备金或再贴现政策降低货币乘数,从而达到控制货币供应量总量的目的,所以广义货币供应量与外汇储备并没有必然的因果关系,当货币政策效果较大时会引起实证脉冲检验的负效应。当然,央行的货币政策还要考虑到经济中其他因素的影响,但外汇储备增加引起的外汇占款已成为央行考虑和实施货币政策时的非常重要因素之一。

(2)外汇储备持续增长是通货膨胀的原因。实证检验显示,外汇储备对居民消费价格指数有显著的单向因果关系,即外汇储备增加可以引起物价的上升,但反之则不成立。这说明,通货膨胀,即我国的物价水平上升对我国外汇储备增加的影响非常小,这是因为外汇储备增长主要受国际收支、汇率制度和经济发展状况的影响。脉冲响应检验也显示,外汇储备增加对通货膨胀有稳定的促进作用。从长期来看,外汇储备增加必然使我国的货币供应量增加,社会的货币总存量的增加使物价平均水平上升,即会引起通货膨胀。

(3)外汇储备持续增长对经济增长存在显著的积极影响。Granger因果关系检验中,几乎能以百分之百的概率保证外汇储备增加引起国内生产总值的增加,但国内生产总值的增加并不能保证外汇储备的增加。从这点看,未来我国控制外汇储备规模是可行的,即保持经济稳定增长的同时,将外汇储备规模控制在一定的范围之内。脉冲响应检验显示,在短期内,国内生产总值受外汇储备的标准差冲击会有所波动,这主要因为我国的宏观经济政策会根据一国的经济发展状况予以微调,会部分抵消外汇储备对经济总量的影响。从长期看,外汇储备持续增长对经济增长具有稳定的正向作用。

综合以上结论,保持外汇储备持续增长将有利于我国经济的发展,但要将其增速控制在合理的水平上,防止其过快增长,以免造成过多流动性而对经济产生负面的影响。

2. 政策建议

根据以上结论,总的建议是:首先,增强对外汇储备规模的有效管理,从源头上控制外汇储备的增速,让其保持稳步增长;其次,完善我国货币政策的调控,使外汇占款导致的货币供应量保持在一个合理的水平上;再次,推进汇率体制改革,从长远保证外汇储备的稳定可持续。具体措施如下:

(1)控制外汇储备规模增速

由于外汇储备的积累主要是由一国的国际收支顺差所导致的,所以要控制我国外汇储备规模的增速,很重要的一点是分析国际收支顺差的状况,如果出现国际收支双顺差且规模大,就应及时采取措施予以调节。如果国际收支顺差是适度的,则采取"以静制动"的策略,根据情况变化再付诸行动。一般来说,减少国际收支顺差可以从以下几个方面着手:

第一,调整国际收支结构。具体措施有:积极增加对能源、技术的进口,特别是一些具有战略意义的物资,诸如石油、矿产、黄金等,同时有效控制资源性产品出口,使出口产品由数量扩张型向质量效益型转变;有步骤地推进产业结构调整,逐步改变我国出口企业中大部分以出口低附加值产品为主的状况,对高科技企业予以重点支持,降低单位产品能源消耗,使未来的出口产品中科技的含量比重提高;逐步优化我国区域经济结构,加快中西部经济发展的步伐,对部分内地企业予以重点扶持,支持沿海企业根据国家发展的战略安排有序、适当内迁,使部分出口企业转型为国内供应商。

第二,拉动内需以增加进口规模。提高我国的消费水平,使消费在拉动经济增长的"三驾马车"中所占的比重逐步提高,从而增强对外进口能力。具体措施有:推进财税政策改革,政府充分发挥其转移支付作用,对进口型企业予以重点支持,特别是一些进口石油、矿产等战略物资的企业;完善社会保障体系,统筹城乡社会保障体制,提高低收入人群的社会福利、保险等,从而在整体上提高我国居民的消费能力。

　　第三，调整我国外贸、外资政策。一方面，逐步调整一直以来实行的"鼓励出口、限制进口"的外贸政策，同时，改变观点，树立有效进口是优化贸易结构、推动贸易平衡发展的重要理念。始于 2018 年 11 月的中国国际进口博览会（简称"进博会"）[①]，是扩大进口，改善贸易结构，主动向世界开放市场的新尝试。另一方面，优化利用外资政策，强调高质量引资与加强风险管理，有效遏制国际游资的流入。此外，根据我国经济发展程度与管理水平，适当鼓励企业到海外进行投资，综合采用税收、信贷、保险、中介等政策支持企业走向海外市场，利用国内外两个市场、两种资源进行生产，"引进来"和"走出去"两只手共同发力，由此调节国际收支不平衡状况。

　　（2）完善货币政策调控体系

　　未来我国外汇储备若继续保持增长，则流动性将继续被放大，这就要求我国的货币政策更加灵活、创新，同时注意货币政策与财政政策的协调、配合，以防止恶性通货膨胀的出现，保证我国宏观经济平稳、健康地发展。具体措施有以下三个方面：

　　第一，公开市场操作要更具灵活性。当前，我国的流动性比较充裕，市场普遍存在通货膨胀的预期。外汇储备导致的外汇占款所释放出的过多流动性要运用货币政策工具来回收，由于自 2011 年 6 月以来我国的法定存款准备金率（大型金融机构其时高达 21.5％）开始逐渐调低，至目前的 12.5％，因此，可以适当调高存款准备金率，同时，可运用公开市场操作等来回收流动性。

　　第二，加大货币政策工具创新力度，丰富工具箱内容。例如，除"三大法宝"外，我国可选择开办货币互换业务，利用外汇储备开办不同金融机构的货币互换业务，作为公开市场操作的补充，这样既可缓解外汇占款对冲工具不足的压力，减少基础货币的投放，同时也能增加金融机构的外汇流动性，保持本外币信贷业务的协调发展；开展外汇掉期业务，将部分外汇储备头寸转移至商业银行，化解外汇储备不断快速膨胀的压力，从而减少市场上过多的货币供应，等等。

　　第三，增强货币政策和财政政策的协调。货币政策和财政政策由中国人民银行和财政部分别实施，各有侧重点：货币政策侧重调总量，财政政策侧重调结构。增强这两部门的政策协商协调，诸如信息共享、决策建议等方面的配

---

①　中国国际进口博览会（China International Import Expo，简称 CIIE 或进博会），由中华人民共和国商务部、上海市人民政府主办，是世界上第一个以进口为主题的大型国家级展会，旨在坚定支持贸易自由化和经济全球化，主动向世界开放市场。迄今"进博会"已举办了三届，为促进世界各国加强经贸交流合作，促进全球贸易和开放型世界经济增长，做出了积极的贡献。

合,以达到实现经济的总目标,促进经济的均衡平稳发展。

(3)加快汇率体制改革

具体措施如下:

第一,加快外汇管理体制改革。我国虽然实现了人民币在经常项目下可自由兑换,但还未完全实现在资本与金融项目下可自由兑换,因此,可适度加快我国外汇管理体制市场化改革,根据我国经济发展与向外开放的程度以及国际经济金融发展情势,进一步实现人民币在资本与金融项目下的可自由兑换。通过实现资本项下的可兑换,达致既"藏汇于国",又"藏汇于民"的目的。

第二,进一步稳慎推进人民币汇率市场化改革。例如在完善人民币汇率形成机制的同时,逐步建立与完善人民币离岸市场,创造人民币"走出去"的国际环境;积极推出外汇衍生产品等金融避险工具,以适应市场化、灵活性的汇率机制的需求。

二、中国外汇储备增长对微观绩效的影响
——基于管理收益的思考[①]

(一)问题的提出

20 世纪 90 年代中后期以来,全球外汇储备规模急剧增长。外汇储备规模的不断扩大,对各国外汇储备管理目标、管理策略和投资方式等都产生了相当大的影响。外汇储备资产管理问题已引起世界组织、各国政府及国内外学者的广泛关注。2005 年 4 月 IMF 对外汇储备管理目标进行了修正,指出:"与传统储备管理目标相比,目前外汇储备管理在资产保值和确保流动性基础上,更应注重管理的有效性,以最大化收益(或降低成本)",从而突出了外汇储备管理收益性目标的重要性。高储备持有国也纷纷采取更为积极的外汇储备管理投资策略,这从 20 世纪 90 年代以来纷纷涌现的主权财富基金(SWFs)中可见一斑。主权财富基金的主要来源之一就是各国的外汇储备资产,这些资产主要投资于股票、政府或机构债券(包括基金公司、股票交易所等金融机构)以

---

① 在这里我们把外汇储备增长对微观绩效的影响,界定在外汇储备投资或管理方面。除此之外,外汇储备增长的微观绩效还应该包括对企业的影响、对居民经济文化生活的影响和对市场的影响等,这在今后的研究中会予以重视。参见喻海燕,朱孟楠.世界金融危机下我国外汇储备管理研究——基于管理收益的思考[J]. 经济学家,2009(10).

及一些金融衍生产品,其目的是在保持资产安全性基础上实现投资收益最大化。但 2007 年全球金融危机爆发后,美元贬值,包括"两房"在内的美国多家金融机构纷纷破产,投资基金关闭,股市剧烈震荡[①],国际投资环境急剧恶化,这给各国外汇储备投资带来不同程度的损失。据统计,主要投资于美国和欧洲的金融证券和房地产领域的科威特主权财富基金 2008 年 3 月底到 12 月底损失了 310 亿美元;淡马锡 2008 年 4 月至 11 月间资产价值下降 31%,仅在美国银行的投资就损失了至少 30 亿美元;被认为资产最为多元化的阿布扎比投资局,在这轮危机中可能亏损相当于其资产总额的 1/3 的财富。那么在此背景下,全球金融危机对我国外汇储备投资产生了什么影响? 长期以来我国外汇储备投资究竟是亏损还是盈利? 外汇储备管理效率如何? 基于对这些问题的思考,以下我们将对 1994—2019 年我国外汇储备投资收益和成本进行分析、计算和实证,并得出结论,以期为政府有关部门提供重要的决策依据和参考(数据来源于国家统计局公布数据、中经网数据库等)。

(二)中国外汇储备投资收益分析

外汇储备在我国的运作过程,可以表示为:(1)国际收支顺差带来外汇盈余;(2)外汇市场外汇供给增多,人民币面临升值压力,为了维持人民币汇率基本稳定,央行进入外汇市场实行干预操作,买入外汇抛出本币;(3)国家指派专门机构(主要是国家外汇管理局和中国投资有限责任公司)对外汇盈余以及外汇市场购买的外汇储备进行管理和投资;(4)为了维持人民币对内稳定,央行发行票据来冲销外汇占款。

从实践来看,我国外汇储备资金的投资渠道还是很有限的。外汇储备除了投资到国外购买一些国家的政府、机构债券外,其余的主要存在国外银行。尽管 2004 年以来国家曾尝试运用部分外汇储备给金融机构注资以及从事其他股权投资,并且在 2007 年成立了中国投资有限责任公司对外汇储备资产进行积极管理,但投资总量相对较小。[②] 在这一过程中,外汇储备的投资收益就

---

① 据统计,危机爆发后全球股市持续暴跌,全球股市在 2008 年累计损失市值 17 万亿美元。2008 年全年,标准普尔指数系列涵盖的全球范围内 46 个股市中,新兴市场平均跌幅高达 54.72%,发达市场跌幅达 42.72%。

② 2004 年 1 月,我国动用 450 亿美元外汇储备为建设银行和中国银行补充资本金,占当时外汇资产的 11.16%;2005 年 4 月中央汇金公司对工商银行注资 150 亿美元,占当时外汇储备资产的 2.45%;2007 年以来中投公司先后用 30 亿美元和 50 亿美元参股美国私募基金黑石集团(The Blackstone Group)和摩根士丹利(Morgan Stanley)。

显现出来了。狭义的收益仅指外汇储备资产投资的经济收益,主要包括:(1)外汇储备投资于国外证券的收益;(2)外汇储备存于外国银行的利息收益;(3)外汇储备用作其他积极性投资的收益。这些储备收益属于显性收益。广义的外汇储备收益是指一国运用外汇储备所产生的所有收益的总和,包括经济收益、社会收益和其他无形收益等,具体而言不仅包括外汇储备投资的经济收益,还包括:(4)一国持有外汇储备而降低发生金融危机的损失;(5)一国持有外汇储备带来的市场稳定的信心等。(4)(5)两部分收益属于隐性收益。本章计算的收益是从广义角度进行分析的。广义的收益又可分为可量化与不可量化部分,可量化部分为(1)(2)(3)(4),不可量化部分为(5)。

1. 投资国外债券的储备资产收益率分析

虽然我国已实行储备资产多样化改革,但外汇储备资产中美元资产仍占最大比重,其中,美国国债约占 35%,美国长期机构债券占比 30%,长期企业债券占比 5%。[①] 美国国债具有四大系列:T-bills(4 周、13 周和 26 周),T-notes(2~10 年期),T-bonds(10~30 年期)和 TIPS(通胀保护的国债)。中行全球金融市场部数据显示,我国主要投资的期限品种包括 3 个月、5 年、10 年、30 年等。这些品种的收益率会随着美国经济周期的变化发生较大的波动。例如,3 个月期短期国债 1994—2008 年的收益波动范围为 1%~6.66%;5 年期中期国债的收益波动范围为 2%~5.2%;10 年期长期国债的收益波动范围为 3.0%~5.4%;30 年期长期国债的收益波动范围为 4.25%~5.7%。考虑到我国长期以来主要投资中、长期国债,其平均收益率约为 5%。其次还有美国机构债,它们的收益率一般比同期限的国债高 100~200 基点,因此保守估计我国外汇储备投资美国债券的平均收益可达 5%。除了购买美国国债,我国还动用外汇储备购买了部分欧盟和日本的长期政府债券。根据相关研究,保守估算我国外汇储备中欧盟长期债券比例约为 15%,日本长期债券比例约为 8%。欧洲和日本长期债券收益率近年来 10 年期国债收益率分别在 4% 和 1.8% 左右波动,它们相对于美元有超过 20% 以上的升值水平,折合美元的收益率大约为 4.8% 和 2.16%。

2. 存在国外银行的储备资产收益率分析

除了购买一些政府国库券、债券外,留在手上的外汇储备资产主要存于银行,这部分流动性资产约占总外汇储备资产比重的 7%。根据中国人民银行公布的数据,自 1998 年 1 月以来美元一年期存款利率平均只有 3.06%。

---

① 喻海燕. 中国外汇储备有效管理研究[D]. 厦门:厦门大学,2008.

结合投资国外证券收益率,运用归一法,可以大致得到我国外汇储备资产投资的整体收益率为 4.607%(5%×70%＋4.8%×15%＋2.16%×8%＋3.06%×7% ＝4.607%)。按该收益率来算,1994—2019 年我国各年度外汇储备投资的收益如表 4-6 所示,累计总收益为 19 680.34 亿美元,计 133 301.73 亿元人民币(参见表4-6)。

表 4-6　中国外汇储备投资收益

年份	外汇储备/亿美元	外汇收益/亿美元	当年汇率中间价	储备收益/亿元人民币
1994	516.2	23.79	8.618	205.02
1995	735.97	33.91	8.351	283.18
1996	1 050.3	48.39	8.314	402.31
1997	1 398.9	64.42	8.289	533.98
1998	1 449.6	66.78	8.279	552.87
1999	1 546.8	71.26	8.278	589.89
2000	1 655.7	76.28	8.278	631.45
2001	2 121.7	97.75	8.277	809.08
2002	2 864.07	131.95	8.277	1 092.15
2003	4 032.5	185.78	8.277	1 537.70
2004	6 099.3	280.99	8.277	2 325.75
2005	8 188.7	377.25	8.192	3 090.43
2006	10 663.4	491.26	7.972	3 916.32
2007	15 282.5	704.06	7.604	5 353.67
2008	19 460.3	896.54	6.949	6 230.06
2009	23 991.5	1 103.61	6.83	7 537.66
2010	28 473.4	1 309.78	6.7	8 775.53
2011	31 811.5	1 463.33	6.34	9 277.51
2012	33 115.9	1 523.33	6.36	9 688.38
2013	38 213.2	1 757.81	6.2	10 898.42
2014	38 430.2	1 767.79	6.27	11 084.04
2015	33 303.6	1 531.97	6.44	9 865.89
2016	30 105.2	1 384.84	6.74	9 333.82
2017	31 399.5	1 444.38	6.81	9 836.32
2018	30 727.1	1 413.45	6.62	9 357.04
2019	31 079.2	1 429.64	7.06	10 093.26
总计	—	19 680.34	—	133 301.73

注:外汇资产收益率按 4.607% 来算。

3. 因持有外汇储备而降低发生金融危机的损失——风险收益分析

风险收益是指因持有外汇储备而减少了金融危机发生的次数以及降低了危机发生时对经济的危害程度,这种降低的危害程度可以认为是外汇储备带来的一种收益。正因为风险收益的存在,使得新兴国家愿意持有更多的外汇储备。Rodrik 和 Velasco(1999)估计遵守 Guidotti-Greenspan-IMF 规则将使资本流动发生逆转的概率减少 10%,假设金融危机的成本为 GDP 的 10%(该假定比率不高,见 Hutchison、Noy,2002),那么遵守 Guidotti-Greenspan-IMF 规则的风险收益等于 GDP 的 1%。表 4-7 依此计算了 1994—2019 年我国各年度风险收益,累计 92 223.53 亿元人民币。

表 4-7　1994—2019 年中国外汇储备的风险收益

单位:亿元人民币

年份	风险收益	年份	风险收益	年份	风险收益
1994	481.97	2003	1 358.22	2012	5 385.80
1995	607.93	2004	1 598.78	2013	5 929.63
1996	711.76	2005	1 832.17	2014	6 435.63
1997	789.73	2006	2 119.23	2015	6 888.58
1998	844.02	2007	2 573.06	2016	7 563.95
1999	896.77	2008	3 006.70	2017	8 320.36
2000	992.14	2009	3 485.18	2018	9 192.81
2001	1 096.55	2010	4 121.19	2019	9 908.65
2002	1 203.32	2011	4 879.40		

总计:92 223.53

将上述三种收益累加,得到 1994—2019 年间我国持有外汇储备的总收益,合计225 525.26亿元人民币。

(三)中国外汇储备投资成本分析

持有外汇储备的成本也分为狭义和广义两种。狭义成本包括:(1)干预成本,即央行进入外汇市场买入美元等外汇的操作成本;(2)冲销成本,即央行对冲市场上外汇占款的冲销行为所支付的费用。广义成本除了(1)(2)外,还包括（3）机会成本，即如果不将外汇储备投资国外，而运用于其他方面（如进行国内建设投资）可能获得的收益以及（4）如果国内货币市场上外汇占款不能完全冲销，外汇占款剩余对一国造成的通货膨胀压力和影响。本章计算的成本是指广义的成本，这些广义的成本也可分为量化和不可量化两部分。量化部分包括（1）（2）（3），不可量化部分包括（4）。

1. 外汇市场干预成本

当外汇市场外汇资产供给大于需求时，为了维持人民币对外价格（汇率）稳定，政府不得不入市干预。我国央行在外汇交易市场执行干预操作，全额从外汇指定银行那里买入外汇资产，以外汇占款形式投放基础货币。干预成本就是央行在外汇市场上买进（或卖出）外汇所产生的交易损失及额外的利息支付。由于在1994—2014年间人民币呈现稳定与升值态势，因此央行每年都存在因低价抛出本币而带来的损失。特别是2007年以来，人民币汇率中间价由2006年年底的7.8087元/美元上升到2008年年底的6.8346元/美元，升值幅度达到12.47%，到2014年年底人民币升至6.1238元/美元，这使得央行外汇市场干预成本剧增。2015年"811"汇改，人民币汇率中间价机制向市场化方向迈进了一步，汇率能较好地反映市场的供求。此外，央行买入外汇抛出人民币，由此导致的人民币外汇占款属于央行负债，央行还需额外支付这些负债的利息，这些额外支付的利息也属于外汇干预成本。

本章借鉴 Murray（1990）和 Ito（2002）的研究方法来分析1994年1月至2019年12月我国外汇市场干预成本。鉴于干预数据的保密性，我们使用外汇储备的变动额作为每月或每季度的外汇干预的替代变量。

（1）央行外汇买卖的交易损失采用 Talor（1982）的公式来衡量

$$P_t = \sum_{i=1}^{t} [n_i(e_t - e_i)] \qquad （式 4-1）$$

其中：P_t 代表利润；n_i 为第 i 期外汇干预额，这里是 i 期的外汇储备变动额；e_i 为第 i 期买卖外汇时的实际汇率（以直接标价法表示）；e_t 为样本期末的市场汇率。为了避免时间区间的选择对收益的影响，我们以逐年累加的方法进行计算。可以看到，按照2008年年底人民币汇率计算的央行外汇市场卖出人民币而产生的损失累计为20 541.4亿元，具体分摊到过去每一年的损失如表4-8所示。

按照同样的方法和2007年年底人民币汇率中间价7.3046元/美元计算央行的干预成本，累计为11 980.9亿元，分摊到每一年的干预成本见表4-9。

可以看到,2007 年以来由于受全球金融危机的影响,为了维持人民币汇率稳定,央行外汇买卖交易成本比前一年增加了 71.45%。2019 年年底央行干预成本累计为 7 175.84 亿元人民币,分摊到每一年的干预成本见表 4-10。

表 4-8　2008 年年底中国央行外汇买卖的累计交易成本

单位:亿元

年份	1994	1995	1996	1997	1998	1999	2000	2001
交易损失	567.5	352.2	465.2	508.7	73.2	140.2	157.3	672.5

年份	2002	2003	2004	2005	2006	2007	2008	合计:
交易损失	1 070.5	1 685.1	2 980.8	3 012.7	3 034.5	4 355.8	1 465.2	20 541.4

表 4-9　2007 年年底中国央行外汇买卖的累计交易成本

单位:亿元

年份	1994	1995	1996	1997	1998	1999	2000
交易损失	424.5	245.0	317.4	344.9	49.4	94.6	106.1

年份	2001	2002	2003	2004	2005	2006	2007
交易损失	453.6	721.6	1 136.0	2 009.4	2 030.7	1 848.7	2 199.0

总计:11 980.9

表 4-10　2019 年年底中国央行外汇买卖的累计交易成本

单位:亿元

年份	2006	2007	2008	2009	2010	2011	2012
交易损失	−1 738.38	−1 514.53	−1 127.05	1 717.08	2 401.55	2 958.03	3 404.86

年份	2013	2014	2015	2016	2017	2018	2019
交易损失	1 304.41	5 912.82	236.56	−4 716.43	−1 983.04	711.87	−497.55

(2)央行本币负债的利息

$$C = (B_t \times r_t)/4 \qquad (式 4\text{-}2)$$

式中:B_t 为第 t 期末的外汇占款增量,r_t 为本国银行间 90 天期限的基准收益率。计算结果见表 4-11。可见 1994—2019 年央行本币负债的利息累计为 10 658.72 亿元。

表 4-11 1994—2019 年中国央行本币负债的利息

单位：亿元

年度	1994	1995	1996	1997	1998	1999	2000	2001
金额	19.61	70.87	87.71	88.49	8.07	14.36	6.82	31.17
年度	2002	2003	2004	2005	2006	2007	2008	2009
金额	24.62	55.85	131.25	118.32	148.92	250.60	374.78	675.89
年度	2010	2011	2012	2013	2014	2015	2016	2017
金额	790.28	887.55	904.87	1 002.06	1 029.32	930.50	767.99	751.76
年度	2018	2019	合计：10 658.72					
金额	743.95	743.11						

2. 货币市场冲销成本

由于国内货币市场外汇占款增加导致基础货币扩张，为了维持人民币对内价格的稳定，央行不得不通过多种工具和手段进行冲销操作，回收多投放的基础货币，以保证整体货币供应量不受大的冲击。冲销成本就是指央行运用多种工具和手段进行冲销操作以回收基础货币所产生的成本。

1994 年以来我国使用过的冲销手段包括：控制贷款规模、回收再贷款、提高法定准备金率、发行金融债与增加特种存款、公开市场操作（又称对冲操作）、将财政及邮政储蓄存款转存中央银行等[①]，与此相对应，央行的冲销成本主要有：(1)回收再贷款所损失的利息收入；(2)向商业银行支付的准备金存款利息；(3)发行央行票据所需要支付的利息；(4)邮政储蓄转存中央银行所需支付的利息。其中回收再贷款方面，按中央银行对金融机构 3 月期的贷款利率为基准进行计算，1994—2019 年，中国人民银行因对金融机构再贷款余额在样本期间的增减而多收入利息 56 亿元；中央银行向商业银行支付的存款准备金利息为 13 219.59 亿元；邮政储蓄转存中央银行利息总计 4 388.1 亿元。从公开市场操作来看，截至 2008 年年底，中央银行累计总共发行票据 671 期，发

---

① 其中收回再贷款、公开市场操作、发行金融债与增加特种存款等方式旨在调节基础货币数；调节准备金率旨在调节货币乘数；将财政及邮政储蓄存款转存中央银行则对两者都有影响。

行总量为 17 058.3 亿元。① 为了吸引金融机构用央行票据置换其超额准备金存款,央行必须在收益率和流动性两个方面为金融机构提供比超额准备金存款更为优惠的条件,这使得该部分对冲成本规模巨大,2002—2019 年间央行因发行票据所支付的利息累计达到 6 596.73 亿元。综合上述四项数据,可得到1994—2019 年广义范围的中国人民银行冲销操作成本总额为 28 740.23 亿元。详见表 4-12。

表 4-12　1994—2019 年中国外汇储备的冲销成本

单位:亿元

年度	1994	1995	1996	1997	1998	1999	2000	2001
冲销成本	696	923.20	1 138.50	1 381.50	978.10	504	505.40	582.70
年度	2002	2003	2004	2005	2006	2007	2008	2009
冲销成本	680.01	823.30	1 230.12	1 557.20	2 079.06	2 477.86	3 429.80	970.89
年度	2010	2011	2012	2013	2014	2015	2016	2017
冲销成本	956.58	941.05	916.27	1 002.06	1 029.32	930.50	767.99	751.76
年度	2018	2019	合计:28 740.23					
冲销成本	743.95	743.11						

3. 机会成本(又称外汇储备资产的机会损益)

如果外汇储备不投资于国外证券而是投资于国内建设,比如直接用其购买生产资料和原材料,也会带来一定的收益。我们定义这些因购买他国政府债券而放弃的国内投资收益为外汇储备投资的机会成本。假定外汇储备资产投资国内,那么:外汇储备资产的机会成本=国内投资收益率×外汇资产规模×当期汇率。其中:外汇资产规模是外管局公布的每年度外汇储备累积值;当

---

① 其中 2002 年共发行 19 期央行票据,发行总量为 1 937.5 亿元;2003 年央行共发行 63 期央行票据,发行总量为 7 226.8 亿元;2004 年共发行 105 期央行票据,发行总量 15 072 亿元;2005 年共发行 125 期央行票据,发行总量 27 882 亿元;2006 年共发行 97 期央行票据,净发行量仅超过 1 万亿元;2007 年共发行 140 期央行票据,净发行量为 4 340 亿元;2008 年共发行 122 期,发行总量为 42 470 亿元,其中主要是 3 个月和 1 年期票据,此外还有 6 个月和 3 年期到期票据。2007—2008 年按 1 年期央票利率 4.0583%、3 月期央票利率 3.3978%、3 年期央票利率 4.56% 计算利息。

期汇率按人民币兑美元中间价年度数据来算；国内投资的收益率可按多种指标估算，如工业资本回报率、工业资金利税率和全部资本收益率等，我们选取工业资本回报率作为参考指标。已有的研究数据均显示，1994年以来我国工业资本回报率呈现先下降后上升的变化趋势，但具体回报率是多少还存在争议①。本章援引中国经济观察研究组（CCER）2007年5月研究得出的结论：从1994年到2006年工业资本回报率变化幅度为2.2%～13.4%，净资产回报率变化幅度为6.8%～18.5%；如果选择净资产回报率作为参数，平均值为7.8%。可以算出1994—2019年我国外汇储备持有的机会成本见表4-13，总计为17 591.46亿元。

表4-13　1994—2019年中国外汇储备持有的机会成本

单位：亿元

年份	外汇储备增量	当期汇率	机会成本（美元）	机会成本（人民币）
1994	304.01	8.618	23.71	204.36
1995	220	8.351	17.16	143.3
1996	314	8.314	24.49	203.03
1997	349	8.289	27.22	225.64
1998	51	8.279	3.978	32.93
1999	97	8.278	7.57	62.63
2000	109	8.278	8.502	70.38
2001	466	8.277	36.35	300.85
2002	743	8.277	57.95	479.68
2003	1 438	8.277	112.16	928.38
2004	1 796	8.277	140.08	1 159.51
2005	2 090	8.192	163.02	1 335.46

---

① 世界银行在其发表的《中国经济季报》中指出，中国国有企业的净资产回报率（即ROE，为企业利润除以所有者权益，是反映资本回报率的最重要的指标之一）自1998年的2%增长到了2005年的12.7%，非国有企业在同期从7.4%上升到16%，中国工业企业2005年的平均净资产回报率超过15%。但美国新桥资本执行合伙人单伟建在《远东经济评论》及《亚洲华尔街日报》发表文章反驳其结论，认为"中国企业的净利润率或资本回报率可能要从世行得出的15.3%的平均数中扣除6%到7%之多"，"企业真正的资本回报率平均值不过是8%到9%"。目前学术界及业界对资本回报率的争议至今尚未取得共识。

续表

年份	外汇储备增量	当期汇率	机会成本(美元)	机会成本(人民币)
2006	2 474	7.972	192.97	1 538.37
2007	4 619	7.604	360.28	2 739.58
2008	4 178	6.949	325.88	2 264.57
2009	4 531.22	6.83	353.44	2 413.96
2010	4 481.86	6.7	349.59	2 342.22
2011	3 338.10	6.34	260.37	1 650.76
2012	1 304.41	6.36	101.74	647.09
2013	5 097.26	6.2	397.59	2 465.04
2014	217.03	6.27	16.93	106.14
2015	− 5 126.26	6.44	− 399.87	− 2 575.17
2016	− 3 198.45	6.74	− 249.48	− 1 681.49
2017	1 294.32	6.81	100.96	687.51
2018	− 672.37	6.62	− 52.44	− 347.18
2019	352.12	7.06	27.47	193.91

注:机会成本是按中国经济观察(CEO)课题组(2007)对中国资本回报率的研究结果,即按1993—2005年净资产回报率平均值为7.8%计算的。

(四)中国外汇储备管理的净收益

将外汇储备的总收益减去总成本,就是持有外汇储备的净收益。总收益包括外汇资产投资收益和风险收益,总成本包括外汇市场干预成本、冲销成本和机会成本。如果不考虑机会成本,用总收益减去干预成本和冲销成本,就得到外汇储备管理的会计利润;如果考虑机会成本,用会计利润减去机会成本,就得到我国外汇储备管理的经济收益(见表4-14中10经济利润)。

表 4-14 1994—2019 年中国外汇储备管理的净收益

单位：亿美元，亿人民币元

年份	外汇储备	1 外汇资产收益	2 风险收益	3 总收益 =1+2	4 干预成本（央行外汇买卖交易损失）	5 干预成本（央行本币负债利息）	6 冲销成本	7 会计成本 =4+5+6	8 会计利润 =3-7	9 机会成本	10 经济利润 =8-9
1994	516	205.02	481.97	686.99	567.5	19.61	696	1 283.11	-596.12	204.36	-800.48
1995	736	283.18	607.93	891.11	352.2	70.87	923.2	1 346.27	-455.16	143.3	-598.46
1996	1 050	402.31	711.76	1 114.07	465.2	87.71	1 138.5	1 691.41	-577.34	203.03	-780.37
1997	1 399	533.98	789.73	1 323.71	508.7	88.49	1 381.5	1 978.69	-654.98	225.64	-880.62
1998	1 450	552.87	844.02	1 396.89	73.2	8.07	978.1	1 059.37	337.52	32.93	304.59
1999	1 547	589.89	896.77	1 486.66	140.2	14.36	504	658.56	828.10	62.63	765.47
2000	1 656	631.45	992.14	1 623.59	157.3	6.82	505.4	669.52	954.07	70.38	883.69
2001	2 122	809.08	1 096.55	1 905.63	672.5	31.17	582.7	1 286.37	619.26	300.85	318.41
2002	2 865	1 092.15	1 203.32	2 298.47	1 070.5	24.62	680.01	1 775.13	520.34	479.68	40.66
2003	4 303	1 537.70	1 358.22	2 895.92	16 85.1	55.85	823.3	2 564.25	331.67	928.38	-596.71
2004	6 099	2 325.75	1 598.78	3 924.53	2 980.8	131.25	1 230.12	4 342.17	-417.64	1 159.51	-1 577.15
2005	8 189	3 090.43	1 832.17	4 922.60	3 012.7	118.32	1 557.2	4 688.25	234.38	1 335.46	-1 101.08
2006	10 663	3 916.32	2 119.23	6 035.55	3 034.5	148.92	2 079.06	5 262.48	773.07	1 538.37	-765.30
2007	15 282	5 353.67	2 573.06	7 926.73	4 355.8	250.6	2 477.86	7 084.26	842.47	2 739.58	-1 897.11

续表

年份	外汇储备	1 外汇资产收益	2 风险收益	3 总收益 =1+2	4 干预成本（央行外汇买卖交易损失）	5 干预成本（央行本币负债利息）	6 冲销成本	7 会计成本 =4+5+6	8 会计利润 =3-7	9 机会成本	10 经济利润 =8-9
2008	19 460	6 230.06	3 006.7	9 236.76	1 465.2	374.78	3 429.8	5 269.78	3 966.98	2 264.57	1 702.41
2009	23 991.5	7 537.66	3 485.18	11 022.84	1 717.08	675.89	970.89	3 363.86	7 658.98	2 413.96	5 245.02
2010	28 473.4	8 775.53	4 121.19	12 896.72	2 401.55	790.28	956.58	4 148.41	8 748.31	2 342.22	6 406.09
2011	31 811.5	9 277.51	4 879.4	14 156.91	2 958.03	887.55	941.05	4 786.63	9 370.28	1 650.76	7 719.52
2012	33 115.9	9 688.38	5 385.8	15 074.18	3 404.86	904.87	916.27	5 226	9 848.18	647.09	9 201.09
2013	38 213.2	10 898.42	5 929.63	16 828.05	1 304.41	1 002.06	1 002.06	3 308.53	13 519.52	2 465.04	11 054.48
2014	38 430.2	11 084.04	6 435.63	17 519.67	5 912.82	1 029.32	1 029.32	7 971.46	9 548.21	106.14	9 442.07
2015	33 303.6	9 865.89	6 888.58	16 754.47	236.56	930.5	930.5	2 097.56	14 656.91	−2 575.17	17 232.08
2016	30 105.2	9 333.82	7 463.95	16 797.77	−4 716.43	767.99	767.99	−3 180.45	19 978.22	−1 681.49	21 659.71
2017	31 399.5	9 836.23	8 320.36	18 156.59	−1 983.04	751.76	751.76	−479.52	18 636.11	687.51	17 948.6
2018	30 727.1	9 357.04	9 192.81	18 549.85	711.87	743.95	743.95	2 199.77	16 350.08	−347.18	16 697.26
2019	31 079.2	10 093.26	9 908.65	20 001.91	−497.55	743.11	743.11	988.67	19 013.24	193.91	18 819.33

注：①"外汇储备"单位为"亿美元"，其余各列为"亿人民币元"；②外汇资产收益是按照已投资和存在存银行的资产综合收益率 3.86% 来计算的；③机会成本选择工业企业资本回报率为参考。

中国外汇储备风险测度与管理

南强丛书 Nanqiang Congshu

（五）结论与政策建议

1. 如果不考虑机会成本，我国外汇储备投资管理是盈利的

如果不考虑机会成本，我国外汇储备投资管理是盈利的，实现净利润133 301.73亿元，年化收益率达到4.07％。这主要缘于我国执行了安全、稳健的投资策略，从而降低了金融危机带来的投资风险。对不断发展与改革的中国外汇储备管理而言，能在保证外汇资产安全性、流动性基础上取得如此收益，其管理效果是值得肯定的。多年来，我国不断增长的外汇储备为人民币汇率稳定提供了支持，增强了我国应对诸如亚洲货币危机这类突发性金融危机的能力，维护了国家金融稳定与安全，增强了人们对中国金融体系的信心。

2. 如果考虑储备资产投资国内的机会成本，外汇储备管理是亏损的

如果考虑外汇储备资产投资国内的机会成本，我国外汇储备投资是亏损的。长期以来，基于安全性考虑，我国大量外汇储备以美元形式持有，主要投资于美国国债。与此同时，我国正处于经济发展关键时期，经济发展需要大量的各类资源支持。外汇储备是国家宝贵的财富，国家经济的稳健、持续发展需要引进先进的技术和必要的资源，这需要有效运作外汇储备。如果过度用于国际金融市场投资，尤其是高风险投资，以期赚取高额投资收益，不仅约束了本国经济发展速度，而且还会使投资面临巨大的风险。挪威国家主权财富基金——"国家养老基金"在金融危机爆发前曾在全球范围内配置资产（其资产40％投资于股票，60％用于固定收入投资），但在金融危机爆发后仅2008年一年就损失约905亿美元，相当于过去10年基金收益总和，这就是一个证明。事实上，2008年金融危机后，一些主权财富基金的投资区域转向亚洲新兴市场国家或地区，甚至转而回到本国国内市场来从事各种类型的投资。

3. 可以考虑成立国家战略基金，将部分外汇储备和国家战略发展相结合，提升国家整体竞争力

提升经济全球竞争力是我国经济发展面临的一项长期课题。它主要包括两个方面：一是从国外获得更多的市场、资源和关键技术的能力；二是提升本国企业国际竞争力。我国在这方面已经进行了一系列有益的探索，如，用外汇储备注资方式，支持国有独资商业银行股份制改革等。但储备管理部门对整体规划和系统的战略安排还不够到位。笔者认为，国家战略基金可划分为民族企业发展基金、能源产业投资基金和文化教育科技发展基金。三大基金的战略发展侧重不同：（1）民族企业发展基金主要用于国有重要民族企业的发展。过去中金公司主要注资于国有金融机构,未来还可扩大投资范围,对符合条件的包括工业、农业、制造业等在内的民族企业,都可以注资、投资,支持发展具有全球竞争力的高端制造、高新技术产业。(2)能源产业投资基金成立的目的主要是实现外汇储备与国家战略能源储备的合理、有效结合。该基金主要对国外石油、钢铁、天然气、煤炭等战略能源领域进行策略性投资,由此提高外汇储备的运营效率,平抑世界能源价格波动的不利影响。动用外汇储备进行这方面投资时还应注意具体投资方式的搭配。例如:一是可以把即期交易与远期交易有机结合,即把能源类股权及股票投资与以套期保值为目的的能源类期货及股票指数期货交易有机结合起来;二是国内市场与国际市场有机结合,即投资国内大型能源企业与投资国外世界级的大型能源企业以获取超额收益有机结合起来。(3)成立文化教育科技发展基金,主要是将部分外汇储备投资于文化教育和高科技产业,提高国民素质和国家现代科技水平。资料显示,过去我国的科研和开发费用(R&D)占 GDP 的比重较低,如科研支出占 GDP 比重在 1997 年仅为 0.64%,直到 2013 年也没有超过 2%,当年为 1.99%,2014 年后逐步提升,到 2018 年该比重升至 2.18%(同期美国为 2.8%)。2019 年我国 R&D 经费投入达 22 143.6 亿元,增长 12.5%,占 GDP 比重为 2.23%。此外,我国在教育、医疗、社会保障等方面的投入比例也相对较低。利用富余的外汇储备,进口高科技设备来支持科研与开发,进口先进的医疗设备,为研究人员提供出国交流或培训的经费,或者用于引进国外的专家和顾问等等,由此推动我国文化教育和科技事业发展再上一个台阶。

本章小结

本章首先在综述国内外学者对外汇储备研究的相关理论成果基础上,选择 2002—2019 年作为研究区间,运用理论、实证分析综合研究这阶段外汇储备持续增长对中国宏观经济的影响。结果表明外汇储备持续增长对我国货币政策、通货膨胀、经济增长均存在不同程度的影响,进而得出保持外汇储备稳步增长可以促进经济发展的结论。其次,本章从外汇储备管理效益的角度分析了外汇储备增长的微观绩效,并运用实证的方法分析了我国外汇储备管理与投资的收益和成本,计算了我国外汇储备管理与投资的净收益。从收益性检验也可以看到,如果不考虑机会成本,我国外汇储备投资管理是盈利的;如果考虑外汇储备资产投资的机会成本，外汇储备管理的收益受到很大的影响，整体经济利润是负数。这说明我国现行的外汇储备投资还存在许多改进之处。

政策建议：中国外汇储备增长的影响是深刻而广泛的，无论是在宏观还是微观经济上，无论是在存量还是增量上，无论是在效益还是效率上，也无论是在国内经济还是国际金融市场上，其影响都是深刻的，因此要引起高度重视。特别是，我国正处于经济发展的关键时期，关键的标志是高质量发展，高质量发展的表现之一就是要动员国内国际资源，利用国内国际两个市场为我国经济发展服务。外汇储备是国家宝贵的财富，国家经济的持续、稳健、高质量发展需要大量引进紧缺、必需的资源、人力和物力，以及先进的技术等，这均需要厚实的外汇储备来支撑。因此，正确认识外汇储备的影响与作用，保持合理的外汇储备，实际意义非常重大。

第五章　中国外汇储备持续增长过程中的风险累积、识别与评估

在中国外汇储备持续增长的过程中,一些显著的问题也逐渐暴露了出来。例如,外汇储备的内外部风险不断累积,市场风险、环境风险、操作风险等存在于外汇储备的形成与运作过程中。具体来说,在外汇储备的规模确定上、币种结构安排上、储备资产的运用上以及风险规避的操作中,都存在这样那样的风险。因此,正视风险,识别风险,积极采取相应的措施评估、测度与分散风险,显得非常必要。

一、中国外汇储备增长过程中的风险累积[①]

(一) 加强外汇储备风险管理的必要性

20 世纪 90 年代亚洲金融危机后,基于保障金融安全、维护本国汇率稳定等需要,亚洲主要国家纷纷加大了对外汇储备的需求和"囤集",特别 2000 年以来,亚洲主要国家外汇储备呈现了较大幅度的增长(见表 5-1)[②]。其中,中国是世界上外汇储备增长最快,也是最多的国家(见图 5-1),外汇储备从 2000年的 1 718 亿美元增至 2019 年年底的 31 079 亿美元,增幅高达 18.77 倍,仅2013 年一年就创纪录地增长了 5 097.26 亿美元,相当于每天增长 13.97 亿美元。

---

① 参见朱孟楠,喻海燕. 中国外汇储备的风险集中与控制策略——基于中国外汇储备高速增长的思考[J]. 厦门大学学报,2007(6).

② 根据 IMF 官方外汇储备币种构成数据库(COFER)年度统计数据,截至 2020 年第三季度,全世界外汇储备规模为 12.012 万亿美元,其中,中国外汇储备占全球外汇储备总量的比重超过 26%。

外汇储备规模的适度增长给一国带来的积极效应是明显的,但如果一国外汇储备规模增长过快,超越了一国经济发展的需求,也就是所谓的过度,则会给该国央行及储备资产管理部门带来严峻的考验,亦即外汇储备的持续、过快增长,实际上意味着风险的不断增加,同时在一定程度上也意味着一国资源的过度开发或浪费。因此,除把握一国外汇储备增长的规模、结构等外,把握一国外汇储备增长的速度、幅度,密切关注、研究、控制外汇储备风险,至关重要。

表 5-1　亚洲主要国家(地区)外汇储备概况

单位:亿美元

年份	中国	日本	韩国	新加坡	马来西亚	泰国	印度尼西亚	菲律宾	中国香港特别行政区
1998	1 528	2 224	521	751	262	295	236	108	897
2000	1 717	3 616	963	811	287	327	294	151	1 075
2002	2 977	4 696	1 215	834	338	389	320	163	1 119
2004	6 229	8 447	1 992	1 142	664	498	363	162	1 236
2006	10 808	8 953	2 391	1 387	829	670	426	230	1 332
2008	19 660	10 308	2 015	1 775	922	1 110	516	375	1 825
2010	29 137	11 046	2 921	2 313	1 065	1 720	962	623	
2012	33 875	12 681	3 277	2 659	1 397	1 815	1 128	838	3 174
2014	39 000	12 607	3 628	2 616	1 160	1 572	1 119	796	3 285
2016	30 977	12 165	3 702	2 511	945	1 718	1 164	807	3 863
2017	32 357	12 641	3 888	2 850	1 024	2 025	1 302	814	4 314
2018	31 682	12 705	4 031	2 927	1 015	2 056	1 207	792	4 246

数据来源:国际货币基金组织数据库整理所得

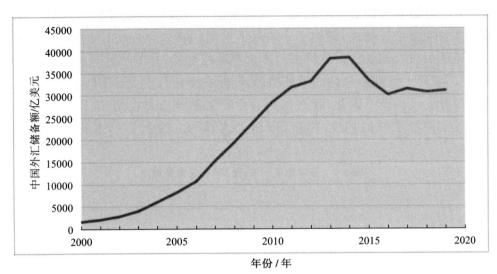

图 5-1   2000 年以来中国外汇储备情况

资料来源：国家外汇管理局

（二）外汇储备风险种类的划分——基于风险来源的界定[①]

1. 外汇储备风险的定义

外汇储备是一种金融资产，因而在对其持有和管理过程中不可避免地会面临金融风险。金融风险是指在资金的融通和货币的经营过程中，由于各种事先无法预料的不确定因素带来的影响，使得资金经营者的实际收益与预期收益发生一定的偏差，从而蒙受损失的可能性[②]。借鉴金融风险的定义，笔者认为，外汇储备风险是指外汇储备所有者或投资人在持有（主要表现在规模与结构上）、经营（主要表现在资产运用上）储备资产过程中，因偶发性、不完全确定性以及其他各种因素所引起的外汇储备收益的不确定性和储备资产损失的可能性。

2. 外汇储备风险的特点

作为一国持有的特殊金融资产，外汇储备既面临一般金融资产普遍面临

---

① 本章重在从定性的角度界定外汇储备风险的定义、分析外汇储备风险的种类及其特点等。关于主要风险的度量等方面的内容，则安排在第十章做进一步的研究（参阅第十章"金融危机背景下中国外汇储备全面风险管理体系的构建"）。

② 杨子强.金融风险控制与管理[M].北京：中国金融出版社，2001.

的一般金融风险，又由于其来源和用途的特殊性，而与一般金融风险有所不同。总体而言，外汇储备风险的特点是：(1)除了面临金融风险，还面临一定的非金融风险；(2)风险具有扩散性，首期风险主要由国家承担，一旦风险暴露会呈梯次推进，进而影响到整个经济体系的发展；(3)风险容易高度集中，一旦风险变成现实，造成的经济损失巨大，甚至会严重冲击正常的金融秩序，导致社会动荡；(4)风险程度受多种因素影响，且容易因外部冲击而加剧；(5)受损国和地区会采取紧急救治措施，但这些措施可能会影响到其他国家和地区金融乃至世界经济局势的稳定。

3. 外汇储备风险的分类

为加强各国外汇储备风险管理，"IMF 指南"在 2004 年修改版中突出强调了外汇储备风险管理的重要性，要求各国必须对外汇储备风险敞口(risk exposures)进行实时监控，必须说明潜在的资产损失和准备接受的风险暴露的其他结果，必须在风险敞口超过可接受水平时予以干预。同时，要求储备管理实体定期对风险进行压力测试，以评估宏观经济和金融变量变动或冲击带来的潜在影响。根据"IMF 指南"的基本精神和要求，笔者首先对外汇储备风险种类进行了划分和界定。

基于风险来源的角度，外汇储备资产面临的风险可划分为：外部风险(external risk)和内部风险(internal risk)。

外部风险，是外部因素导致的风险。其又可划分为市场风险(market-based risk)和环境风险(environment risk)。其中，市场风险指金融工具或证券价值随市场参数变动而波动所产生的风险，主要包括利率风险(interest rate risk)和汇率风险(foreign exchange risk)；环境风险是指外汇储备持有或运营时，外部环境的变化带来的储备持有成本增加和其他损失的可能性，它又包括流动性风险(liquidity risk)、政治风险(political risk)、法律风险(legal risk)、信用风险(credit risk)等。

内部风险，主要是指由于操作控制不当或信息系统等方面的缺陷而导致的可测算或无法测算的损失。内部风险又可以划分为人为风险(man-made risk)、结构匹配风险(match risk)、技术风险(technology risk)和机会风险(loss of potential income)等。

以上各种外汇储备风险，如表 5-2 所示。

表 5-2　外汇储备风险分类及其界定

风险大类	风险小类	定　义
外部风险 (external risk)	市场风险 (market-based risk)	
	利率风险 (interest rate risk)	由于各国金融工具的收益率处于变动状态，导致相应的持有这些国外金融工具的储备资产价值和流动性也会随之改变，从而带来储备收益的不确定性或损失。
	汇率风险 (foreign exchange risk)	由于外币汇率波动给储备资产的价值带来的不确定性和损失。
	环境风险 (environment risk)	
	流动性风险 (liquidity risk)	是指央行迅速并且低成本地把其持有的外汇资产转变为现金以满足流动性需要的可能性。
	政治风险 (political risk)	是指国际政治环境恶劣带来的隐形成本或损失。
	法律风险 (legal risk)	由于相关法律法规的不完善或欠缺使储备管理成本增加导致储备管理的损失。
	信用风险 (credit risk)	由于交易对象违约或其他信用失败使储备资产蒙受损失。按照违约主体不同又分为国家信用风险、机构信用风险和个人信用风险。
内部风险 (internal risk)	操作风险 (operational risk)	
	人为风险 (man-made risk)	由于储备管理人员管理缺乏主动性、积极性，或者能力不足、操作出现差错、分责不明，或者人为欺诈、挪用储备资产等原因导致的外汇储备资产的损失。
	结构匹配风险 (match risk)	外汇储备资产或币种结构与对外贸易、外债等结构不匹配而导致的汇兑成本的损失。
	技术风险 (technology risk)	储备资产投资所设计的模型错误、模型偏差，交易中结算误差、登记误差、财务统计方法等方面的原因可能引起外汇净头寸错误的衡量，或者监管技术落后、信息失灵等导致的储备损失。
	机会风险 (loss of potential income)	外汇储备中与外国银行往来账户中的资金没有及时被用于再投资的损失，或由于投资一处而失去投资另一处的收益。

　　由于不同经济体外汇储备管理政策不同，管理水平、管理技能、风险偏好等亦各有差异，使得不同经济体外汇储备风险种类表现不同，风险强度和对储

备资产造成的影响也各异。我国外汇储备面临的风险高度集中,这些高度集中的风险主要有汇率风险、利率风险、流动性风险、技术风险、机会风险等。随着储备规模的增大,风险程度也会加剧,外汇储备风险管理就是要强化风险控制的观念,积极采取有效的措施对外汇储备风险进行防范与管理。在这一问题上,最重要的是做好两方面的工作:一是深入探讨外汇储备风险程度测量的理论与方法,二是采取切实可行的管控措施。

(三)中国外汇储备快速增长过程中的风险累积及其表现

如前所述,中国外汇储备从 1994 年开始就呈现快速增长势头,2000 年后增长提速,至 2006 年就超过了万亿美元规模位列世界第一。截至 2019 年年底,中国外汇储备达 31 079 亿美元。一般而言,储备资产越多,暴露的储备风险头寸也越大。外汇储备规模的不断扩张、储备币种的单调、资金投放渠道的单一、全面风险管理体系的缺乏、风险测度和风险规避手段的欠缺,一定程度上导致中国外汇储备面临的风险更加集中,风险程度高。总体而言,这些风险体现在以下几个方面。

1. 汇率风险

汇率风险,是指汇率变动给外汇储备资产带来的损失或不确定性。外汇储备规模不足、储备来源不稳定,或者储备规模过大、储备币种结构不合理、储备资产过于集中在个别国家或地区,等等,都会导致汇率风险。中国外汇储备资产面临的汇率风险主要是美元汇率变动给储备资产损益带来的不确定性。

我国央行没有公布外汇储备资产币种比例,但国内一些学者对此进行了估算和推测,一致认为中国的外汇储备资产中美元占绝大比重[①]。图 5-2、图 5-3 显示美元汇率尽管相对稳定甚至相对强势,但是始终处于波动之中。当美元对世界主要货币大幅度贬值时,以美元为主的外汇储备资产价值只能遭受美元大幅度缩水的损失。资料显示,美国经常账户赤字在 2006 年一度高达

[①] 王国林、许承明(2004)用实证方法对中国外汇储备中的美元资产比重做了回归分析,认为"中国外汇储备变动与美元资产变化确实存在着较高的正相关性,每增加 1 美元外汇储备,中国将购买 0.619575 美元资产,也就是说中国外汇储备中 60% 以上是美元资产";李振勤(2004)也认为截至 2004 年 9 月,美元资产在中国外汇储备资产中比重为 60%。尽管 2005 年 IMF 年报对币种结构有关数据做了新的调整,但美元在发展中国家外汇储备中的比重依旧达到 60% 以上。

8 700多亿美元,政府财政赤字则达2 477亿美元①;尽管2006年以后美国经常项目赤字有所缩窄,但是财政赤字仍不断扩大。截至2019年,美国经常账户赤字约为1 098亿美元,财政赤字约为1.02万亿美元。巨额的"双赤字"使美元汇率在今后仍然有贬值的压力。一旦美元汇率贬值,我国以美元资产为主的外汇储备既面临实际购买力下降,又面临丧失转持其他货币资产带来的汇兑利润的风险。

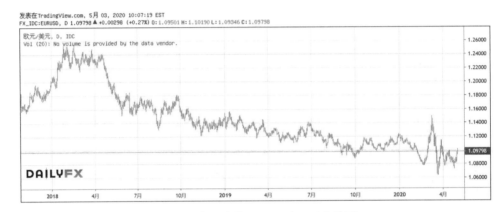

图 5-2　欧元兑美元(EUR/USD)走势图

资料来源:https://www.dailyfxasia.com/eur-usd.

从中国目前的现实情况来看,如果中国外汇储备资产60%左右为美元资产,就有大致1.8万亿美元的外汇储备资产暴露于美元贬值的风险当中。根据IMF的估计,2019年中美元大约被高估12%;摩根士丹利则认为美元高估约8%②。而受新冠肺炎疫情影响,2020年美联储再度开启量化宽松政策,美元必将进一步加速贬值。假设美元在2020年贬值8%～12%,那么中国将损失2 500亿～3 700亿美元的外汇购买力。③ 同时,如果欧元、日元等其他货币相对升值,而中国外汇储备资产没有及时进行币种转换,显然就丧失了潜在的利润。

---

① 美国财政部2006年10月11日公布的数据。

② IMF与摩根士丹利公司公开报告。

③ 笔者做此估计只是为了说明汇率变动给中国储备资产可能带来的巨额风险。该估计虽仅是一个大致估计,但仍然有助于我们理解外汇储备资产中美元资产的风险敞口大小。

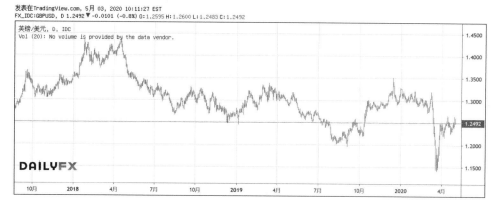

图 5-3　英镑兑美元(STG/USD)走势图

资料来源:https://www.dailyfxasia.com/gbp-usd

根据中国海关统计数据,2020 年欧盟、东盟和美国分别是我国第一、第二和第三大贸易伙伴,因此从交易匹配来看,至少欧元应该和美元占相同比重。此外,我国在 2005 年 7 月 21 日宣布放弃钉住美元的固定汇率制度,改为参考一篮子货币的有管理的浮动汇率制度。2015 年 8 月 11 日,央行宣布调整人民币对美元汇率中间价报价机制,这一调整使得人民币兑美元汇率中间价机制进一步市场化,更加真实地反映了当期外汇市场的供求关系,然而一篮子货币的选取及其权重的确定是以对外贸易权重为主,因此现行的汇率形成机制也告诉我们,人民币已经开始进行摆脱过度依赖美元的尝试,储备结构过于集中于美国国债是不适宜的。

2. 利率风险

利率风险,是指利率变动带来的外汇资产价值的不确定性或损失。储备规模过大、储备资本结构不合理是导致利率风险的主要原因。

长期以来中国外汇储备管理一直偏重保值和安全性,从而也使得资产投资偏于保守。这种保守的投资观念促使我国将大部分美元资产投到美国国债中,也使得对中国外汇储备资产而言,利率风险更加明显。图 5-4 给出了 2000 年 1 月 1 日—2020 年 5 月 1 日 5 年期、10 年期以及 30 年期美元债券的收益率变化情况,由图可见,美国国债收益率一直处于波动状态,且处于不断下降中,这给外汇储备投资回报带来变数。

事实上,进入 21 世纪以来,美国国债收益率不断下降。特别是受 2007 年次贷危机和 2020 年新冠肺炎疫情的影响,美国国债收益率出现两次明显的下降。受次贷危机影响,美国国债收益率出现第一次明显下跌。2007年12月31日,美国30年期国债收益率为4.46%,较2006年年末下跌0.36%;10年期国债收益率为4.03%,同期下跌0.68%;5年期国债收益率为3.45%,同期下跌1.25%。进入2008年后,收益率更是持续下跌。受新冠肺炎疫情影响,美国国债收益率出现第二次明显下跌。2020年5月1日,美国30年期国债收益率为1.253%,较2019年5月的2.571%下跌1.32%;10年期国债收益率为0.63%,较上年同期下跌1.88%;5年期国债收益率为0.353%,较上年同期下跌1.253%。由于我国储备管理人员对金融衍生工具的特性和风险认识并不充分,管理这些风险敞口的技巧也相对有限,显见由此带来的外汇储备资产利率风险非常之大。

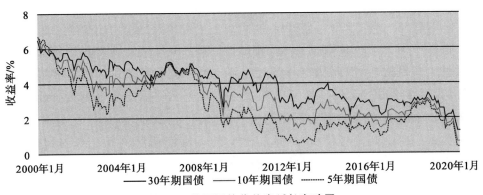

图 5-4　美国国债收益率(%)变动图

资料来源:根据公开资料整理

3. 流动性风险

流动性主要是指外汇储备资产满足临时兑现的性能。外汇储备流动性原则要求央行拥有的外汇储备资金、资产具有即时变现能力,或者确保央行能够及时从外部获得资金。因此,流动性风险是指央行迅速并且低成本地把其持有的外汇资产转变为现金以满足流动性需要的可能性。流动性资产越少,则流动性风险越大。

外汇储备规模不足或储备规模来源不稳定,当出现巨大国际收支逆差,或者出现汇率急剧波动或货币危机时,就容易出现流动性风险。这一点在墨西哥和泰国两个国家得到了证明。这两个国家在金融危机爆发前外汇储备规模并不小,而且外汇储备也是逐年增加的。但他们的外汇储备主要来源于资本与金融项目,并且主要是短期资本净流入。金融危机爆发后,短期资本的快速抽逃导致两国外汇储备迅速枯竭。所以依靠资本与金融账户的资本净流入形成的债务性外汇储备有着内在的不稳定性和不可靠性。[①] 1994 年以来我国外汇储备来源都是极其不稳定的,债务性储备是短期内影响外汇储备资产供给的重要因素。[②] 一旦宏观经济层面出现大的变化,投机资本和部分投资资本会在短期内抽回,如果同期外债也要求归还,有可能使我国外汇储备规模在短期内大幅度下降。此外,储备资产供给的主要来源——债权性储备,也并不具有稳定性。因为我国出口商品结构中低附加值和加工贸易占多数比重,而加工贸易中外商投资企业又占多数,随着经济层面发生变化,如果政府取消吸引外商投资政策,这部分加工贸易的出口顺差可能就会下降,从而降低经常项目顺差,导致外汇储备供给的减少。因此即便目前债权性储备比重较大,也难以保证未来这部分资产来源保持高比例。

外汇储备规模过大,但储备结构不合理,如央行将大量储备过于集中投资于美元资产,也可能出现流动性风险。这是因为:一方面,大规模的储备资产集中存放或者投资于一个国家,会面临更大的主权债务风险,一旦两国外交关系僵化或者发生战争,对方国家冻结债权国储备账户或者单方面放弃主权信用,则储备资产面临流动性损失;另一方面,尽管美国现有的金融市场相对发达,但如此大规模的国债一旦遇到紧急情况需要抛售,美国现有的二级市场是很难承受交割的,2007 年爆发的美国次贷危机证明美国二级市场还存在很大的信用风险。此外,由于美元价格和美国国债价格存在紧密的相关性,如果美国国债遭到大规模抛售,美元价格必然会下跌,这又会加剧汇率风险。基于这样的考虑,一般各国政府以及央行也不会贸然在美国国债二级市场进行大规模操作。当然,美国国债市场的变化也会对我国外汇储备资产的流动性产生一定的影响。

此外,民间储备与官方储备的比例也是反映一国储备资产流动性强弱的

---

① 在某些情况下,债务性储备的增加具有一定的合理性,如一国在发展初期存在"两缺口"的情况下,通常以资本与金融账户顺差弥补经常账户的逆差并解决储备不足,实践证明对于发展中国家来讲,这是短期内突破资本、外汇瓶颈,实现经济起飞十分有效的发展模式。但以债务性储备作为储备增长的来源有下列问题:一是只可短期内使用,不能形成长期依赖,否则,极易陷入"借新债还旧债"的恶性循环,最终导致债务危机。即使是利用外商直接投资,也有利润汇出和资本撤出问题,因而存在一定的风险性。二是随着经常账户顺差的不断扩大,一国的资本与金融账户顺差应相应减少,否则会产生利益上较大的损失,并引发国际收支的严重失衡,产生本币升值压力,或对国内货币政策的操作形成较大掣肘。

② 喻海燕.中国外汇储备有效管理研究[M].北京:中国金融出版社,2010.

主要指标。该比例越大,说明外汇储备的流动性越强。由于体制机制等方面的原因,我国官方外汇储备涵盖了绝大部分的民间储备,使部分本该属于国际清偿力的外汇资产也归在了官方外汇储备中。中央银行变为外汇市场的最大买家,也是最终的外汇持有者。

我国民间外汇储备规模一直很低。表 5-3 是我国金融机构外汇存款余额,由表可见,尽管自 2015 年以来,住户外汇存款略有增加,但是在 2019 年仅为 1 202.2 亿美元,且相较于 2018 年略有下降。如果以住户外汇存款来代表民间储备的话,在 2019 年民间储备也只占官方储备资产的 3.87%。外汇储备基本集中在官方,民间储备少,大大降低了外汇储备的流动性。

表 5-3　存款类金融机构外汇信贷来源

单位:10 亿美元

项　　目	2015	2016	2017	2018	2019
金融机构外汇总存款	669.12	668.90	777.39	784.49	753.35
其中:住户	80.01	106.59	125.17	126.07	120.22
非金融企业	404.20	397.99	446.99	420.95	371.85
官方外汇储备	3 330.36	3 010.52	3 139.95	3 072.71	3 107.90
金融机构外汇总存款占官方外汇储备比重/%	20.09	22.22	24.76	25.53	24.24

数据来源:中国人民银行网站公布数据计算整理

4. 机会风险

机会风险,表现在我国外汇储备投资渠道的单一性导致的持有和投资的机会成本增大。我国外汇储备主要投资于政府债券,而长期以来发达国家国债利率始终很低。例如,在 2019 年 12 月 31 日,美国、德国和日本的 10 年期国债收益率分别只有 1.92%、−0.187% 和 −0.022%,除了美国之外,均为负利率。而 2019 年美国道琼斯指数和标普 500 指数的年收益率都超过 20%;2019 年投资级美国企业债的年度回报率为 14.5%,ICE 美国银行美国投资级企业指数的年度回报率也超过 14%,美国长期共同基金年回报率达到 13%。[①]显然,如果将外汇储备投资于其他资产,收益率普遍高得多。

---

① 数据来源:根据公开资料整理。

除了投资到国外购买一些政府国库券、债券以外，我国留在手上的储备资产主要存于银行。根据中国人民银行公布的数据，自 2020 年 1 月以来，美元一年期存款利率一路下跌，截至 2020 年 5 月 1 日，其收益率仅为 0.167%。在国内外银行利率比较低的情形下，将大量外汇储备存于银行赚取低微的利息事实上是对国家资源的一种间接浪费。我国还是发展中国家，很多方面的建设都急需资金，事实上，国内上市公司净资产收益率均高于此。根据中国证监会统计数据，中国上市企业净资产收益率在 2018 年为 9.75%，显然将储备资产投资于有潜力的企业，获得的回报更高。

5. 人为风险

人为风险，主要是由于储备管理人员管理缺乏主动性、积极性，或者能力不足、操作技巧不恰当、分责不明，或者人为欺诈、挪用储备资产等原因导致的外汇储备资产的流失。我国外汇储备管理体系还不够健全，管理机构、管理人员的理念、管理技能和管理手段并没有跟上储备增长的速度。此外，对外汇储备管理缺乏明确的考核指标，对管理者缺乏问责，随着储备规模的扩大，外汇储备运营和管理面临的人为因素导致的风险更大。

6. 技术风险

各国金融机构在进行资产组合的风险管理时，普遍重视 VaR（value at risk）的计算和盯市分析（marking to market），在汇率和利率变化幅度与预测难度都在加大的背景下，注重利用一系列金融衍生工具进行风险对冲。此外，大量的数学、统计学及系统工程的方法也被应用于金融风险管理中。风险管理方法和技术越来越具有量化、模型化的特征。但中国的外汇储备管理目前尚未达到这个阶段。从根本上讲，对收益目标和风险意识的重视程度不够，风险监控及测度技术上的缺乏，限制了管理者的技术创新，储备资产动态的收益和风险结构处于非理想化的状态，从而导致资产配置的效益低下，也带来大的技术风险。

7. 其他风险

其他风险主要是环境风险里的政治风险、法律风险和信用风险等。中国外汇储备规模的持续增长，已经给国家带来了一定的政治成本。例如，曾经一度一些国家过度关注人民币汇率，要求人民币汇率升值、给中国贴上"汇率操纵国"的标签；美国上一届特朗普政府执意挑起中美贸易战、散布"中国威胁论"等，都是政治风险加剧的具体体现。政治博弈往往利用经济筹码，这使得我国政府在国际政治舞台上面临着更多的障碍，需要更多的智慧来应对。

外汇储备管理需要法律来规范基本原则、决策程序、操作管理、投资方向、收益支配等。很多国家针对外汇储备管理都有专门的立法,如日本制定了《外汇及对外贸易法》和《日本银行法》,韩国有《外汇交易法》和《预算结算法》,新加坡有《金融管理局法》和《货币法》,等等。而我国对外汇储备管理长期缺乏法律的具体指导和有效的约束。《中华人民共和国中国人民银行法》仅在第 4 条和第 32 条等对外汇储备经营有原则性规定。而作为中国外汇管理基本法规的《外汇管理条例》,对外汇储备的管理却没有专门的规定条款,这使得外汇储备难以实现规范化、法制化管理,也面临法律缺失导致的风险。信用风险既有国家信用风险又有机构信用风险,还有个人信用风险。随着我国外汇储备投资区域和投资种类的增加,面临的此类风险也在增加。

由此可知,高速增长的外汇储备在创造巨额财富的同时,本身就蕴含着各种风险。对这些不断产生、不断累积的内外部风险,如果不及时采取有力有效的措施予以防范与控制,不仅会给外汇储备资产带来损失,还可能导致整个金融风险的产生和蔓延,进而影响到一国整体经济的稳健发展。因此防范、控制这些外汇储备风险不但是过去、现在,也是今后更要高度重视并在实践中更要以实际举措加强管理的重要问题。

二、中国外汇储备风险识别与评估体系的构建
——以主权财富基金为例

(一)主权财富基金的定义及其发展

2007 年我国成立了中国投资有限责任公司,对外汇储备进行积极投资与管理。对于这部分外汇资产,国际上称之为主权财富基金(Sovereign Wealth Funds,以下简称为 SWFs[①]。通常而言,SWFs 是指一国政府创立并拥有的,以外币形式持有的股票、债券、房地产或其他金融工具等金融资产组成的,有着特定投资目的的投资基金。SWFs 最早可以追溯到 1953 年设立的科威特

---

① 经主权财富基金组织认可,我国拥有包括中国投资有限责任公司在内的四大主权财富基金公司,这些基金公司和外汇管理局共同管理着我国巨额的外汇储备。

投资局(Kuwait Investment Authority),和 1956 年在吉尔伯特群岛建立的收益平衡储备基金(RERF,Revenue Equalization Reserve Fund)。前者以石油出口收入作为资金来源,后者以该岛富含磷酸盐的鸟粪的出口税为资金来源。20 世纪 90 年代以来,能源价格的不断提高以及持续的全球经济失衡,使石油出口国和国际收支持续顺差国(主要是亚洲国家或地区)的外汇储备迅速积累,全球 SWFs 的数量和规模都迅速增长,对国际资本流动的影响与日俱增。SWFs 规模越大,面临的风险敞口越大,从而给外汇储备风险管理提出了更高要求。如何有效控制包括汇率风险在内的投资风险,是当前政府、学者亟须思考和研究的课题。

目前,学术界关于 SWFs 风险的测度与管理的研究很少,特别是还没有一套完整的、可操作的投资风险评估体系。基于此,我们尝试在对 SWFs 投资风险进行识别分类的基础上,建立具有针对性的风险评估方案。

(二)主权财富基金投资风险的识别与分类

不同的 SWFs,其投资目标与侧重点也有所不同,但追求收益性的目标是一致的,较高的收益必然带来较高的投资风险。由于 SWFs 的海外投资受到多种风险因子的影响,因此目前还没有一个比较统一和全面的分类方法。此处在第一部分对风险进行定义和分类的基础上,结合 SWFs 特点及投资目标,从引致风险的因素角度,将 SWFs 投资面临的风险分为国家风险、主权信用风险和商业风险三大类。[①] 具体分析如下。

1. 国家风险(country risk)

国家风险,是指当主权财富基金在境外投资时,因被投资国或地区宏观因素的变动所带来的投资价值的不确定性。这些宏观因素主要包括被投资国或地区的政治格局、经济政策、法律环境、对待外资的态度以及国家安全隐患等。相应的,国家风险具体包括政治风险、经济和政策风险、法制风险、税收风险、运作风险和国家安全风险等。

政治风险,是指由一国政治系统是否稳定、成熟,以及该国政府是否具有

---

① 主权财富基金投资的风险是多方面多层面的,此处是从引致风险的因素角度进行分类,和第一部分阐述的风险定义没有冲突,仅仅是归类不同,突出主权财富基金这一特殊外汇资产的主权所有性。

团结性和代表性所引致的投资的不确定性。经济和政策风险是指一国经济环境的不确定性而产生的风险,它包括一国经济发展的速度和稳定程度、宏观经济政策实施的有效性和对待国际经济关系的态度等不确定性或出现大的变化而产生的风险。法制风险涉及一国法律系统的独立性、透明度和执行力度,以及各种社会机构和监管组织能否在社会活动中发挥积极作用。税收风险是由税收制度的一致性、公平性、有效性,以及税收水平的合理性程度不同引起的投资收益的不确定性。运作风险是指外资进行商业活动过程中,东道国对待外资的态度、国家基础设施的水平、劳动力市场情况以及官员办事的效率对其投资活动影响的不确定性。国家安全风险是指一国是否受到内部动乱、外部袭击及恐怖主义的攻击,从而对投资者和商业活动造成的不确定性。

2. 主权信用风险(sovereign risk)

主权信用风险,是指被投资国或地区的政府和当地企业,由于能力或者意愿不足,未能履行契约中的义务而造成投资方经济损失的风险。主权信用风险与公司信用风险有相似之处,不同的是,前者由于其投资于境外国家,因而国家作为基金交易的一方,不仅其违约行为(例如停付外债本金或利息)会直接构成风险,而且其通过政策和法规的变动(例如调整汇率和税率、外汇管制等)也会间接构成风险。

主权信用风险之所以被关注,首先在于基金的交易对手已经不再是单纯的企业或者个人,一些国家(特别是主权信用风险较高的国家)可以在本国国际债务出现支付困难时限制本国企业履行其国际义务,尤其是在当地经济紧张、外汇稀缺的情况下,政府对国际支付的直接控制或者间接干扰意愿将变得尤其强烈。其次,SWFs投资的企业大多数是部分或者全部国有的,如果投资于主权信用风险较高的国家,其政府施加外汇管制的可能性较高,从而这些投资很难有效收回。因此,一国的主权信用风险对SWFs的投资有不可忽视的影响。

3. 商业风险(commercial risk)

商业风险,是指由具体投资对象本身的信用、行业、流动性、成长性等商业条件的不确定引起的投资收益的不确定性。而前述国家风险和主权信用风险是基于宏观的角度,以东道国作为风险源引起的风险。商业风险具有两个特点:首先商业风险所涵盖的内容是非常广泛的,它涉及投资对象方方面面的商业因素,所投资市场的效率和流动性,投资对象所处行业的波动性和成长性,投资对象本身的信用等级,以及该投资所面临的汇率风险、利率风险、流动性风险、技术风险等都是特定投资组合所面临的商业风险;其次,这些风险经常呈现相互交错、互为因果的特点,比如投资对象的信用风险在一定程度上影响了其流动性,投资对象所处行业的状况又在一定程度上决定了该对象自身的成长性。因此,对于商业风险的衡量,必须立足于投资组合的整体投资风险,难以按风险的类别分别进行估计。

基于以上对于 SWFs 面临风险的分类,我们分别对国际风险、主权信用风险、商业风险进行衡量,就可以全面地观测到 SWFs 的投资组合所面临的风险情况。

(三)主权财富基金投资风险评估体系的设计——CSC 风险评估体系

为了建立更加科学的 SWFs 投资风险评估观测体系,本书借鉴国际国内的经验,结合评分制和计量统计的方法,针对国家风险、主权风险及商业风险分别提出衡量方法,并且命名这一风险评估的框架为"主权财富基金投资风险评估体系"即"CSC 风险评估体系"。

1. 国家风险的评估

国家风险涉及一国宏观投资环境的方方面面,难以量化地进行估计。但是目前一些国际机构或组织已经开发出了以评分制为主的国家风险评估模型。本书借鉴 World Markets Research Centre(简称 WMRC)对国家风险结构化评估的判断准则,作为 SWFs 投资国家风险的参考标准(参见表 5-4)。

WMRC 综合考虑了一国面临的政治风险(占比 25%)、经济和政策风险(占比 25%)、法律风险(占比 15%)、税收风险(占比 15%)、运作风险(占比 10%)和国家安全风险(占比 10%)共六个方面的因素来建立评估模型。每方面的风险按照风险递增的顺序给予 1～5 分,分数越高,风险越大,最终的整体风险等级取各个部分的得分的几何平均值。计算公式如下:

$$总体风险=0.25(政治风险)^2+0.25(经济和政策风险)^2+0.15(法律风险)^2+$$
$$0.15(税收风险)^2+0.10(运作风险)^2+0.10(国家安全风险)^2$$

表 5-4　WMRC 衡量国家风险的准则及释义

风　险		释　义
政治风险	制度层面	一国政治制度系统是否成熟,政治反对派是否能在政治系统内部作为,或在系统外部进行破坏。
	民主代表性	在政治系统中,公众或者组织的意见是否能被考虑或者采纳。
	内部政治意见	在内是否存在社会或者政治分裂。
	外部政治意见	在外是否受到第三方国家的政治胁迫。
经济和政策风险	政府对市场定位的水平	市场能否有效运行,政府能否促进市场的有效运行。
	政策一致性和长期规划	经济政策导向是否具有持续的一致性、前瞻性。
	经济的多样性和弹性	各经济部门是否多样化,国内外需求是否平衡,能否抵抗部门性或局部性的经济崩溃。
	宏观经济基本面	包括经济增长率、通胀水平、就业率等在内的宏观经济是否健康稳定。
法律风险	立法	立法是否健全完善,与本国国情相适应。
	透明度	国家的司法程序是否清楚透明。
	独立性	国家的司法系统是否能不受外部干扰独立执法。
	经验	司法系统成立的时间是否久远,经验是否充足,是否借鉴了一些其他经验丰富国家的先例。
税收风险	一致性	税收系统是否清晰、合理、透明。
	公平性	税收负担是否公平分配。
	有效性	征收的执行是否高效率。
	税收水平	当前的税收水平是否对投资有刺激作用,并且此项会将各国税收水平进行对比。
运作风险	对外资的态度	包括一国政府以及社会对待国外投资者的态度,以及这些态度是否会损害外商投资后的商业运作。
	基础设施质量	包括交通、通信、公用设施、能源供给等基础设施是否能满足外国投资者需求。
	劳动力情况	劳动力的质量和劳动力市场的有效供给量,以及罢工行为是否频繁。
	官僚的作风和腐败现象	国家机构的官员的水平和作风是否令人满意,办事效率是否高效,是否有利于商业投资者更高效地进行商业投资。

续表

风　　险		释　　义
国家安全风险	国内动乱	政治动乱是否频发,对投资者造成威胁的程度。
	犯罪现象	绑架、勒索、街头暴力和偷窃等罪行是否频繁,是否对外资的商业活动造成威胁或者不便。
	恐怖主义	一国是否频繁遭受来自不同渠道的恐怖威胁。
	外部安全威胁	一国是否受到邻国的直接袭击或者跨境的炸弹袭击,这些潜在威胁一般会在将来不久时间内威胁到投资者的安排。

资料来源:Word Markets Research Centre

2. 主权信用风险的评估

主权信用风险与公司信用风险类似,不过主体变为国家,因此一些评级机构运用与公司信用评级同样或者相似的方法为主权信用风险评级,比如Moody's 和 S&P。而在我国,为了避免西方信用评级垄断,也建立了信用评级与风险研究的专业机构——大公国际资信评估有限公司[①](简称大公)。大公国家信用评级是按照一定的方法和程序,对中央政府依据合同约定在未来偿还其直接、显性商业性金融债务的意愿和能力的评估,评级结果反映作为债务人的中央政府对其债务违约的相对可能性。我们可以借鉴大公国家信用评级的方法和结果对 SWFs 主权信用风险进行测度与衡量(参见表5-5)。

大公国家信用评级的基本方法为:首先确立包括国家管理能力、经济实力、金融实力、财政实力、外汇实力在内的五大关键评级要素;之后分别对前四大要素中的各项指标进行模型量化处理,并将得分加权平均,得到初始分值后,评审会会综合考虑在模型中没有体现的该国在国家管理能力方面的特有优势或劣势,并通过国家间的比较,对初始得分进行一定调整,得到该部分的最终得分(分值区间从 0 到 9,0 分代表风险最高,9 分代表风险最低);然后,对前四大要素进行加权平均,得到本币信用分值,并将分值对应为本币信用等级;最后再综合外汇实力得分,对本币信用等级进行调整,得到外币信用等级。

大公国家信用等级从高到低,从 AAA 到 D 共十个等级。除"AAA""C"和"D"等级外,每个信用等级可用"＋"或"－"进行微调,分别表示比相应等级

---

① 大公国际资信评估有限公司于 1994 年经中国人民银行和国家经贸委批准成立,具有中国政府特许经营的全部资质,是一个可为所有发行债券的企业进行信用等级评估的权威机构。

的信用质量稍高或稍低。

表 5-5　大公国家信用评级指标体系及释义

指　标		释　　义
国家管理能力	国家发展战略	总体战略目标,其与经济发展有关的特定目标,以及本届政府的宏观政策。
	政府治理水平	包括政策连续性和稳定性、政府有效性及中央政府的动员能力。
	安全状况	包括国内动乱、内战及非传统安全因素。
	国际关系	国际战略、区域层面的国际关系、全球层面的国际关系。
经济实力	经济规模和体系	名义和实际国内生产总值、经济的发展水平和经济结构。
	经济稳定性	宏观经济稳定性和经济安全。
	经济增长潜力	经济能否继续发挥过去的优势,解决存在的结构性问题,制定适当的经济政策以有效配置现有的资源和要素。
金融实力	金融发展水平	金融体系的规模与结构、货币政策。
	金融稳健性	风险产生机制和风险防范机制。
财政实力	财政收支平衡状况	根据政府的财务报表分析财政运行的基本状态及所存在的主要问题。
	政府债务状况	债务存量状况、偿债负担状况、债务变化趋势。
	政府收入增长潜力	根据政府收入结构的具体分析。
外汇实力	货币汇兑能力	确定货币属性,对于可自由兑换货币,对其货币币值未来变化的趋势做出判断,对于不可兑换货币,关注其外币资产充裕度。
	外汇充裕度	官方储备资产规模、国际收支状况以及国家外债规模。
	外汇融资能力	国际金融市场外汇融资渠道和官方外汇融资渠道。

资料来源:大公国际资信评估有限公司

3. 商业风险

对于商业风险,一般说来,SWFs 都会设立自己的风险管理目标,该管理目标不仅包括法律和基金所有者设立的普遍原则,而且还根据风险测度的方法设立了确切的子目标。根据主权财富基金研究所(Sovereign Wealth Fund Institute)的资料,SWFs 管理投资组合的主流风险测度方法包括:信用等级、

VaR、跟踪误差、久期、币种权重、波动性、压力测试和 Monte Carlo 模拟。

采用信用等级评估,可以根据基金的需要,将投资组合限定在投资级以上的风险等级内,或者规定不同等级资产分布的比例限制,从而使得基金风险得到控制。采用 VaR 的方法,可以使得基金管理者明确自己可以承受的风险暴露。跟踪误差的测量,可以让投资管理者时刻了解投资组合对基准组合的相对风险,避免出现高收益的同时面临过高的风险。而久期可以使管理者控制投资组合对收益率的敏感度。波动性和 Monte Carlo 模拟便于管理者了解投资组合的风险特性。运用这些流动性风险控制指标,都可以使风险通过投资组合的分散化得以减轻。如果采用币种权重指标,那么风险不仅可以通过外币对冲政策得到控制,而且资产管理者可以设定基准的现金暴露限制,从而使风险得到控制。而压力测试可以用于控制总体风险。以上这些方法各有侧重,互为补充。通常,SWFs 会同时使用多种方法,从各个角度对组合的风险进行评测。IMF 对主权财富基金的调查显示,各种方法在被调查者中采用的比率如图 5-5 所示。

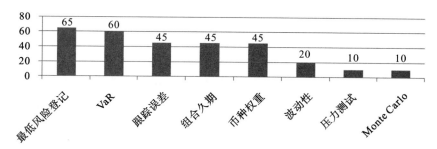

图 5-5　各类风险评估方法在 SWFs 中应用的比例(%)

资料来源:IMF working paper—Sovereign Wealth Funds:Current Institutional and Operational Practices,2008

综上所述,衡量一项投资的风险,可以首先通过国家风险的评级结果确定投资对象是处于高风险国还是较低风险国,然后,通过主权信用风险指标判断其是否值得投资,再加上对具体的投资或者投资组合的商业风险进行评估,最终依照基金管理的目标,综合各项指标得出投资与否的结果。这一判断流程无论是对 SWFs 的单个投资还是对投资组合都适用。在此基础上,本章构建了 CSC 风险评估体系,该体系框架见图 5-6。

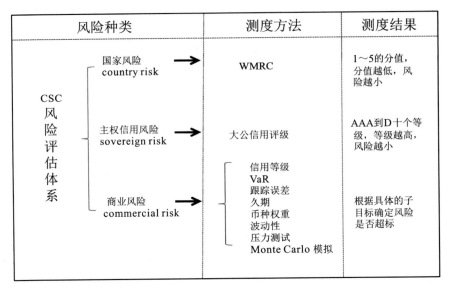

图 5-6　主权财富基金 CSC 风险评估体系图

在 CSC 风险评估体系下,对国家风险的测量采用评分制的结果使我们更容易得出相对风险的大小,而不是绝对风险值。所以 SWFs 在运用这一套评分系统的时候,可以设定投资组合可接受的最高评分。而针对主权信用风险,SWFs 不仅可以限制最低投资等级,也可以分散投资于不同等级的资产。

在对商业风险的测度中,无论是采用信用等级、VaR、跟踪误差、久期、币种权重、波动性、压力测试和 Monte Carlo 模拟这些风险测量方法中哪一种,都必须根据基金自身情况设立一个基准组合或者极限可接受值,当组合风险超过该值后,对组合进行调整使其回到可接受范围。这一动态调整的投资策略要求主权财富基金对自身的目标和风险容忍度定位要绝对明确,出现偏离时及时调整投资组合,这样才能达到风险控制的目的。

(四) CSC 风险评估体系在投资中的运用:以中投公司为例

我国设立中国投资有限责任公司,之后就有序地开展了各项投资活动。从 2007 年第一笔投资美国黑石基金至今,中投公司的投资已遍布全球,并且主要投资于金融和能源领域。图 5-7 显示了 2015—2018 年中投公司全球组合资产种类分布,从图中可以看出中投公司境外投资组合分布以公开市场股票、固定收益和另类资产为主,现金和现金产品的比例极低,这在很大程度上说明中投公司在对外投资中采取了较为主动的投资策略。此外,从图中还可以看出,中投公司在近几年扩大了另类资产①方面的投资,减少了股票和固定收益方面的投资:另类资产比重从 2015 年的 34.83％增加到 2018 年的44.10％,股票类投资从 2015 年的 47.47％下降到 2018 年的 38.30％。另类资产投资增加有助于中投公司提高分散风险的能力,降低波幅,提升回报。

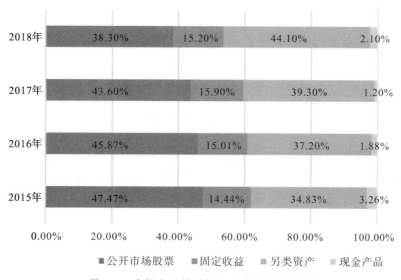

图 5-7　中投公司境外投资组合分布及比例

资料来源:中投公司历年年报

中投公司建立以来,关于其投资绩效的争议一直存在。中投公司发布的年报显示,中投公司 2018 年境外投资净收益高于－2.35％,好于当年绩效基准约 371 个基点;截至 2018 年年底,2008—2018 年逐步年化净收益为6.07％,超过十年业绩目标约 45 个基点。然而不可否认的是,中投公司在早年确实存在投资效益过低的情况。以 2007—2009 年为例,中投公司在两年内对海外投资共 790 亿美元,然而这些投资在 2009 年年底的市值仅有 811 亿美元。因此,建立全面合理的风险评估体系,衡量中投公司面临的各种风险,以及实施有效的风险控制策略,对于改善我国主权财富基金的投资水平至关重要。

　　由于中投公司近年投资项目情况并未公开,我们收集了早年中投公司投

---

① 另类资产包括对冲基金、多资产、泛行业直接投资、泛行业私募股权、私募信用、资源、大宗商品、房地产,以及基础设施等。

资情况（见表 5-6）。

表 5-6　中投公司早期披露的境外投资一览表

年份	投资对象	投资额（亿美元）	投资国/地区	投资类型	行业	初始持股比例
2007	黑石（佰仕通）集团	30	美国	无投票权的股票	金融	10％
	摩根士丹利	56	美国	到期强制转股债券	金融	9.86％（其后因日本注资被稀释）
	中铁 H 股	1	香港	Null	Null	Null
2008	Visa,Inc.	2	美国	普通股	金融	Null
	主基金	53	美国	Null	金融	Null
	摩根士丹利	12	美国	普通股	金融	恢复至 9.86％
2009	泰克资源有限公司	15	加拿大	B 类次级投票权股票	采矿和矿产资源开发	17.20％
	哈萨克斯坦石油天然气勘探开发股份有限公司	9.4	哈萨克斯坦	全球存托证	油气	10.60％
	诺贝鲁石油公司	2.7	俄罗斯	股权收购	油气	45％
	布密资源公司	19	印度尼西亚	债券	煤炭开采	不适用
	来宝集团	8.58	新加坡	普通股	资源	14.90％ 的未摊薄流通股
	南戈壁能源资源有限公司	5	加拿大	30 年期有抵押可转债	煤炭开采与勘探公司	不适用
	爱依斯电力公司	15.81	美国	普通股	发电	15％
	保利协鑫能源控股有限公司	7.17	香港	普通股	可再生能源	20.10％ 完全摊薄后股权
2010	畔西能源信托公司	8.17 亿加元	加拿大	普通股	能源	45％股权
		4.35 亿加元		信托单位		不适用

资料来源：根据中投公司年报和中投公司官方网站新闻整理而得

接下来我们以 2009 年 11 月投资美国爱依斯电力为例,使用 CSC 风险评估系统评估这一投资的风险。首先,针对国家风险和主权信用风险,WMRC 对美国国家风险的评分为 1.6,大公国家信用评级将美国主权风险评级为 A＋,展望为负面,因此投资爱依斯电力的国家风险处于低风险水平,主权风险也处于投资级。

对于商业风险的衡量,我们选择最为常用的 VaR 方法为例。在资产收益率服从正态分布的假设下,VaR 满足如下公式:

$$VaR = -Z\alpha\sigma W_0$$

其中:$Z\alpha$ 表示在给定置信水平 $1-\alpha$ 对应的标准正态分布分位点;σ 表示资产收益率的方差;W_0 表示初始价值。

样本选取爱依斯电力公司 2009 年 1 月 1 日至 2010 年 11 月 23 日的每日收盘价,然后通过对数变换计算其收益率,计算公式为:

$$R_t = Ln(S_t) - Ln(S_t - 1)$$

其中 R_t 代表 t 时刻的收益率;S_t 代表 t 时刻的股价。假定持有期为一天,并且选定 95％ 的置信水平,初始资金是 15.81 亿美元的投资额。统计结果如表 5-7 所示。

表 5-7　爱依斯电力公司样本描述

指标	Mean	Median	Max	Min	Variance	VaR
R_t	0.000211	0	0.072551	-0.05155	0.000196	607391.5

因此,投资于爱依斯电力的资产其在险价值约为 61 万美元,也就是说在未来 24 小时内,这笔投资只有 5％ 的可能损失超过 61 万美元。

综上分析,我们可以得出投资爱依斯电力的风险构成图(如图 5-8 所示)。

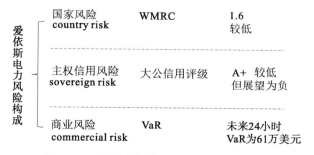

图 5-8　投资爱依斯电力公司的风险构成图

从分析中可见,中投投资爱依斯电力的风险较低,如果 VaR 值也在中投公司预先设定的可接受范围,那么整个投资都是可行的,不需要调整。

以上例子是针对单一投资的 CSC 风险评估,同样的方法针对投资组合也是同样有效,只要 SWFs 根据自身风险承受能力,设立了基准点和基准组合,那么在 CSC 风险评估系统下所有的投资都可以通过风险评估,帮助 SWFs 做出是否调整投资组合的决定。

(五)建立在 CSC 风险评估体系下的风险控制策略

建立合理完善的 SWFs 投资风险控制系统,除了需要完善的风险评估体系,还需要配以严谨的风险控制策略。我国 SWFs 投资起步较晚,国际上一些成立较早的 SWFs 其投资目前已经取得了较大的发展,拥有了较为成熟的风险投资控制策略,特别是新加坡政府投资公司(Government Investment Corporation,简称 GIC)和淡马锡控股(Temasek Holding),以及挪威政府全球养老基金(The Government Pension Fund Global,简称 GPFG)。借鉴国际成功经验,并结合前文建立的风险评估系统,我们可以归纳总结出以下三点风险控制的重要策略。

1. 投资地域全球化,产品领域多样化,计值币种分散化

风险控制最基本也最有效的方法就是投资组合的分散化。SWFs 面向全球市场,可以充分利用分散化的优势,将资金投资于不同国家和地区、不同产业部门以及不同类别的资产,这样不仅可以有效降低商业风险,也可以减少国家风险和主权风险。例如中投公司的投资就遍布 40 多个国家 2 000 多家公司、9 个资产总类和几乎世界各种主要货币。

从中投公司目前披露的部分投资看来,其投资地域比较集中在美国,而投资行业以金融和能源偏多,考虑到还有大量的投资数据并未披露,难以判断其投资组合分散化的程度。但是我们可以看到中投公司对单一公司的投资比例较大。对单一公司投资比例过大,不仅使得风险较为集中,而且 SWFs 作为财务投资者,本身也不应对所投资企业产生较大的影响,如果其持股比例较高,那么会引起对方国的敌视情绪,可能对基金的后续投资和资本回撤造成困难。在这方面,挪威政府就有着严格的规定,最初挪威政府规定 GPFG 对单一公司持股比例不超过 1%,为了方便 GPFG 参与较大公司的资本扩张计划,2008 年将限额提高到了 15%。而表 5-6 中我们可以看到,中投公司的股权投资普遍达到或超过了 10%。

2. 适当地提高透明度

为了应对主权风险,消除投资国对SWFs的恐惧和敌意,适当提高基金自身的透明度是行之有效的方法。并且,较高的透明度有利于公众对基金进行监督和评判。目前,SWFs工作小组开发了一套国际公认的衡量各国主权财富基金透明度的指标,即Linaburg-Maduell Transparency Index(简称LM指标),将透明度等级分为0~10,透明度越高,打分越高。挪威SWFs的LM得分为10,挪威银行每年都发布极为详细的GPFG运作报告,被视为全球最透明的SWFs。

但是,在提高透明度的同时,也必须意识到,透明度的提高会缩小SWFs在全球金融市场上操作的能力和迂回的空间,由于投资额巨大,SWFs进出市场都容易引起市场的波动,甚至带来市场过激反应。而且SWFs如果对投资项目披露过多,也容易使得其他基金和国际游资跟风或者相与抗衡,从而造成不必要的损失。因而在透明度这个问题上,我国SWFs由于经验还不足,投资还未完全规范,不能一蹴而就,而是要随着基金的发展需要,逐步适当地提高透明度。

3. 动态调整的投资策略

根据上文建立的CSC风险评估系统,最重要的是参照基准组合或者基准点,判断投资组合的风险是否偏离了目标从而进行调整,因而动态调整的投资策略是使用CSC评估系统的关键。

中投公司年报披露,中投公司通过设立风险管理委员会对公司的风险进行全面和统一的监控,通过资产配置与战略研究部为每个资产制定"风险预算",然后由风险管理部根据"风险预算"为不同的资产类别设定适当的"风险限额",根据这一"风险限额"对组合进行调整,这在原则上符合了动态调整的投资策略。

综上所述,SWFs作为国家财富,投资于全球市场,对风险防范与控制有着更高的要求。目前,无论是各大主权财富基金,还是专业研究机构,都在积极研发风险评估的模型,以及风险控制的技术。对于我国来说,从目前中投公司投资的情况来看,我国SWFs投资绩效和风险控制的成效都有待改进。在加强公司管理的前提下,我国SWFs必须着手研发自己的风险评估和控制体系,并且严格执行,才能应对未来全球经济一体化的复杂投资环境。

本章小结

外汇储备资产越多,其暴露的风险头寸就越大,管理的难度和复杂性也随之增高。本章对外汇储备风险进行了明确的界定和划分,分析了我国目前持有高额外汇储备面临或累积的各种内外部风险及其特点;在此基础上,以SWFs作为一个分析的例子,对SWFs风险的类别、评估的方法和策略进行了研究,借鉴评级评分法和相关计量模型,构建了具有可操作性的SWFs风险评估体系——"CSC风险评估体系",以期为防止、分散或降低外汇储备风险及其带来的损失,为实践和决策部门提供重要的研究、决策思路。

政策建议是:在风险不断累积的过程中,务必注重风险识别、测度和评估方法的开发,同时建立与完善风险投资体系,诸如国家主权财富基金、民间投资基金以及其他方式的投资授权体系等,最大程度地降低、减少外汇储备风险。

第六章 中国外汇储备风险管理：最优外汇储备规模的测算

——基于外汇储备非均衡分析框架

以上各章分析了我国外汇储备增长的历程和特点、增长的动因和机制、增长的影响,特别是在第五章分析了外汇储备风险的类别及其识别与评估体系的构建。从本章开始到第九章为止,我们着手重点研究外汇储备风险高度集中的各个环节,包括储备规模的确定、储备货币结构的安排与调整、储备资产的运用以及储备资产价格变动等环节风险的表现、测算及控制。

一、关于最优外汇储备规模研究的文献综述

新兴经济体近年来急剧增加的外汇储备,再次激发了理论界及各国政府对外汇储备问题的进一步探讨,其中一个核心问题是:一个经济体的最优外汇储备规模怎么确定? 针对这一问题,相关研究理论发展至今,主要有定性法、经验比例法、成本收益法及需求函数法等经典外汇储备规模决定理论。其中定性法和经验比例法,简单但缺乏严谨性;成本收益法严谨性强,但往往成本、收益很难量化;需求函数法兼具前面研究方法的优点,在一定程度上克服了已有研究方法的不足。所以自 20 世纪 70 年代以来学术界出现了较多使用需求函数法研究经济体最优外汇储备规模的文献。这一研究趋势始于英国学者弗伦克尔(J. A. Frenkel,1974)建立储备需求的双对数模型,模型中外汇储备由进口倾向、国际收支的波动及进口额决定。埃尤哈(M. A. Iyoha,1976)采用滞后调整模式建立发展中国家的动态储备需求函数,模型中外汇储备由经济体的开放度、外汇存款的利率、出口创汇的变动率和预期的出口收入决定。尤其在格兰杰和恩格尔(Clive W. J. Granger & Robert F. Engle,1987)协整理论的提出之后,国外学者使用这一方法重新构建大量外汇储备的需求模型,主

要体现在进一步完善外汇储备预防作用的动机需求。例如，Jeanne 和 Rancière(2006)、Jeanne(2007)从预防危机角度构造最优国际储备需求模型；Jeanne 和 Rancière(2011)从外汇储备具有保险功能的角度构造经济体最优国际储备的需求模型；国内学者如黄继(2002)、任若恩(2004)、谢太峰(2006)、朱孟楠(2007)、喻海燕(2008)、王凌云和王恺(2010)、陈奉先和邹宏元(2012)等运用回归和协整的方法研究我国最优外汇储备规模，并得出了相应的结论。

本章延续采用需求函数法研究经济体最优外汇储备，且通过构建模型测算我国外汇储备的最优规模。但本章与已有研究不同的是：(1)在采用回归分析法时，区别了实际外汇储备与最优外汇储备；(2)使用两组数据(即平减前和平减后)测算实际外汇储备和最优外汇储备；(3)本章构建的最优外汇储备函数不仅体现持有外汇储备的传统动机，同时也体现持有外汇储备的现代动机，具体包括外汇储备的交易、预防、重商主义需求动机以及满足经济体间攀比效应等需求动机。

二、模型构建及变量选取

模型假定经济体存在一定程度汇率和利率管控，具体行使主体为该经济体货币当局，货币当局通过相应政策工具可以对经济体经济状态进行调整。

(一)外汇储备动态调整模型

本章模型中，经济体中货币当局拥有外汇储备并且可对外汇储备规模进行调整。假设经济体在每个 t 时期，有一个最优外汇储备规模 R_t^*，和一个实际外汇储备规模 R_t。由于汇率和外汇管理体制等方面的原因，R_t 与 R_t^* 并不总是相等。借鉴 Edwards(1985)、Bahmani 和 Malixi(1994)的思路，假定货币当局在 t 期期初设定 t 期的最优外汇储备规模 R_t^*，随后根据期初的实际数量与本期最优数量之间的缺口调整本期外汇储备的实际数量 R_t，调整模型如：

$$\mathrm{Ln}R_t - \mathrm{Ln}R_{t-1} = \lambda(\mathrm{Ln}R_t^* - \mathrm{Ln}R_{t-1}) + \mu_t \qquad (\text{式 6-1})$$

其中：λ 为调整系数且 $\lambda \in [0,1]$，$\mu_t \sim (0, \sigma^2)$；$\mathrm{Ln}R_t - \mathrm{Ln}R_{t-1}$ 为 t 期与 $t-1$ 期货币当局外汇储备持有量的变动；$\mathrm{Ln}R_t^* - \mathrm{Ln}R_{t-1}$ 为 t 期最优外汇储备量与 $t-1$ 期实际外汇储备量缺口(也为 t 期期初外汇储备量)。

式(6-1)说明：t 期货币当局外汇储备持有量的变动受到 t 期最优外汇储

量与 $t-1$ 期实际外汇储备量缺口和 λ 调整系数的影响；$\lambda=1$ 时，t 期即当期的实际外汇储备量即为最优储备量；$\lambda\neq1$ 时，储备缺口 t 期期末即当期期末未得到完全调整，此时为短期非均衡。短期非均衡是一种常态。

根据货币学说观点，国内货币市场状况会影响外汇储备（Bilson、Frenkel，1979；Badinger，2004）。所以经济体外汇储备调整式 6-1，修正为：

$$\mathrm{Ln}R_t-\mathrm{Ln}R_{t-1}=\lambda(\mathrm{Ln}R_t^*-\mathrm{Ln}R_{t-1})+\varphi(\mathrm{Ln}M_t^*-\mathrm{Ln}M_{t-1})+\omega_t\qquad(式\ 6-2)$$

其中：λ、φ 为调整系数且 $0<\lambda$、$\varphi<1$，$\omega\sim(0,\sigma^2)$；$\mathrm{Ln}M_t^*-\mathrm{Ln}M_{t-1}$ 为 t 期最优货币需求和 t 期期初货币供应量缺口。

式 6-2 说明：t 期实际持储量的变动不仅受当期储备缺口的影响，而且还受 t 期最优货币需求量 M_t^* 和 t 期期初货币供应量 M_{t-1} 之间货币缺口的影响。由式 6-2 变形可得：

$$\mathrm{Ln}R_t-\mathrm{Ln}R_{t-1}=\lambda\mathrm{Ln}R_t^*+(1-\lambda)\mathrm{Ln}R_{t-1}+\varphi(\mathrm{Ln}M_t^*-\mathrm{Ln}M_{t-1})+\omega_t\qquad(式\ 6-3)$$

（二）货币缺口估计模型

在利率管制的经济体中，根据货币理论，货币需求量与货币供给量常常不等，所以不能直接用货币供给量表示货币需求量。本章借鉴 Bilson 和 Frenkel（1979）的处理方法，从货币供应量中分离货币需求，即将货币供应量的变化视为最优货币需求量的动态调整过程：

$$\mathrm{Ln}M_t-\mathrm{Ln}M_{t-1}=\theta(\mathrm{Ln}M_t^*-\mathrm{Ln}M_{t-1})+\delta_t\qquad（式\ 6-4）$$

其中：θ 为调整系数。参考近年来学者对蒙代尔和弗里德曼的货币需求理论的修正，本章设定最优货币需求简约模型为：

$$M^*=f(Y,r,\mathrm{RE},\mathrm{SV})\qquad（式\ 6-5）$$

其具体表达式为：

$$\mathrm{Ln}M_t^*=\partial_0+\partial_1\mathrm{Ln}Y_t+\partial_2r_t+\partial_3\mathrm{Ln}RER_t+\partial_4\mathrm{Ln}SV_t+\xi_t\qquad（式\ 6-6）$$

其中：M_t^* 为最优货币需求；Y_t 为实际 GDP；r_t 为实际利率；RER_t 为实际汇率；SV_t 为股票实际市值。

将式 6-6 代入式 6-4 可得：

$$\mathrm{Ln}M_t=\beta_0+\beta_1\mathrm{Ln}Y_t+\beta_2r_t+\beta_3\mathrm{Ln}RER_t+\beta_4\mathrm{Ln}SV_t+\beta_5\mathrm{Ln}M_{t-1}+\upsilon_t\qquad（式\ 6-7）$$

其中：$\upsilon_t=\theta\xi_t+\omega_t$，且假定 υ 服从 $N(0,\sigma^2)$。

估计式 6-7 可以得到调整系数 θ，结合式 6-6 套算出最优货币需求函数各自变量系数，得到最优货币需求 $\mathrm{Ln}M_t^*$ 和货币需求缺口 $\mathrm{Ln}M_t^*-\mathrm{Ln}M_{t-1}$。

（三）最优外汇储备量模型

从持有外汇储备动机的角度构造最优外汇储备函数，即目前理论界的需求函数法。在学者已有研究基础上，本章把持有外汇储备动机扩张为交易性动机、预防性动机、重商主义动机以及攀比动机。其中：交易性动机用人均实际收入和平均进口倾向代表；预防性动机用出口波动率和资本外逃压力来体现；重商主义动机用滞后的汇率偏离度代表；攀比动机用新兴市场经济体外汇储备总量代表；本章还考虑汇率制度因素对持有外汇储备的影响，用汇率波动性来衡量。式 6-8 为本章设定的最优外汇储备模型：

$$\mathrm{Ln}R_t^* = \gamma_0 + \gamma_1 \mathrm{Ln}Y_t + \gamma_2 m_t + \gamma_3 \mathrm{Ln}CF_t + \gamma_4 \mathrm{Ln}CA_t + \gamma_5 PL_t + \gamma_6 \mathrm{Ln}JO_t +$$
$$\gamma_7 \mathrm{Ln}ER_t + \gamma_8 RER_t + \gamma_9 r_t + \eta_t \hspace{2cm} （式 6\text{-}8）$$

将式 6-8 代入式 6-3，可得式 6-9：

$$\mathrm{Ln}r_t = \kappa_0 + \kappa_1 \mathrm{Ln}Y_t + \kappa_2 m_t + \kappa_3 \mathrm{Ln}CF_t + \kappa_4 \mathrm{Ln}CA_t + \kappa_5 PL_t + \kappa_6 \mathrm{Ln}JO_t +$$
$$\kappa_7 \mathrm{Ln}ER_t + \kappa_8 R_{t-1} + \kappa_9 (\mathrm{Ln}M_t^* - \mathrm{Ln}M_{t-1}) + \kappa_{10} RER_t + \kappa_{11} r_t + \varphi_t$$

$$（式 6\text{-}9）$$

其中：$\varphi_t = \lambda \eta_t + \omega_t$ 并假定服从 $N(0, \sigma^2)$。对式 6-9 估计，得到调整系数 λ，结合式 6-8 套算出最优外汇储备函数各自变量的相应系数，进而得到最优外汇储备的具体函数形式。

三、中国最优外汇储备测算

（一）数据与变量

本章数据主要来自数据库 CEIC 和国际货币基金组织（IMF）的数据库 IFS，其具体计算方法如表 6-1 所示。

表 6-1 变量说明表

变量类型	内涵	变量名称	代码	数据说明
被解释变量		外汇储备	LnR	
解释变量	交易性动机	实际产出	LnY	名义 GDP 剔除价格因素和季节趋势
		进口额与 GDP 之比	m	IM/GDP
	预防性动机	经常项目波动	LnCA	将 CA 建立 ARCH 模型，取方差序列
		资本外逃	LnCF	$R/M2$
	重商主义动机	汇率偏离度	PL	利用 HP 滤波分离出趋势因素 RERT 和循环因素 RERC，那么 PL＝(RER－RERT)/RERT
	攀比动机	攀比大国	LnJO	国际货币基金组织发布的 COFER 中新兴市场国家外汇储备和
	汇率制度	汇率波动性	LnER	对人民币与美元汇率建立 ARCH 模型，取方差序列
其他变量	货币供应量		LnM	中国季度 M1 口径货币供应量
	实际利率		r	3 个月存款利率减去通货膨胀率
	股票市值		LnSV	中国股票市场（沪深）季度市值之和
	汇率因素		LnRER	国际清算银行(BIS)发布的人民币实际汇率

（二）中国最优货币需求和货币需求缺口测算

本章采用的数据均为时间序列，在做协整分析前，需对各数列进行单位根检验，见表 6-2。

表 6-2　各变量单位根检验结果

变量	ADF 检验值	p-value	变量	ADF 检验值	p-value
LnR	-3.8825	0.0022	LnJO	-3.9089	0.0020
ΔLnR	-3.3527	0.0127	ΔLnJO	-6.3576	0.0000
LnY	-0.8764	0.7957	LnER	-4.3693	0.0003
ΔLnY	-15.5634	0.0000	ΔLnER	-11.4063	0.0000
m	-1.8916	0.3360	LnM	-1.9404	0.3133
Δm	-11.9629	0.0000	ΔLnM	-12.7742	0.0000
LnCA	-5.2006	0.0000	r	-6.3342	0.0000
ΔLnCA	-10.0371	0.0000	Δr	-12.2264	0.0000
LnCF	-0.3425	0.9193	LnSV	-1.1062	0.7126
ΔLnCF	-5.2058	0.0000	ΔLnSV	-7.4139	0.0000
PL	-3.4843	0.0084	LnRER	-0.3257	0.9218
ΔPL	-7.7448	0.0000	ΔLnRER	-7.2058	0.0000

表 6-2 结果表明：LnM、LnY、r、LnRER 和 LnSV 序列皆一阶差分后平稳，为 I（1）序列。这说明如上变量之间可能具有长期的协整关系。Johansen 协整检验结果表明它们之间存在协整关系。利用式 6-7 对剩余变量进行最小二乘法（OLS）估计，剔除不显著的变量，结果如下：

$$\text{Ln}M_t = 0.3404 + 0.2002\text{Ln}Y_t - 0.0856\ \text{Ln}RER_t + 0.8003\text{Ln}M_{t-1} + \varepsilon_t$$

（式 6-10）

估计式 6-10，得到调整系数 θ

$$\theta = 1 - 0.8003 = 0.1997 \qquad （式 6-11）$$

根据理论模型的思路式 6-4 估计模型：

$$\text{Ln}M_t - \text{Ln}M_{t-1} = 0.1997 \times (\text{Ln}M_t^* - \text{Ln}M_{t-1}) \qquad （式 6-12）$$

代入计算式 6-6 的决定最优货币需求各变量的系数：

$$\text{Ln}M_t^* = 1.7046 + 1.0025\text{Ln}Y_t - 0.4286\text{Ln}RER_t \qquad （式 6-13）$$

将相应的自变量数据代入式 6-13，算出最优货币需求和货币需求缺口具体数值。

（三）中国外汇储备动态调整模型

同理，在进行回归分析前对最优储备函数各变量进行单位根检验，见表 6-

2。结果表明，诸动机变量为一阶单整序列，即 I（1）。用 Johansen 方法进行协整检验表明存在协整关系，使用最小二乘法（OLS）进行估计，结果见式 6-14：

$$LnR_t = -0.3993 + 0.0662LnY_t + 0.0029m_t + 0.0007LnCA_t + 0.0005LnCF_t$$
$$+ 0.0672PL - 4.03285LnER + 0.8940LnR_{t-1} - 0.0371(LnM_t - LnM_{t-1}) \qquad （式6-14）$$

式 6-14 估计的结果得到调整系数 λ，进一步套算出式 6-9 各自变量的系数，最后得到最优外汇储备函数式 6-15：

$$LnR_t = -3.7682 + 0.6247LnY_t + 0.0274m_t + 0.0066LnCA_t + 0.0047LnCF_t + 0.6342PL - 38.0577LnER \qquad （式6-15）$$

调整系数 λ、调整系数 Φ^* 已确定，进而得到中国外汇储备调整模型具体表达式 6-16：

$$LnR_t - LnR_{t-1} = 0.1060(LnR_t^* - LnR_{t-1}) - 0.0371(LnM_t^* - LnM_{t-1}) \qquad （式6-16）$$

把最优外汇储备函数相应自变量的数据代入式 6-16，就得到最优外汇储备具体数值。

本章采取平减前后两种数列进行回归，其最优外汇储备和实际外汇储备以及外汇储备缺口具体数值见表 6-3、图 6-1、图 6-2。结果显示，我国实际外汇储备规模、最优外汇储备规模在 2002 年后大幅提高，且二者缺口逐年增加。其中 2019 年第四季度最优外汇储备 32 645.401 亿美元（平减前），实际外汇储备为 31 274.947 亿美元（平减前），外汇储备缺口为 1 370.454 亿美元（平减前）；最优外汇储备为 17 756.631 亿美元（平减后），实际外汇储备为 20 034.184 亿美元（平减后），外汇储备缺口为－2 277.553 亿美元（平减后）。

表 6-3　1999—2019 年中国外汇储备规模

单位：10 亿美元

时间		实际外汇储备（平减前）	最优外汇储备（平减前）	缺口（平减前）	实际外汇储备（平减后）	最优外汇储备（平减后）	缺口（平减后）
1999	一季度	150.4966			150.4966		
	二季度	150.5654	151.1466	0.5812	153.2879	178.9867	25.6988
	三季度	154.7308	194.7749	40.0441	158.3352	208.0843	49.7492
	四季度	157.7279	185.4301	27.7021	159.6517	171.2003	11.5486

续表

时间		实际外汇储备（平减前）	最优外汇储备（平减前）	缺口（平减前）	实际外汇储备（平减后）	最优外汇储备（平减后）	缺口（平减后）
2000	一季度	159.7687	178.0653	18.2966	159.6076	159.2357	−0.3719
	二季度	161.2851	174.6601	13.3750	164.0424	206.7007	42.6583
	三季度	162.5848	173.9715	11.3867	165.9338	182.7789	16.8450
	四季度	168.2776	224.9485	56.6710	168.7607	194.6011	25.8404
2001	一季度	178.8907	299.6445	120.7538	177.5319	272.1867	94.6548
	二季度	183.8614	231.6755	47.8140	184.1190	250.3477	66.2287
	三季度	199.2845	393.1137	193.8292	201.7902	437.1031	235.3129
	四季度	215.6052	418.7738	203.1686	216.5135	392.1352	175.6218
2002	一季度	230.8698	411.0770	180.2072	230.4690	390.3070	159.8379
	二季度	246.7491	432.4128	185.6638	249.5689	488.4485	238.8796
	三季度	262.9638	449.7945	186.8307	268.3030	494.0238	225.7208
	四季度	291.1280	686.6945	395.5666	294.0991	637.8813	343.7822
2003	一季度	320.8711	728.8497	407.9785	318.8168	629.6957	310.8789
	二季度	351.3640	755.5788	404.2148	353.2270	838.4403	485.2133
	三季度	388.8811	914.9843	526.1031	393.6010	980.5544	586.9535
	四季度	408.1507	613.7120	205.5614	401.7558	477.6119	75.8561
2004	一季度	444.4271	911.3582	466.9311	429.7085	757.7835	328.0750
	二季度	475.1140	834.3717	359.2577	457.8588	781.8999	324.0411
	三季度	519.0011	1 093.4106	574.4095	499.5028	1 040.8670	541.3643
	四季度	614.4997	2 553.7671	1 939.2675	586.7462	2 280.8090	1 694.0627
2005	一季度	663.1905	1 261.6614	598.4709	624.0897	1 050.1461	426.0564
	二季度	714.9501	1 347.5308	632.5807	677.6013	1 356.1135	678.5121
	三季度	772.2658	1 479.8890	707.6232	733.6574	1 434.2524	700.5950
	四季度	821.5139	1 383.7281	562.2142	773.7372	1 211.7692	438.0320

续表

时间		实际外汇储备（平减前）	最优外汇储备（平减前）	缺口（平减前）	实际外汇储备（平减后）	最优外汇储备（平减后）	缺口（平减后）
2006	一季度	877.6367	1 532.3870	654.7503	814.3764	1 254.0836	439.7072
	二季度	943.6100	1 738.9004	795.2904	879.7266	1 686.8464	807.1198
	三季度	990.4512	1 490.3494	499.8982	926.1880	1 429.5849	503.3969
	四季度	1 068.4928	2 025.6952	957.2023	987.2712	1 691.8898	704.6187
2007	一季度	1 204.0353	3 296.7704	2 092.7351	1 087.3705	2 455.3133	1 367.9427
	二季度	1 334.5911	3 179.9644	1 845.3733	1 200.9012	2 774.9935	1 574.0923
	三季度	1 435.6124	2 656.4453	1 220.8329	1 264.2163	1 949.9247	685.7083
	四季度	1 530.2811	2 622.2790	1 091.9979	1 324.9480	1 968.1643	643.2163
2008	一季度	1 684.2808	3 781.2232	2 096.9424	1 407.1512	2 337.8724	930.7212
	二季度	1 811.0635	3 340.1437	1 529.0802	1 510.8397	2 751.9401	1 241.1005
	三季度	1 907.7286	2 957.8767	1 050.1482	1 595.2124	2 522.6741	927.4617
	四季度	1 949.2606	2 337.5209	388.2603	1 645.2519	2 134.8371	489.5852
2009	一季度	1 956.8301	2 021.8515	65.0213	1 645.1500	1 644.2901	−0.8599
	二季度	2 135.2001	4 456.1842	2 320.9841	1 808.9403	4 027.7414	2 218.8010
	三季度	2 288.4688	4 106.4012	1 817.9324	1 938.1812	3 468.6583	1 530.4771
	四季度	2 416.0447	3 817.7612	1 401.7166	2 028.5502	2 979.2399	950.6897
2010	一季度	2 463.5465	2 903.1984	439.6519	2 029.1249	2 033.9779	4.8531
	二季度	2 471.2105	2 536.8039	65.5934	2 038.2073	2 116.4438	78.2365
	三季度	2 666.8681	5 071.0334	2 404.1653	2 187.2550	3 966.5166	1 779.2616
	四季度	2 866.0802	5 262.1131	2 396.0330	2 299.6484	3 509.1466	1 209.4983
2011	一季度	3 067.1702	5 433.9313	2 366.7610	2 400.8898	3 452.8550	1 051.9652
	二季度	3 219.7604	4 849.0799	1 629.3195	2 506.3637	3 601.8187	1 095.4550
	三季度	3 222.9861	3 250.3209	27.3347	2 483.4627	2 298.4559	−185.0069
	四季度	3 202.7880	3 037.3960	−165.3920	2 456.3092	2 238.7939	−217.5153

续表

时间		实际外汇储备（平减前）	最优外汇储备（平减前）	缺口（平减前）	实际外汇储备（平减后）	最优外汇储备（平减后）	缺口（平减后）
2012	一季度	3 326.6015	4 580.6801	1 254.0786	2 510.3945	3 016.6041	506.2096
	二季度	3 260.6854	2 754.2404	−506.4449	2 469.7804	2 152.3612	−317.4192
	三季度	3 305.3064	3 706.7728	401.4664	2 499.4606	2 764.4031	264.9425
	四季度	3 331.1190	3 556.9987	225.8796	2 502.1079	2 524.5467	22.4389
2013	一季度	3 461.5999	4 786.4333	1 324.8334	2 549.4606	2 986.2073	436.7467
	二季度	3 515.2136	4 001.7244	486.5108	2 600.3988	3 072.5692	472.1703
	三季度	3 681.0360	5 430.0525	1 749.0165	2 709.5188	3 832.2780	1 122.7592
	四季度	3 839.5465	5 479.0428	1 639.4962	2 802.8827	3 729.8533	926.9706
2014	一季度	3 966.0499	5 213.0695	1 247.0195	2 856.9764	3 356.7822	499.8058
	二季度	4 010.8339	4 409.2316	398.3977	2 904.9217	3 342.6679	437.7462
	三季度	3 904.9493	3 116.1535	−788.7958	2 820.5777	2 199.9560	−620.6217
	四季度	3 859.1682	3 493.7959	−365.3723	2 778.1069	2 444.4242	−333.6826
2015	一季度	3 744.7278	2 905.0879	−839.6399	2 666.9418	1 889.8780	−777.0638
	二季度	3 708.9516	3 420.4970	−288.4546	2 650.3042	2 514.0490	−136.2552
	三季度	3 529.2780	2 321.6943	−1 207.5837	2 504.3089	1 552.9106	−951.3983
	四季度	3 345.1933	2 129.1587	−1 216.0347	2 373.6881	1 510.8243	−862.8638
2016	一季度	3 233.7867	2 430.2390	−803.5477	2 255.6402	1 466.9835	−788.6567
	二季度	3 226.0182	3 161.2374	−64.7808	2 257.5986	2 274.1834	16.5848
	三季度	3 186.4004	2 871.0432	−315.3572	2 224.7693	1 966.2121	−258.5573
	四季度	3 029.7747	1 980.5731	−1 049.2017	2 104.3976	1 316.3970	−788.0006
2017	一季度	3 028.4748	3 017.5331	−10.9416	2 082.4866	1 906.5360	−175.9507
	二季度	3 076.2954	3 510.8587	434.5633	2 120.8358	2 473.6873	352.8515
	三季度	3 127.8079	3 598.0412	470.2333	2 149.4075	2 406.2154	256.8079
	四季度	3 158.8761	3 433.4877	274.6116	2 154.8012	2 200.8335	46.0323

续表

时间		实际外汇储备（平减前）	最优外汇储备（平减前）	缺口（平减前）	实际外汇储备（平减后）	最优外汇储备（平减后）	缺口（平减后）
2018	一季度	3 161.7845	3 186.4210	24.6364	2 128.8888	1 922.3790	−206.5099
	二季度	3 131.5179	2 887.5072	−244.0107	2 122.5699	2 070.0168	−52.5530
	三季度	3 106.3512	2 901.9845	−204.3667	2 086.9560	1 809.3996	−277.5563
	四季度	3 091.8809	2 972.4896	−119.3913	2 064.2401	1 882.2310	−182.0091
2019	一季度	3 117.8936	3 346.1740	228.2805	2 061.6156	2 039.6133	−22.0023
	二季度	3 138.2775	3 315.5835	177.3060	2 071.8865	2 160.5719	88.6854
	三季度	3 111.6318	2 895.7165	−215.9154	2 032.2913	1 727.0672	−305.2241
	四季度	3 127.4947	3 264.5401	137.0454	2 003.4184	1 775.6631	−227.7553

注：作者估算结果。其中，缺口代表实际外汇储备相对于最优外汇储备的差距。

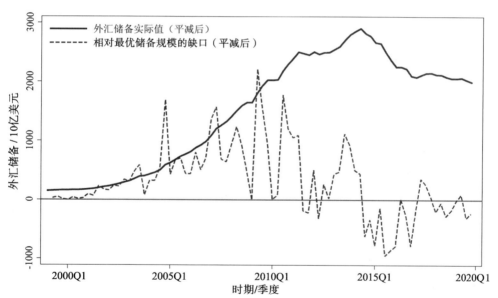

注：相对最优储备规模的缺口定义为最优规模减实际规模。

图 6-1 中国外汇储备及与最优储备规模的缺口（平减后）

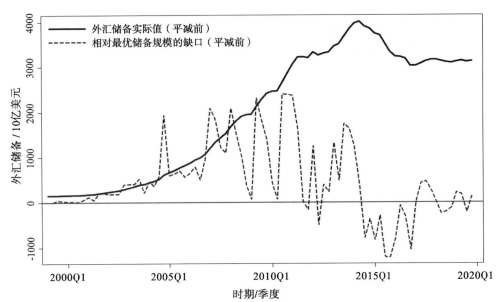

注：相对最优储备规模的缺口定义为最优规模减实际规模。

图 6-2　中国外汇储备及与最优储备规模的缺口（平减前）

（四）结论与政策建议

1. 主要结论

（1）式 6-16 表明，中国外汇储备的变动受到储备缺口和货币缺口的双重影响，且储备缺口对储备调整的影响大于货币需求缺口对储备调整的影响。

（2）图表资料显示，从 2001 年以后中国最优外汇储备量、实际外汇储备量以及二者之间的缺口迅速扩大，且实际外汇储备量的增速明显超过最优外汇储备量的增速。这主要源于 2001 年加入 WTO 后，中国经常项目盈余和资本项目盈余呈现激增，外汇储备规模及最优规模逐渐增加。在 2008 年全球金融危机后，外需走弱，外汇储备的最优规模的增速也随之降低，这就表现为缺口收窄。值得关注的是，在 2015 年人民币汇率形成机制改革后，人民币汇率变化的弹性增强，加之外汇市场预期逐渐步入稳态，这就使得中国外汇储备的最优规模出现减少，缺口的剪刀差进一步收窄。

（3）式 6-15 表明，中国最优的外汇储备 LnR^* 与交易性动机 LnY 正相关，符合传统理论观点。最优外汇储备与边际进口倾向 m 负相关，符合 Heller 的观点，即当边际进口倾向 m 上升时持有外汇储备的收益下降，最优储备量应减少。汇率偏离度 PL 系数为正,说明汇率水平在一定程度上存在低估,也促进了储备的增加。攀比动机 LnJO 系数为正,说明中国的最优外汇储备调整中存在攀比他国的动机,具体而言即通过外汇储备的"信号显示"功能提升国内外投资者信心,达到防止投资资本冲击的目的。汇率波动性 LnER 与 LnR* 负相关则寓示汇率弹性增强有助于其调节国际收支从而减少外汇储备持有量。LnR* 与预防性动机 LnCA、LnCF 正相关,且在所有解释变量 LnCA 系数最大,LnCF 系数第二大,这凸显中国持有外汇储备的行为的预防性动机。

2. 政策建议

如前所述,2001 年以后中国实际外汇储备量、最优外汇储备量及二者之间的缺口迅速扩大。根据外汇储备动态调整模型,提高调整系数可以缩小二者缺口、最优外汇储备量和实际外汇储备量。其相互关系为:ON_t 变大 → LnR^* 减少 → LnR 减少,在 EX_{ON_t} 不变情况下,进一步造成 LnR^* 减少。由此最优外汇储备量进入较少的规模通道,可避免出现的一些困境:因持有大量外汇储备而产生的大量成本,以及宏观政策调控的难度。在人民币国际化战略的背景下,如何提高中国外汇储备调整系数? 建议从以下几个方面着手:

(1)适时扩大中国外汇市场的汇率波动幅度。因为汇率弹性小,不能有效地调剂外汇市场供求。

(2)进一步完善中国结售汇制,其目标为:企业和个人能根据利润和效用最大化安排外币资产。

(3)优化我国产业结构和完善经济增长模式。这一举措可减轻我国所面临的就业、经济增长与外汇储备增长的困境。

本章小结

本章主要研究我国外汇储备的最优规模问题,目的在于通过理论研究与实证分析给出一个既让储备资源得到充分利用,又不至于浪费的、高效的外汇储备规模。具体来讲,本章基于外汇储备短期非均衡是一种常态的角度,同时引入货币学说的观点,构造外汇储备动态调整模型,通过实际外汇储备量来估计调整系数,通过套算计算出决定最优外汇储备规模各变量系数,即推导出一个经济体最优外汇储备规模需求函数。实证结果显示：我国实际外汇储备规模在 2015 年之前低于最优外汇储备规模的参考值，但在 2015 年人民币汇率形成机制改革后，实际外汇储备规模相对于最优规模逆转为一定程度的超额储备，然而超额储备随后也逐渐弱化。

第七章 中国外汇储备风险管理:币种的合意动态结构及其中长期影响因素

——基于风险溢酬的视角

外汇储备风险管理的另外一个方面,就是如何确定合理、合意或最优的储备货币结构。如果确定的储备货币结构是合理的、合意的或最优的,并能依据市场的变化予以及时的调整,那么,外汇储备管理的效益是高的,外汇储备的风险在很大程度上可以得到规避或释放。因此,确定什么样的储备货币结构,通过什么样的方式去及时调整,对外汇储备风险管理具有特别重要的意义。

一、外汇储备币种合意结构及其类别

如前所述,外汇储备的有效风险管理包括规模管理、币种结构管理、投资运用管理等层面。本章从风险溢酬视角,分析我国外汇储备币种的合意动态结构及其配置的中长期影响因素。在这里,所谓的外汇储备币种合意结构,是指满足交易需求及兼顾收益和风险的一种货币组合。

Claessens 和 Kreuser(2004)认为:央行应把外汇储备分为两部分,并分别进行"被动"(passively)和"主动"(actively)管理。前者指外汇储备满足宏观经济目标的部分,如外债管理;而当外汇储备量充裕时,除满足宏观经济目标外,在保证安全性的前提下,剩余外汇储备部分应尽量实现较高收益。借鉴以上观点,本章把我国外汇储备币种的合意动态结构分为两部分:(1)基于交易需求的外汇储备,其币种结构的确定较为被动,必须满足宏观经济安全运行的要求,涉及贸易、外债结构、预防性需求、汇率制度等方面,以定性分析为主;(2)基于投机需求的外汇储备,需主动确定其币种结构,兼顾盈利和风险,以定量分析为主,这是本章研究的重点。因此,本章在均值-方差法(Mean-Variance Approach,简称 MV 法)框架下,运用 Markowitz 的资产组合管理思想,从风险溢酬视角分析这部分外汇储备的合意币种结构,并通过考察其系统性风险的动态过程及风险货币之间的个性与共性,运用经济学原理对币种选择给予一定的解释,也为设计较长时间内我国外汇储备的币种结构提供参考。

二、关于外汇储备币种管理研究的文献综述

(一)外汇储备币种结构的决定因素及研究方法

外汇储备的传统功能是满足交易需求,各种交易需求决定其币种结构。第一,外汇储备的国际贸易结算需求。Heller,Knight(1978)和Dooley(1986)利用IMF提供的全球央行外汇储备的总额数据,对各种货币的相对份额进行了研究,发现各国央行持有较多贸易伙伴国的货币,即外汇储备的币种结构与进口结算币种结构相匹配,以减少本外币间兑换成本。第二,外汇储备偿还外债需求。为避免偿付外债本息时进行频繁的货币兑换从而引发较大的交易成本,外汇储备用于支付外债本息的部分,其币种结构要尽量与外债币种结构匹配。Eichengreen和Mathieson(2000)认为外债和金融资本流入也是交易需求的重要来源之一,外汇储备的币种结构需要考虑这一因素。第三,外汇储备币种结构应当与汇率制度相匹配。布雷顿森林体系解体后,不少发展中国家仍采用钉住美元的固定汇率制,故需要持有较高比例的美元,必要时干预市场以稳定汇率。Dooley等(2003)指出,东亚和拉丁美洲部分国家因为实行钉住汇率制,其央行不愿意使外汇储备的币种太多样化。第四,外汇储备的风险预防需求。Aizenman、Lee(2008)和Caballero、Panageas(2008)等学者将国际储备的积累视作一种预防性的调整,是对未来融资困难的"自我保险"。Beck和Rahbari(2008)构建了一个包含美元和欧元两种资产的组合,用均值-方差法分析当资本流动骤停(sudden stops)时的最优储备结构问题,其主要结论是:为预防资本流动骤停,央行会较多地持有流动性高的国际货币。

此外,在满足交易、预防需求后,按照资产组合管理理论,外汇资产的收益风险及央行的风险偏好也会影响外汇储备的币种结构。

早期对外汇储备币种结构的研究主要是实证性的,基本就贸易、外债、预防性需求、汇率制度决定币种结构等方面达成共识。之后有学者转向更为规范性的研究。Ben-Bassat(1980)将MV方法用于外汇储备币种结构的选择,

在给定目标收益的情况下，通过最小化资产组合的方差来求解各币种的权重。然而，这种思路其实仅是"国际版的 Markowitz 资产组合管理"，忽略了外汇储备的交易需求。于是后续的研究将以上两种方法结合起来运用。Dooley 等（1989）提出了 DLM 模型，这是一种涵盖 MV 法和交易法的综合模型，其思想是从收益-风险角度调整一国的净对外头寸，而外汇储备的总量要满足交易需求。E. Papaioannou 等（2006）和刘莉亚（2009）及马杰、张灿（2012）沿用 MV 法来求解外汇储备的币种权重，但根据交易需求施加美元、欧元等币种的权重约束，使币种构成既考虑收益风险，又兼顾外汇储备的实际运用。杨胜刚、龙张红、陈珂（2008）在 MV 法的基础上，研究了在不同投资基准（市场和流动性组合基准）、不同风险制（稳定、一般和危机）和不同风险厌恶度情况下我国外汇储备的币种结构。杨胜刚、龙张红（2009）及邹宏元、袁继国、罗然（2010）借鉴模糊决策理论的思想，将外币的收益看做随机过程进行模拟（同时纳入了漂移率和波动率），最大化满意度最低的隶属函数（外币事后收益的非线性函数），其中币种的选择考虑了经济实力、币值稳定和交易匹配原则。

（二）利率平价和风险溢酬

非抛补利率平价理论认为预期的汇率变化等于两国间的利率差异，再结合抛补利率平价理论的基本观点——远期差价（forward premium）由各国利率差异决定，可以得出远期汇率无偏假说（forward unbiasedness hypothesis）：远期汇率是未来即期汇率的无偏预期。然而，Hansen 和 Hodrick（1980）等学者通过实证研究发现，远期差价与随后的汇率变动负相关，说明远期汇率无偏假说和非抛补利率平价不成立。目前普遍认为这主要是由风险溢酬（risk premium）引起的。大多数投资者为风险规避型，除无风险利率外，还要求因持有外汇资产而承担的风险的超额回报，即外汇风险溢酬，记为 rp，其表达式的推导过程如下所示。根据无风险套利定价思想，远期汇率可表示为：

$$F_{t,T} = S_t e^{(r_{t,T} - rf_{t,T})(T-t)} \qquad\text{（式 7-1）}$$

其中：$F_{t,T}$ 表示在 t 时刻签订、T 时刻到期的远期汇率；S_t 表示 t 时刻的即期汇率；F 与 S 为直接标价法；$r_{t,T}$ 和 $rf_{t,T}$ 分别表示 t 时刻到 T 时刻本国、外国连续复利无风险利率。而 T 时刻的即期汇率的预期可用下式表达：

$$E_t(S_T) = S_t e^{(u_{t,T} - rf_{t,T})(T-t)} \qquad\text{（式 7-2）}$$

其中：$E_t(S_T)$ 表示 t 时刻对未来 T 时刻即期汇率的预期；$u_{t,T}$ 表示外汇资产的预期收益率，包括无风险利率和风险溢酬两部分。对式 7-2、式 7-1 取对数并相减得：

$$rp_t = u_{t,T} - r_{t,T} = \frac{\mathrm{Ln}E_t(S_T) - \mathrm{Ln}F_{t,T}}{T-t} \qquad (式\ 7\text{-}3)$$

外汇风险溢酬与宏观经济因素有关。郑振龙、邓弋威（2010）在效用函数[①]满足常相对风险厌恶形式、理性预期等假设下，给出了外汇风险溢酬关于随机贴现因子的显性表达式，认为实质上是一国经济"超额波动"的风险溢酬，其具体大小取决于两国经济间的相对波动及两国经济间的关联度。当两国经济波动差距越大、相关性越低、本国经济波动水平越高时，外汇风险溢酬越高。L. Sarno 等（2012）建立了全域仿射模型（global affine model），认为外汇风险溢酬有以下性质：（1）与系统风险厌恶（global risk aversion）有关，这说明对高质量、高流动性资产的偏好；（2）逆美国经济周期（countercyclical to the state of the US economy）[②]，即外国、美国的宏观经济状况相差越大，外汇风险溢酬越大；（3）受传统的影响汇率的基本面因素的影响。

三、交易型外汇储备币种的合意动态结构

交易型的外汇储备的币种结构研究以定性分析为主，并非本章研究的重点。外汇储备的交易需求主要包括国际贸易结算、外债偿付、预防性需求、汇率制度安排等方面。因此，这里简单罗列我国近十年来进口结算币种、外债余额币种构成，对应的外汇储备的币种要与此匹配，并考虑到要应对国际资本流动及维护当前汇率制度，还应该进一步加大美元的比例。

历年《中国对外贸易形势报告》都会公布中国进出口分国别（地区）的金额。我们认为，由于日元国际化程度较高，我国对日本的进口可以日元结算为主；后布雷顿森林体系下，美元仍是国际上最主要的结算、支付货币，我国与亚洲除日本外的大部分国家或地区、非洲国家甚至是欧洲某些国家的贸易往来中，仍以美元结算为主；欧盟区除英国外，其余经济体（如德国、法国、意大利等）基本用欧元结算。

表 7-1 为 IMF 统计的所有成员国中新兴和发展中经济体官方外汇储备构

---

① 这里的效用为消费的函数。

② 这里是指美元与非美货币汇率的风险溢酬，所以与美国经济状况有关。

成占比,从中可以看出这些经济体外汇储备的币种结构是比较稳定的,但也看出各新兴和发展中经济体外汇储备从美元"一元化",走向以美元为主、多种货币分散化配置的格局。从表 7-1 可见,2000—2011 年,美元在新兴和发展中经济体外汇储备中的占比从 74.94% 下降至 58.81%,而欧元、英镑占比则逐步上升。然而,自从 2010 年欧债危机逐渐显现之后,新兴和发展中经济体外汇储备中欧元的占比急剧下降,从 2009 年的峰值 30.23% 下降至 2014 年的 19.73%。

表 7-1 2000—2014 年新兴和发展中经济体官方外汇储备构成

单位:%

年份	USD	EUR	JPY	GBP	AUD	CAD
2000	74.94	17.96	2.75	2.63		
2001	73.94	19.62	2.43	2.76		
2002	67.02	24.45	3.80	3.19		
2003	61.83	29.45	2.68	4.12		
2004	61.90	28.51	2.80	5.41		
2005	61.96	28.49	2.57	5.61		
2006	60.76	28.98	2.30	6.46		
2007	61.92	28.09	2.32	6.33		
2008	60.39	29.31	2.62	5.97		
2009	59.08	30.23	1.77	5.98		
2010	59.47	27.79	2.81	5.60		
2011	58.81	26.91	2.75	5.41		
2012	60.51	23.70	3.00	5.28	1.76	2.11
2013	60.83	23.50	2.95	5.20	2.09	2.17
2014	66.78	19.73	2.55	4.51	1.61	1.88

数据来源:国际货币基金组织

此外,尽管我国 2005 年 7 月汇改后,实行参考一篮子货币的、有管理的浮动汇率制,但货币篮子中,美元占比仍达 80% 以上(张雪鹿,2010),且干预市场以美元为主。基于美元在当前国际货币体系中仍处于支配地位这一事实，因此可以适当加大美元比重，以应对国际资本骤停或金融、货币危机。

满足交易需求是一国维持适度外汇储备规模的底线。综上所述，这部分的币种结构为：美元应占比 70% 以上，日元应占比 10% 左右，而欧元应占比 7%～10%，剩余部分可持有英镑、港币、加元、澳元、SDR 等。近年来，已有学者对不同时期我国适度外汇储备规模进行了测算；朱孟楠、喻海燕（2010）对 1994—2008 年中国交易性储备规模进行测算，认为 2008 年我国外汇储备规模为 5 017 亿美元；周光友、罗素梅（2011）建立了多层次替代效应的分析框架，认为 2009 年我国适度的静态外汇储备应为 6 543 亿美元，远低于当年实际外汇储备；满向昱、朱曦济、郑志聪（2012）认为我国 2010 年外汇储备的上限仅为 1.05 万亿美元。

四、投机型外汇储备币种的合意动态结构

参考目前国内学者对我国适度外汇储备规模的测算，我国超过 3 万亿的外汇储备是可以满足交易需求的。在确定交易性需求储备后对余量部分属于投机需求的外汇储备，应采取积极主动的态度进行管理，其币种的选择应兼顾风险和收益。本章在 MV 法框架下，首先选择这部分外汇储备的币种（包括计值货币），然后运用 DCC-GARCH 模型（Dynamic Conditional Correlation GARCH Model）拟合时变的风险溢酬的协方差矩阵，并引入无风险资产构造资产组合的有效边界，从而在一定风险偏好下，得出这部分外汇储备的合意动态币种结构。

（一）外汇储备币种的选择

在运用 MV 法研究外汇储备的最优构成时，一个重要的问题是计值货币的选择。这是因为在资产组合中，计值货币为无风险资产，在计算资产预期收益率和收益率方差时采用什么计值单位，对所计算的最优货币构成会产生重要影响（Borio 等，2008a）。常用的计值币种有美元、本币和 SDR 等。目前国内学者在 MV 法框架下研究外汇储备的最优币种基本采用人民币为计值币

种[①]，这可能是出于对国内消费（domestic consumption）作为外汇储备的机会成本的考虑。Jeanne（2012）指出一国积累外汇储备以贸易顺差为代价，导致国内吸收减少，消费延迟。因此一国政府在积累外汇净资产时应从国内消费的角度考虑外汇资产的收益率。

对此，我们持有不同观点。外汇储备若用于消费，应更多考虑国外消费（foreign consumption）而非国内消费。这是因为：一国在国际分工体系中的地位取决于其比较优势，通过国际贸易可以增进福利。我国在经济增长方式转型过程中应遵循国际贸易中的比较优势理论，更多通过进口而非国内消费来降低贸易顺差。因此，我们认为计值货币总体上应代表国外消费使用的货币。鉴于美元仍然是最广泛使用的国际贸易结算货币，因此选用美元作为计值货币。此外，考虑到对外投资主要使用美元，用美元作为计值货币也能反映实际购买力。当然，伴随着人民币国际化的不断深化，人民币作为国际贸易和投资结算货币的规模不断扩大，人民币国际化功能不断增强。

在美元为计值货币的情况下，美元为无风险资产。对于风险货币的选择，需要考虑其流动性、交易量等因素。目前在中国外汇交易中心可交易的非美元货币有港币、欧元、日元、英镑、加元、澳元、马来西亚林吉特及俄罗斯卢布等[②]。上述币种既是我国对外贸易、投资往来的主要币种，也折射出境内机构或企业及个人对这些货币有一定的需求。其中香港采取联系汇率制，港币与美元的汇率波动限制在很窄的幅度内，可视为无风险资产；而马来西亚林吉特及俄罗斯卢布在国内外的交易量都有限。因此我们选择欧元（EUR）、日元（JPY）、英镑（GBP）、加元（CAD）、澳元（AUD）为投机性外汇储备的风险货币，它们都是当前国际金融市场上交易活跃的货币，流动性高，对应的经济体的经济实力也较强。这些货币的汇率指的是它们对美元的汇率。

（二）风险溢酬与货币收益率的协方差矩阵

外汇资产的预期收益率包括无风险利率和风险溢酬两部分。对于不同的风险货币，由于每期的无风险利率相同，且期初已知，其收益率的差异仅体现在风险溢酬上。所以我们把无风险利率当作外生给定的，用风险溢酬的协方差矩阵来代替货币收益率的协方差矩阵。

---

① 这些学者在文献综述的第一部分已有罗列。

② 见中国货币网，http://www.chinamoney.com.cn。

式 7-3 可用于计算风险溢酬,但关于未来即期汇率的预期难以得到准确的数据,我们采用常用的理性预期假设:

$$\mathrm{Ln}S_T = E_t(\mathrm{Ln}S_T) + \varepsilon_t$$

假定到期的即期汇率服从对数正态分布,由 Jensen 不等式:

$$rp_t = \frac{\mathrm{Ln}S_T - \mathrm{Ln}F_{t,T}}{T-t} + \frac{\sigma_{s_T}^2}{2}$$

由于 $\sigma_{s_T}^2/2$ 相对于 $(\mathrm{Ln}S_T - \mathrm{Ln}F_{t,T})/(T-t)$ 很小,可以忽略不计,出于简便性,本章按照下式(式 7-4)近似计算风险溢酬,这与很多学者的处理一致。

$$rp_t \approx \frac{\mathrm{Ln}S_T - \mathrm{Ln}F_{t,T}}{T-t} \qquad \text{(式 7-4)}$$

本章用 EUR/USD、USD/JPY、GBP/USD、USD/CAD、AUD/USD 的 2000 年 1 月—2019 年 12 月的即期、一个月远期的月度数据,根据式 7-4 计算以上各货币的风险溢酬[①]。数据来自路透。

(三)估计风险溢酬的标准差与相关系数:基于 DCC-GARCH 模型

在 MV 法框架下计算外汇储备币种的合意动态结构,需要先计算各货币的收益率并估计它们的标准差及相关系数。其中收益率为无风险利率与风险溢酬之和,前者用样本期内美元一个月 LIBOR 的月度数据[②],后者已经根据式 7-4 计算得出。标准差可以通过对每个货币的风险溢酬选用适当的 GARCH 模型求得[③]。得到这 5 种风险货币风险溢酬的 GARCH 族模型的标准化残差后,我们用 DCC-GARCH 模型对时变的相关系数进行估计[④]。各风险货币风险溢酬之间的相关系数序列见图 7-1。

---

① 这里的样本时间跨度与下文的世界股指(MSCI 指数)保持一致;月度数据为每个月最后一个交易日的收盘价;计算时会就不同的标价法做相应的调整。

② 2003 年 5 月—2013 年 3 月每个月最后一个交易日的 LIBOR 值,并除以 12 转化为月利率。

③ 这里的"适当"是指模型需要通过 Q 检验(包括标准化残差及其平方的 Q 检验)、LM 检验以及系数基本显著,并兼顾模型的简洁性及在经济学意义上的合理性。

④ 限于篇幅,单变量 GARCH 模型结果和 DCC-GARCH 模型的参数估计及其显著性没有在正文中列出。

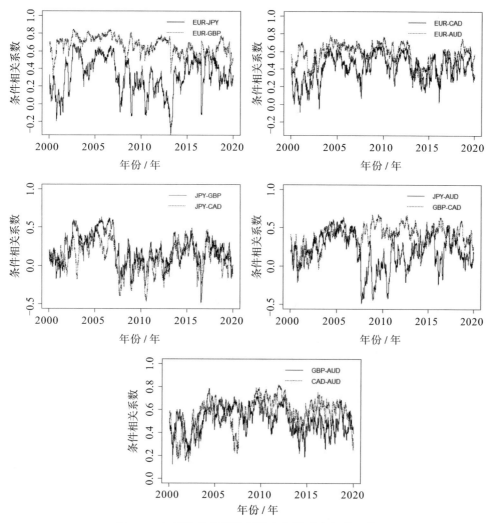

图 7-1　各风险货币风险溢酬之间的时变相关系数

从图 7-1 可以看出，欧元、英镑及澳元的风险溢酬之间的相关系数为正，且系数值较大，反映出大多数时间相互间风险溢酬同向变动的事实；日元与其余货币的风险溢酬之间的相关系数较低，正负均有，具有较好的分散风险的效果；加元与欧元、英镑及澳元的风险溢酬之间的相关系数虽然大多数时间为正，但相对更小，能够起到一定的风险对冲的作用。

（四）引入无风险资产的资产组合的有效边界

1. 如何配置无风险资产与风险资产：一个理论框架

资产有效边界（efficient frontier）一般可表示为图 7-2 的曲线 AB。

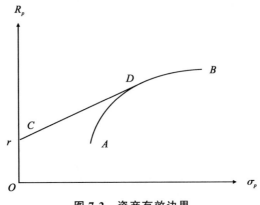

图 7-2　资产有效边界

图中：R_p 为资产组合的预期收益率；σ_p 为资产组合标准差；r 为无风险利率。可以看出，曲线 AB 向右上方倾斜，反映了"高风险、高收益"的原则。当引入无风险资产后[①]，资产有效边界将发生变化。设无风险资产和风险资产的权重分别为 w_r 和 w_m，预期收益率分别为 r 和 R_m，标准差分别为零和 σ_m，则有：

$$R_p = w_r r + w_m R_m \qquad (式\ 7\text{-}5)$$

$$\sigma_p = \sqrt{w_m^2 \sigma_m^2} = w_m \sigma_m \qquad (式\ 7\text{-}6)$$

$$w_r + w_m = 1 \qquad (式\ 7\text{-}7)$$

联立以上三式可得：

$$R_p = r + \frac{R_m - r}{\sigma_m} \sigma_p \qquad (式\ 7\text{-}8)$$

可见，R_p 为 σ_p 的线性函数。这样，含有无风险资产和风险资产的资产组合会落在线段 CD 上，且 C、D 点分别对应只有无风险资产和只有风险资产的情况。此时，曲线 AD 不再是有效边界。这是因为，在预期收益相同的情况下，线段 CD 的风险小于曲线 AD 的风险；在风险相同的情况下，线段 CD 的预期收益大于曲线 AD 的预期收益。那么，新的资产有效边界由线段 CD 和曲线 DB 组成。可见，引入无风险资产后，资产有效边界可能提高，投资者的

[①]　这里的无风险资产为多头，即无风险贷款。

福利有增进。

投资者具体选择什么样的资产组合与其风险偏好有关。投资者效用通常为组合预期收益率与方差的函数，且随预期收益率递增，随方差递减[①]。那么，投资者效用的无差异曲线在图 7-2 的坐标中是一条向上倾斜的曲线，它与资产有效边界的切点即为投资者中意的资产组合。其中，若投资者厌恶风险程度越大，则其投资效用的无差异曲线越陡峭，与资产有效边界的切点越靠下。本章中，我们假定中国人民银行厌恶风险程度较大，则其中意的资产组合位于较为靠下方的线段 CD 上。

C 点的坐标为 $(0, r)$，要知道线段 CD 的函数表达式还需要知道 D 点的坐标。当 D 点为线段 CD 和曲线 AB 的切点时，线段 CD 的斜率最大。D 点代表的组合被称为最优风险组合（optimal risky portfolio）。这是因为，没有任何一种含有无风险资产和风险资产的投资组合可以位于线段 CD 上方；而线段 CD 下方的投资组合不如线段 CD 上的投资组合有效。于是，可以通过最大化线段 CD 的斜率，求得最优类投资组合。

$$\text{Max} \frac{R_{m,t} - r_t}{\sigma_{m,t}} \quad s.t. \sum_{i=1}^{5} w_{i,t} = w_{m,t} = 1 \quad w_{i,t} \geqslant 0 \qquad (\text{式 7-9})$$

$$R_{m,t} = \sum_{i=1}^{5} w_{i,t} r_{i,t} \quad \sigma_{m,t}^2 = \sum_{i=1}^{5} \sum_{j=1}^{5} w_{i,t} w_{j,t} \rho_{ij,t} \sigma_{i,t} \sigma_{j,t}$$

其中：$i, j \in \{\text{EUR/USD USD/JPY GBP/USD USD/CAD AUD/USD}\}$，$w_i$、$r_i$、$\sigma_i$ 分别为风险货币的权重、收益率（无风险利率与风险溢酬之和）及标准差；ρ_{ij} 为风险货币风险溢酬之间的相关系数。该最优化问题通过求解 w_i 序列可以得到 D 点的坐标 (σ_m, R_m)，进而得出线段 CD 的函数表达式。同时，给定中国人民银行风险偏好 σ_p 的具体值，可以求出资产组合中无风险资产和最优风险组合的比例。即需解出方程式 7-5、式 7-6、式 7-7 中的 w_r 和 w_m。

需要注意的是，在最优风险组合中，w_m 为 1，因为没有无风险资产；而在方程组式 7-6、式 7-7 中，w_m 小于 1，因为有无风险资产。但这两种情况下，最优风险组合中各风险货币的比例一样。因此，进而可以求出有无风险资产情况下，美元和各风险货币的权重。

2. 美元和各风险货币的权重：实证结果

求解最优化问题式 7-9，可以得出每期的资产有效性边界。我们假定中国

[①]　目前在金融理论界最常用的投资效用函数是：$U = R - 0.5 \times A\sigma2$。其中 A 为风险厌恶系数。详见张亦春、郑振龙（2003）。

人民银行的月度风险偏好为 $\sigma_p = 1\%$，求解方程组式 7-5、式 7-6、式 7-7，我们得到美元和各风险货币的权重，如图 7-3[①]。

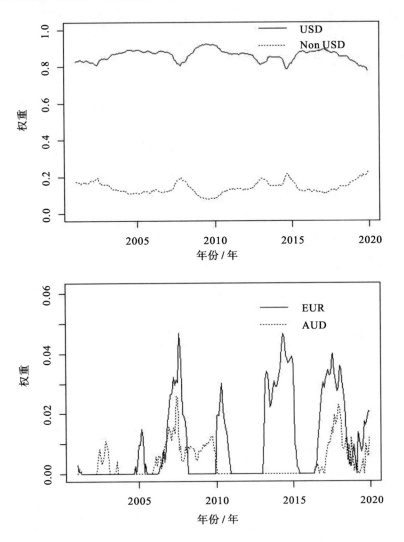

① 图 7-3 中各风险货币有少数权重为零的点，这是因为在最优化问题中，存在解落在可行域边界上的情况。马杰、张灿(2012)的研究中也出现过类似的情形。

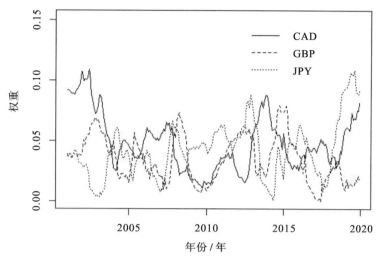

图 7-3　美元和各风险货币的时变权重

美元是无风险资产，其权重取决于央行的风险偏好。从图 7-3 可以看出：

（1）在 1‰ 的风险偏好下，美元有较大权重的配置，其中样本期内的平均值为 85.97％，非美元为 14.02％。尤其是在 2008 年年末的华尔街金融风暴中，冰岛的主权债务问题浮出水面，国际市场提前感知欧债危机。此时，系统性风险突然加大，因此美元权重高达近 90％。

（2）风险货币中，加元、日元和英镑的权重相对较大，样本期内的平均值分别为 4.88％、4.24％ 和 3.50％，反映出它们的风险溢酬波动率较低。

（3）其余的风险货币欧元和澳元占比较小，样本期内的平均值分别为 1.05％ 和 0.37％，这与它们之间的相关系数高且波动率较大的事实相吻合。尤其是欧元的低权重与我们通常认为的"通过增持欧元来多元化外汇储备币种结构"的策略有出入。欧元自诞生以来，由于欧元区经济曾在一段时间内实现稳健增长，欧元也进入升值通道，那时对欧元的配置比较多。而欧债危机的爆发给欧元的前景蒙上了阴影，其汇率波幅也加大，导致欧元的投资功效下降。

五、影响外汇储备币种配置的中长期因素

尽管短期中市场微观结构等因素会影响币种结构，但投机型外汇储备按

币种进行配置不同于普通的资产组合管理。央行买卖外汇不仅能够直接影响汇率，而且由于其主体的特殊性，参与市场交易会有一定的"信号"作用（Mussa，1981）。因此，央行通常不会频繁、大幅度调整币种结构，以避免外汇市场的过度波动。这要求投机型的外汇储备的币种配置要基于中长期视角，所以我们应该研究影响配置的中长期因素。这一部分我们针对第四部分的实证结果，仍从风险溢酬视角，运用谱分析探讨外汇储备币种结构的系统性风险占比的演变，以研究无风险资产与风险资产的配置；运用因子分析法识别各风险货币之间的共性与个性，以研究它们之间的比例配置；并从全球经济运行、国际货币体系格局变化等方面予以解释。

（一）外汇储备币种结构系统性风险的谱分析

1. 外汇储备币种结构的系统性风险

系统性风险不能通过分散投资相互抵消或者削弱。因此，对于系统性风险的补偿通常可以认为是风险溢酬。Hansen 和 Hodrick（1983）推导出外汇风险溢酬受条件 β 和市场投资组合超额收益率的影响，或称为 CAPM 模型，可表示为如下形式：

$$u_{t+1} = r_{t+1} + \beta_t E_t(R_{m,t+1} - r_{t+1}) + \varepsilon_{t+1} \qquad \text{（式 7-10）}$$

$$\beta_t = \frac{\text{cov}(u_{t+1}, R_{m,t+1})}{\text{var}(R_{m,t+1})} \qquad \text{（式 7-11）}$$

其中，R 为市场投资组合的收益率，这个市场组合处于资产有效边界上，为高度分散化的投资，其非系统性风险可以视为零。根据 CAPM 模型，某资产的总风险 σ^2 可分解为系统性风险和非系统性风险：

$$\sigma^2 = \beta^2 \sigma_3^2 \sigma_\varepsilon^2$$

Gruber（2009）指出，系统性风险占总风险的比例 λ 为：

$$\lambda = \frac{\beta^2 \sigma_m^2}{\sigma^2} = \left(\frac{\rho \sigma_m \sigma}{\sigma_m^2} \right)^2 \times \frac{\sigma_m^2}{\sigma^2} = \rho^2 \qquad \text{（式 7-12）}$$

其中，ρ 为该资产与市场组合的相关系数。

此处参考 Baillie、Bollerslev（1990），McCurdy、Morgan（1991），Malliaropulos（1997）和 Tai（1999）等学者在进行相关研究时的做法，选择 MSCI（Morgan Stanley Capital Index）作为市场投资组合，认为其代表全球系统性风险。数据来源为路透。MSCI 超额收益率指 MSCI 的对数收益率减去一个月期的美元 LIBOR。为研究外汇储备币种结构的系统性风险的动态过程，我们可以求各风险货币的风险溢酬与 MSCI 的超额收益之间的时变相关系数 $\rho_{i,t}$，并根据第四部分求得的各风险货币的权重 $w_{i,t}$，得到外汇储备币种结构的系统性风险占比的时间序列 ρ_t^2。

$$\rho_t^2 = \sum_{i=1}^{5} w_{i,t}\rho_{i,t}^2 \qquad\text{（式 7-13）}$$

其中，$\rho_{i,t}$ 仍用 DCC-GARCH 模型估计，其结果如图 7-4。

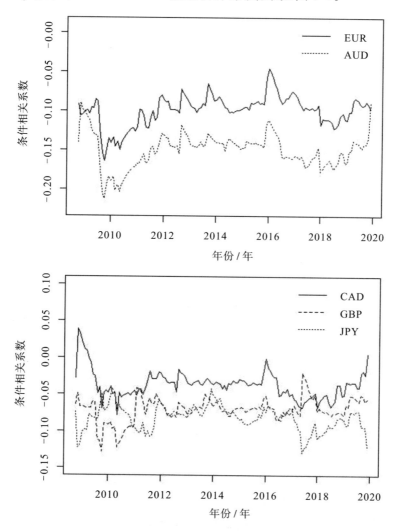

图 7-4　风险货币的风险溢酬和 MSCI 超额收益率的时变相关系数

从图 7-4 可以看出，欧元和澳元的风险溢酬与 MSCI 的超额收益的相关系数长期为负相关,且绝对值较大,说明欧元和澳元的系统性风险也相对其他货币比较大;而英镑和日元的风险溢酬与 MSCI 的超额收益的相关系数的绝对值较小,说明英镑和日元的系统性风险相对较小;至于加元,尽管其风险溢酬与 MSCI 的超额收益的相关系数的绝对值相对更小,且正负均有,证明加元的系统性风险最小。

根据式 7-12,我们得出外汇储备币种结构的系统性风险占比的时间序列,见图 7-5。

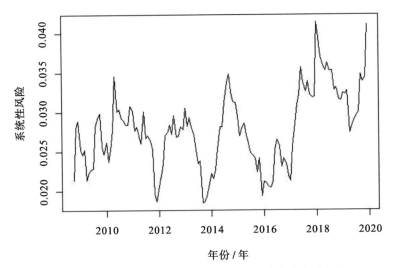

图 7-5　外汇储备币种结构的系统性风险占比走势图

从图 7-5 可以看出,系统性风险占比整体上处于低位,除少数点外,均处于 0.03 以下。一方面,无风险资产美元权重较大,能够起到很好的降低系统性风险的作用。同时,美元一直被视为"安全避风港"(safe haven),与其余资产的过度波动形成鲜明对比,其安全性和流动性在危机期间反而凸显,符合"系统风险厌恶"的风险溢酬性质(L. Sarno 等,2012)。另一方面,风险货币本身的系统性风险占比也不高,说明相对于股票资产,持有外汇具有较好的分散风险的效果。这与 Malliaropulos(1997)的研究结论一致。我们认为,这或许与外汇市场的广度和深度有关,并且存在央行干预可能性,汇率、利率也更依赖于基本面因素,其风险较之其他资产可能比较小。

2. 外汇储备币种结构系统性风险占比的谱分析:实证结果

谱分析适合对经济时间序列数据进行周期特征分析。其原理是时间序列可以用正弦、余弦函数组成的联合函数表达,从而可以把经济时间序列分解为具有不同振幅、相位和频率的数个周期分量的叠加，找出序列中隐含的各个主要周期分量，为说明序列周期波动的内在机制提供依据。外汇储备币种结构的系统性风险占比的谱密度见图 7-6[①]。

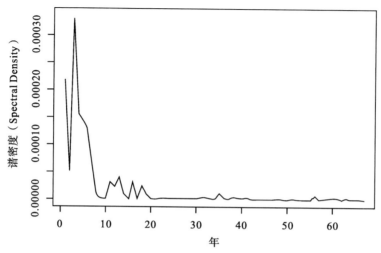

图 7-6　外汇储备币种结构的系统性风险占比的谱密度

从图 7-6 可以看出，在周期为 45 个月（$m = 3$）附近出现了明显的谱峰，表明系统性风险占比大体上有一个 3.75 年的主周期，市场运行具有中波的特点。由于是在全球范围内配置外汇，要完全解释系统性风险占比的演变周期有一定的困难。我们试图在样本期内，将此与一些经济大事件建立联系。2008 年 9 月，雷曼兄弟在次贷危机的风暴中倒闭，引发全球金融市场大震动，成为美联储推出第一轮量化宽松（QE1）的导火索；同期，欧债危机端倪显现。2010 年 4 月，标普下调希腊信用评级为垃圾级别，欧债危机再陷困境，随后希腊通过财政紧缩方案并获得资金援助，态势回暖；而同期美国 QE1 正式结束。2012 年 4 月，希腊退欧呼声又起，意大利、西班牙偿债高峰到来，欧债危机再次深度发酵。2013 年 6 月，国际金融市场分别因美联储量化宽松政策退出预期急剧升温和美国政府关门及债务违约风险加大而出现阶段性动荡，其间全球股指普遍下挫，VIX 波动率指数短时间大幅跳升，引发市场恐慌。2017 年起，英国脱欧争议引发英镑汇率的大幅度波动。以上大事件的时间点与系统性风险占比的 3.75 年主周期基本吻合，反映了系统性风险周期性的动态过程。

---

① 序列的平稳性是进行谱分析的前提。限于篇幅，正文没有列示通过平稳性检验的结果。

同时，在 $m=10\sim18$ 的地方，还出现了三个次谱峰，对应的周期为 $6\sim12$ 月，表明次周期的存在。同样，完全解释其背后蕴含的经济规律也是困难的。我们认为可能与以下两个因素有关：第一，次周期折射出美国量化宽松政策的影响。美国于 2010 年 11 月推出 QE2，计划收购 6 000 亿美元的较长期美国国债，并于 2011 年 6 月结束，历时 7 个月左右，与次周期的长度相符。在这期间，美联储向市场投放的大量货币造就了非美货币的被动升值，全球系统性风险下降。另外，美国 QE3 于 2012 年 9 月推出，至最后一期样本 2013 年 3 月恰好为 6 个月，也在次周期的范围内。第二，在交易活跃的国际金融市场，汇率对基本面的各种消息非常敏感，如利率、经济增长率、失业率、财政情况、贸易、通胀等，而这些数据通常以季度、半年或 1 年的频率公布。固定频率的信息披露有利于投资者做出理性反映，那么市场中各货币的涨跌皆有，从而引起系统性风险的次周期变化。

因此，为降低系统性风险，我们需要掌握系统性风险占比的周期性动态变化特征，在危机或市场动荡的情况下，增加对无风险资产美元的配置，以熨平系统性风险的过度波动，起到较好的分散风险的效果。

（二）风险货币之间的共性与个性：基于因子分析法

通过谱分析，我们了解了外汇储备币种结构的系统性风险，并据此调整无风险货币美元与其余风险货币的配置。而对于非系统性风险，则需要通过选择相关性低的风险货币来分散。在已知其时变相关系数的基础上，我们现在运用因子分析法，来分析它们之间的共性与个性，进而探讨其比例结构的影响因素。

因子分析是从实证的观点出发，通过挖掘多元数据中潜藏的共同结构来识别几个正交的公共因子，使它们能够解释数据的协方差矩阵和相关矩阵中的绝大部分变化。因此，少数几个因子能够近似"代表"多元数据，从而起到"降维"的作用[1]。并且，根据公共因子所蕴含的经济学意义，我们可以区分多元时间序列之间的共性与个性。对这 5 种风险货币的风险溢酬序列进行因子分析，并经过因子旋转后，发现前 2 个公共因子能够解释 74.07% 的方差变化，它们对应的特征值分别为 1.63 和 1.02，均大于 1[2]。因子载荷的结果见表 7-2。

---

① 此时因子个数小于维数。

② 因子分析法中的 Kaiser 准则建议保留特征值大于或等于 1 的因子。

表 7-2 各风险货币风险溢酬的因子载荷

货币	EUR/USD	JPY/USD	GBP/USD	USD/CAD	AUD/USD
公共因子 1	0.5129	0.1523	0.4928	0.4609	0.5084
公共因子 2	−0.1915	−0.9155	−0.0020	0.2817	0.2141

因子载荷表示变量在公共因子上的负荷，同时也是它们之间的相关系数，反映了变量依赖公共因子的分量，即相对重要性。从表 7-2 可以看出，欧元、英镑、澳元和加元的风险溢酬在公共因子 1 上的载荷较大，而在公共因子 2 上的载荷较小。至于日元，其风险溢酬在公共因子 2 上的载荷很大，绝对值接近 1。因此可以认为，欧元、英镑、澳元和加元的风险溢酬定义了公共因子 1，而日元的风险溢酬定义了公共因子 2。因此，日元在外汇储备的资产组合中具有分散风险的作用，这与第四部分所得出的欧元、英镑、澳元和加元的风险溢酬之间的相关系数较大而日元与其他货币风险溢酬的相关系数较小的实证结果一致。

因此，根据不相关的公共因子 1、2，我们可以把这 5 种风险货币分为两组。第一组包含欧元、英镑、澳元和加元，这四种货币之间的共性较大；第二组包含日元。为了降低组合的非系统性风险，应该加大第二组即日元的比例。

那么，为什么这 5 种风险货币呈现出如此的变动关系呢？下面仍从风险溢酬视角，探讨影响风险货币配置的宏观因素。

第一，样本期内日美经济波动的相关性较高，故日元的风险溢酬比较低且相对稳定。具体来看：日本 2001 年实施零利率政策以对抗萎靡不振的国内经济，之后四年经济回暖，日本央行于 2006 年 3 月终止量化宽松政策。2007 年美国次贷危机全面爆发，日本作为外向型经济体遭受剧烈冲击，经济出现负增长，于是跟随美国重归"零利率"时代。同期，美国经济也在"9·11"事件后陷入低迷，依靠低利率政策刺激增长并成效显著，而后受到次贷危机的重创，再次降息并推出四轮量化宽松政策。可见，日美两国的经济运行较为一致，日元的风险溢酬近似于低均值的白噪声过程。当然，这种情形与样本选择有关，不同的样本期，日元的风险溢酬情况可能不一样。

第二，样本期内欧元区经济波动与美国不同步，所以欧元的风险溢酬呈现出峰度较高的特征，且波动较大。自 2002 年 1 月 1 日欧元正式诞生以来，欧元区依靠聚合联盟各国的经济实力，经济竞争力一度超越美国，欧元也借此进入升值通道；同一时期，美国却在"9·11"事件的打击下，经济一蹶不振。之后的 2005 年成为欧元区经济的重要拐点,欧元区经济增速放缓。这既是周期性的回调,也受到了法国、荷兰在公投中否决《欧盟宪法》等不利因素的影响。而同期美国却进入经济温和增长的阶段。2008 年年底伊始的欧债危机至今仍在发酵,并反复引起全球经济、金融动荡,令欧元区的经济持续萎靡。同期的美国虽然也遭遇了次贷危机的打击,经济复苏不尽如人意,但在宽松货币政策的保驾护航下仍好于欧元区。因此,欧元区与美国经济运行的波动差异大,欧元的风险溢酬也较大且不稳定。

第三,样本期内,英镑、澳元、加元与欧元的风险溢酬表现出了程度不一的同向变动关系,可能对应的经济体之间存在一定的经贸联系。英国与欧元区的经济关联度不点自明,地理位置相近,而且从历史角度看,英国曾经是世界第一大经济体,通过贸易、投资、资本流动等方式将其经济影响力辐射欧洲甚至其他国家,这种联系至今仍然存在。澳大利亚曾是英国的殖民地,其人口大多来自英国和西欧,与欧洲的经济交流一直比较密切。并且,澳大利亚的资源丰富,依靠出口农产品及矿产获取大量收入。因此其经济具有一定的外向依赖的特征,澳元风险溢酬与 MSCI 超额收益率的高度相关也印证了这一点。而欧元区对全球经济有一定的影响。因此欧元、澳元的风险溢酬表现出一定的共性。至于加元,其与欧元的关联度相对较弱。加拿大以贸易立国,一方面受到欧元区经济的影响。另一方面,加拿大是美国的邻国,与美国的双边贸易往来密切,美国经济向好也能促进加拿大出口。因此,加元的风险溢酬虽比日元的风险溢酬更高,但波动也不大。从风险溢酬的"逆美国经济周期"性视角(L. Sarno 等,2012)来看,在资产配置中加元之于美元具有弱替代作用。

值得注意的是,不光英镑、澳元、加元与欧元的相关性较高,不少新兴市场经济体的货币也与欧元出现了程度不一的同向变动[①],这或许折射出国际货币体系格局发生的变化。表现在:

首先,欧元的崛起是对美元在国际货币体系中地位的巨大挑战。21 世纪头几年,欧元区表现出了较高水平的生产率,支撑欧元取代美元地位。Chinn 和 Frankel(2008)认为欧元将在 21 世纪超越美元成为第一大世界货币。在这种预期下,出现了关于"欧元为报价基准(Euro-base)的货币"的研究(Franch、Opong,2005)。事实上,2006 年 12 月,就货币流通量而言,欧元已经超过美元

---

① 欧元与俄罗斯卢布、马来西亚林吉特、印度卢比、巴西雷亚尔在样本期内的汇率的简单相关系数均为正,且较大。

（Yang 等，2007）；欧元的汇率买卖价差自欧元诞生至 2007 年中一直在下降[①]。这似乎反映了欧元的巨大影响力以及不少货币相对欧元较弱的汇率名义锚。

其次，欧债危机通过风险传染加大了各货币之间的相关性。在危机情况下，各类资产的波动率及相关系数都会增大，其风险传播渠道有贸易竞争（Ki C. Han、Suk Hun Lee、David Y. Suk，2003）、产品竞争和收入效应（Forbes，2000）、财富效应和资产组合效应（Boyer、Kumagai、Yuan，2006）。

样本期内，除日元外，其他货币之间的高相关性事实为我们设计外汇储备币种结构提供了启示。为了更好地分散非系统性风险，我们需要挖掘其背后的原因，适当增持与美国经济周期较为同步的经济体的货币为储备货币。

六、结论和政策建议

（一）结论

本章将外汇储备分为交易型与投机型，其币种结构需要分开确定。前者涉及国际贸易、外债偿付、预防性需求、汇率制度安排等方面，以定性分析为主。结合我国的实际情况，美元占比应在 70% 以上，日元占比 10% 左右，而欧元占比 7%～10%，剩余部分可持有英镑、港币、加元、澳元、SDR 等。

投机型外汇储备的币种结构为本章研究的重点。我们出于"国外消费"的考虑，以美元为计值货币，将外币收益分解为无风险利率和风险溢酬，用后者刻画外币收益时变的标准差和相关系数，运用 MV 法并引入无风险资产美元构造时变的资产有效边界。在中国人民银行的月度风险偏好为 $\sigma_p = 1\%$ 的情况下，我们求得了这部分外汇储备币种的合意动态结构：美元有较大权重的配置，样本期内的平均值为 80%；加元、日元和英镑的权重相对较大，样本期内的平均值各分别为 4% 左右；欧元和澳元占比较小，样本期内的平均值各分别为 1% 左右。

考虑到中国人民银行不会频繁、大幅地调整币种结构，我们进一步研究了影响外汇储备中各货币配置的中长期因素。一方面，对投机型外汇储备的币种结构的系统性风险占比进行谱分析，我们发现样本期内系统性风险的演变

[①] 正文没有列出，备索。

有着 3.75 年左右的主周期及 6～12 月的次周期,这与美国货币政策、次贷危机、欧债危机及信息披露频率等因素有关,反映了美国及欧元区对全球经济运行的巨大影响力。同时也提醒我们关注影响全球系统性风险变化的主要因素,通过调整美元的权重来平抑系统性风险的过度波动。另一方面,为了区分欧元、日元、英镑、加元、澳元之间的共性与个性,我们对它们的风险溢酬作了因子分析。研究发现日元的风险溢酬单独定义一个公共因子,其余货币的风险溢酬联合定义另一个公共因子。之后,我们仍从风险溢酬视角对此进行解释,认为样本期内美日经济波动同步导致日元的风险溢酬低且稳定;欧元区、英国、澳大利亚的经济运行与美国经济的步调出现程度不一的不一致,因此风险溢酬较大,也有一定的波动;加拿大既受全球经济的影响,同时由于和美国贸易往来密切,加元的风险溢酬不如欧元、英镑、澳元的风险溢酬波动大,加元之于美元具有弱替代作用。

(二)政策建议

第一,要基于宏观因素及其变化,在中长期内构建外汇储备的币种结构。这些宏观因素包括国际货币体系、全球经济发展态势、美国货币政策、经济金融危机的爆发及影响、全球经济一体化进程、各国之间的经贸合作等。这些因素会影响交易需求的币种结构、世界范围内的系统性风险和货币的风险溢酬,从而造成其波动率及货币之间相关性的变动,影响外汇储备中各货币的配置。

第二,现阶段应基于美元仍是关键货币地位及其网络外部性,保持较大的美元比重,以减少外汇储备的系统性风险;增持风险溢酬低且稳定的货币,如样本期的日元、加元;适当控制风险溢酬较高且波动较大的货币的比例,如样本期的欧元、英镑、澳元。当然,在国际、国内经济金融的发展变化过程中要与时俱进,通过恰当的方式予以动态的币种结构调整。

第三,应慎重稳步推进人民币国际化,将国际货币体系推向"多极化"的发展路径。欧元的推出带动了不少非美货币与欧元同向变动,加大了资产组合的风险。为了削弱这种影响,可行的举措之一是审时度势稳慎推进人民币国际化,促进国际货币多元化,从而打破汇率波动"一边倒"的情况,实现较好的分散风险的效果。

第四,我国政府应采取多元化、分散化的币种结构安排,应采取纸质性资产与资源型资产、战略性资产并重或向后者转化的储备资产结构安排,同时在完善储备资产形成机制时,重点考虑外汇储备资产及其投资的退出机制,构建储备资产形成、投资与退出的双向运作机制与体制,由此保障我国外汇储备的安全性,降低持有储备的风险。

本章小结

本章首先对外汇储备币种结构的决定因素及研究方法、利率平价和风险溢酬的相关研究文献进行了综述;其次将中国外汇储备分为交易型储备与投机型储备,分别确定其币种结构;再次针对第四部分的实证结果,分析影响外汇储备币种配置的中长期因素,在此基础上给出相应的结论和政策建议。

本章的特色在于:第一,首次用风险溢酬刻画外汇时变的收益和风险。影响外汇收益率的因素主要包括利率和汇率两部分,其风险也包含以上两者的变动,分别对利率和汇率波动建模。考虑到资产的收益率可以分解为无风险利率加上风险溢酬,在给定无风险利率的条件下,仅对风险溢酬的波动进行拟合,既较为简洁,也囊括了利率风险和汇率风险[①]。第二,引入无风险资产,提高资产有效边界。在 MV 法框架下确定外汇储备币种的动态结构,许多研究仅针对风险资产。而无风险资产收益的标准差为零,与风险资产收益率的协方差也为零,将其引入资产组合后,在收益率相同的情况下,可能降低组合风险。第三,探讨了影响外汇储备币种配置的中长期因素。进一步建议:外汇储备资产结构是否优化或合意,是外汇储备管理是否有效的另一个重要体现,我国政府应采取多元化、分散化的币种结构安排,构建动态化的储备结构,构建纸质性储备资产与资源型储备资产、战略型储备资产并举或根据情势变化向后者转化的储备机制,及时构建储备资产形成与储备资产投资及退出的"双向"运作体制、机制等。

---

① L. Sarno 等(2012)指出,外汇资产的风险溢酬是对利率风险和汇率风险的补偿。

第八章　中国外汇储备风险管理：
储备资产的科学运用

——以主权财富基金为例[①]

　　巨额的外汇储备资产如何运用、如何投资，在投资中如何规避风险等，是外汇储备风险管理的重要内容之一。一国可以根据本国的实际情况，包括外汇储备规模大小、现行外汇储备管理体制、储备资产投资技术、国际金融市场熟悉程度、金融投资人才以及投资意识等经济、非经济因素，做出科学、明智的选择[②]。

　　下面，以我国主权财富基金为例，对外汇储备资产的科学运用作一具体、深入的探讨，以期充分利用我国巨额的外汇储备资源，防范储备风险，提高储备资产的经营效率与效益。

一、中国主权财富基金的建立与发展

（一）中国主权财富基金的建立

　　主权财富基金（SWFs）是由政府所有或控制的具有特殊意图的公共投资

---

① 参见喻海燕，田英. 中国主权财富基金投资：基于全球资产配置视角[J].国际金融研究，2012(11).

② 1997年完成的博士论文里，笔者明确提出了我国外汇储备的投资策略，具体包括：建立专门性的外汇储备投资机构；成立外汇储备投资的咨询或顾问机构；精选投资领域与优化投资组合；增强对国内经济发展瓶颈产业的投资；与国际大型基金组织开展投资合作；推动投资电脑化和现代化；立法保障规范投资行为；等等。从当时条件来看，这些观点和建议都具有很强的针对性、前瞻性，并具有重要的实践指导意义。参见朱孟楠. 外汇储备：质量与数量研究[D].厦门大学，1997:134-148.

基金,该基金通常来源于一国外汇储备或财政盈余,其特点表现为政府所有、规模巨大、全球投资。20 世纪 90 年代以来,能源价格的不断提高以及持续的全球经济不平衡使石油出口国和一些亚洲国家外汇储备资产迅速积累,使全球 SWFs 的数量和规模迅速扩张。截至 2020 年 5 月,全球共有 53 个国家和地区拥有 91 支 SWFs,其规模达到 8.2 万亿美元。[①] SWFs 已成为当今国际金融市场投资重要的参与者。为了降低风险,大多数 SWFs 都采用全球分散化的投资策略。[②] 从未来发展而言,投资区域的全球化、投资资产的分散化以及投资方式的联盟化将是全球主权财富基金的主流趋势。

我国于 2006 年首次成为全球外汇储备最多的国家。为提高外汇储备管理收益,2007 年 9 月我国专门成立了中国投资有限责任公司(China Investment Company,简称 CIC),对外汇储备进行积极管理。CIC 自成立以来在外汇储备投资方面做了很多积极尝试,如加大私募股权、房地产(尤其是房地产信托基金)、基础设施和直接投资的比重,进一步实现了投资地区和行业的多元化,增加了在新兴市场国家的投资,等等。但是,自 1997 年以来,国际金融危机的频繁爆发,特别是欧债危机的爆发与蔓延,给 CIC 全球投资带来了巨大的挑战:一方面,国际金融市场的汇率风险、信用风险以及市场风险加剧,国际投资环境更趋复杂多变,这无疑加大了 CIC 的对外投资难度;另一方面,欧美等发达国家投资机构精通市场业务并能熟练运用各类金融工具,但 CIC 在金融市场中对创新的金融衍生工具的运用尚不熟练,往往处于被动地位。为提高投资效率,2011 年 9 月,经国务院批准,CIC 成立了中投国际有限责任公司,专门从事境外投资和管理业务。作为我国最大的风险投资机构,截至 2020 年 5 月,中国投资有限责任公司管理的资产总额达到了 9 406 亿美元,排名全球第二位。在错综复杂、竞争激烈的国际背景下,尤其在全球央行宽松货币政策常态化,以及 2020 年新冠疫情的全球蔓延的阴霾下,中投国际有限责任公司该如何有效配置资产组合,提高我国外汇储备的投资收益,是一个极

---

① 　数据来源:http://www.swfinstitute.org。

② 　如新加坡政府投资公司(GIC)规定投资单一资产的比重不得超过 10%,其投资领域涉及 40 多个国家 2 000 多家公司,9 个资产种类和几乎世界各种主要货币;淡马锡控股公司投资业务亦涉及金融、电力、电信、传媒、交通等多个行业;挪威政府全球养老基金(GPFG)投资资产包括股票(60% 占比)、固定收益产品(25% 占比)、房地产、基础设施行业(10% 占比)、杠杆收购基金以及风险投资(5% 占比),其所投资的 3 500 家公司平均持股权比例均低于 1%。

其重要的问题,对该问题进行理论上的研究和实践上的探讨具有重要的现实意义。

(二)国内外关于主权财富基金资产配置研究的文献综述

目前,学界对主权财富基金的研究主要以定性研究为主,专门针对主权财富基金全球投资资产配置的研究还很少。在早期的研究中,朱孟楠教授的研究比较突出,他在 1994 年、1995 年[①]、1996 年[②]着手探讨了我国外汇储备适度规模问题,之后在外汇储备资产运用上也提出了自己的看法。例如,1996 年就对我国增长的外汇储备提出了在全球范围内的系列投资策略,1997 年从比较借鉴角度探讨了新加坡、香港等地的外汇储备投资与管理经验[③],等等。Gary P. Brinson,Randolph L. Hood 和 Gilbert L. Beebower(1986)以美国 91 家大型养老基金为研究对象,对其 1974—1983 年的投资绩效、资产配置策略、市场时机把握和证券选择及对养老基金业绩的贡献度等进行了研究,结果显示,同一养老基金的总投资回报中约有 93.6% 可由资产配置因素解释,这一结论之后也得到其他学者的证实。Roger G. Ibbotson 和 Paul D. Kaplan(2000)对资产配置的重要性进行了进一步的论证,认为在不同基金绩效差异中,资产配置可以解释 40%,在同一基金回报随时间波动中,资产配置可以解释 90%,在同一基金的总回报中,资产配置可以解释 100%。李扬、余维彬、董裕平等(2007)探讨了新加坡、韩国政府投资公司运作模式及经验;喻海燕(2008)对中国投资有限公司的资金来源、资金运用、投资品种、投资渠道、经营方式等进行了研究。朱孟楠、王雯(2009)分析了美国次贷危机后全球 SWFs 的投资新动向。谢平、陈超(2010)从微观角度对 SWFs 的公司治理、透明度和信誉度、投票权策略、资产配置等若干问题进行了思考。Kunzel 等(2010)认为主权财富基金战略资产配置的差异由主权财富基金的性质决定,如资源出口国成立的平准基金意在对冲油气资源价格波动风险,因此持有与油气资源变动相关性较低或负相关的资产,而养老基金意在财富保值增值,因此较多采用指数分散化投资方式并持有较多债券。Beck R.等(2010、2011)认为主权财

---

① 朱孟楠.关于适度外汇储备量的思考[J].国际金融导刊,1995(6);朱孟楠.面对人民币汇率持续上升应弄清的几个问题[J].金融研究,1995(9).

② 朱孟楠.中国外汇储备:必须弄清楚的三大理论问题[J].经济研究参考,1997(A1):32-35.

③ 朱孟楠.新加坡对外汇储备的管理与投资及启示[J].中国外汇管理,1997(1);朱孟楠.香港外汇基金的投资策略及若干启示[J].国际经济合作,1997(6).

富基金实质上仍是国家外汇储备的一部分,当国家经济增速较高时,主权财富基金应当投资于相对风险较高的资产组合中。韩立岩和尤苗(2012)通过构建两基金分离模型,在对我国主权财富基金的最优投资模式研究之后,发现我国主权财富基金应分离为战略型基金和组合收益型基金。王三兴(2016),将主权财富基金分为三种:战略型、平滑型及稳定型,对比之后发现主权财富基金的资产配置比例、投资区域和基金规模对其收益有显著影响。

针对主权财富基金资产投资组合,Kristian Flyvholm(2007)针对不同国家特点对资产投资思路进行了探讨,提出对于石油和初级商品净进口国(如中国),可选择持有与石油或初级商品上涨联动的战略性资产配置(SAA)(包括某些行业的股票和初级商品追踪基金),实现对未来价格风险的自然对冲。任永力(2007)研究了长期最优配置时 SWFs 的理论最优资产组合和最优的货币组合,认为主权财富基金理论最优资产组合应是债券 25％、股票 45％,其他资产 30％,相应的最优货币组合是美元 43％、欧元 18％、日元 13％,其他货币 17％。Knut N. Kjaer(2008)总结了挪威央行投资管理机构(Norges Bank Investment Management,简称 NBIM)近 10 年的投资原则,即所有的投资均在挪威境外,在任一企业的股权上限为 5％,且均为财务投资。Chhao Chharia(2010)研究了全球主要的主权财富基金 1996—2008 年的投资数据之后发现:在企业层面,主权财富基金偏向于历史收益率较好的企业;在国家层面,偏向于透明度较低、政治体制不民主的国家。张海亮、吴莉明和钱惠(2014)的研究,通过考察 2009—2011 年 64 只主权财富基金数据,发现次贷危机之后,主权财富基金无明显的行业政策配置偏好。戴利研、李震(2017)总结发现:国际金融危机持续深化使得全球主权财富基金的投资策略等方面呈现出新的特征。国际投资环境的不确定性使基金的资产配置结构更加多元化,另类资产持有比重增加,风险偏好有所提高;投资区域更加广泛,注重对实体部门的投资;主权财富基金间的投资合作开始起步并平稳发展。

从上述分析中可以看出,国内外对主权财富基金资产配置和投资组合的相关研究不多,且主要是对已有的实践操作进行归纳,以定性研究为主,定量研究不多。从全球金融市场角度对一国主权财富基金投资组合进行研究更是微乎其微。基于此,本章以现代投资组合理论为基础,对我国主权财富基金资产配置进行实证研究。

二、投资资产的相关性分析

现代投资组合理论指出,分散化投资应该投资在相关性较低的资产之间。只有在相关性较低、不相关甚至负相关的资产之间进行组合,其总体方差(风险)才会得到改善,即投资组合风险得以降低。因此,投资资产的相关性分析是模拟资产池构建的首要环节。

本章选用 10 个全球主要国家或地区证券市场指数,选择时间跨度为 2008 年 1 月 1 日到 2020 年 5 月 1 日,计算出每种指数的日收益率,再计算得到两两指数之间的相关系数。计算公式如下(鉴于篇幅所限计算过程此处省略):

$$ r = \frac{\sum_{1}^{N}(X-\overline{X})(Y-\overline{Y})}{\sqrt{\sum_{1}^{N}(X-\overline{X})^2} \cdot \sqrt{\sum_{1}^{N}(Y-\overline{Y})^2}} = \frac{\mathrm{cov}(X,Y)}{\sqrt{D(X)} \cdot \sqrt{D(Y)}} \quad (式 8\text{-}1) $$

其中:r 表示两指数间的相关系数;X 和 Y 表示证券市场指数;$\overline{X}$ 和 $\overline{Y}$ 表示期间内证券市场指数 X 和 Y 的均值;分子表示 X 和 Y 的协方差,分母表示 X 和 Y 方差平方根的乘积。r 的绝对值越大,两指数间的相关程度越高。通常情况下通过以下取值范围判断变量的相关强度:r 为 0～0.2 时为极弱相关或不相关,r 为 0.2～0.4 时为弱相关,r 为 0.4～0.6 时为中等程度相关,r 为 0.6～0.8 时为强相关,r 为 0.8～1.0 时为极强相关。在此基础上,可得到相关系数矩阵,如表 8-1 所示。

通过表 8-1 可以发现:首先,不同资产之间均是正相关的,如美国标准普尔 500 指数与香港恒生指数、法国 CAC 指数、英国富时 100 指数、德国 DAX 指数,以及日经 225 指数之间都存在强相关性,这也体现了美国资本市场的重要影响;其次,不同指数之间的相关程度有较大差异,如法国 CAC 指数与美国标准普尔 500 指数相关系数达到 0.9618,但与新加坡海峡时报指数之间相关性只有 0.6417;再次,随着我国经济的迅速发展以及世界经济一体化程度的提高,我国与其他国家证券市场的相关性得到很大的提升,但整体而言相关性较低,如上证 A 股指数与日经 225 指数、德国 DAX 指数、法国 CAC 指数的相关性较大,与美国标准普尔 500 指数、英国富时 100 指数、韩国综合指数、新加坡海峡时报指数的相关性较低。

表 8-1　全球主要国家或地区证券市场相关系数矩阵

指数	上证 A 股指数	香港恒生指数	美国标准普尔 500 指数	英国富时 100 指数	德国 DAX 指数	法国 CAC 指数	日经 225 指数	韩国综合指数	新加坡海峡时报指数
上证 A 股指数	1								
香港恒生指数	0.4806	1							
美国标准普尔 500 指数	0.3817	0.8207	1						
英国富时 100 指数	0.3361	0.8634	0.9124	1					
德国 DAX 指数	0.5420	0.8590	0.9472	0.8981	1				
法国 CAC 指数	0.4815	0.8270	0.9618	0.9445	0.9598	1			
日经 225 指数	0.5211	0.8060	0.9591	0.8773	0.9612	0.9651	1		
韩国综合指数	0.3331	0.8602	0.7470	0.8759	0.7418	0.8063	0.7001	1	
新加坡海峡时报指数	0.2435	0.8216	0.5777	0.7844	0.6112	0.6417	0.5402	0.8332	1

资料来源：根据 CSMAR 数据整理计算

三、投资组合模拟资产池的构建

（一）投资资产样本的选取

鉴于主权财富基金不同于一般的基金，国家属性是其最重要的特征之一，因而投资资产的选取，既要考虑全球资本价格的变化，又要和基金的国家属性,与一国可持续发展的战略目标相结合。

首先,随着全球能源价格的不断增长,能源储备是一国经济发展的重要基础。战略石油储备是能源战略的重要组成部分,众多发达国家都把石油储备作为一项重要战略加以部署实施。图 8-1 是我国自 2000 年以来的原油进口情况,左边数据是历年石油进口的金额,右边数据是历年原油进口的数量。可以看到,我国石油进口量稳步增加,从 2000 年到 2019 年间进口石油年复合增长率达到 14.68%,石油对外依存度已经超越美国成为世界第一[①]。2004 年以来,国际石油价格长期在高位运行,尤其在 2008 年金融危机爆发之后,一度突破了 100 美元每桶的大关。伴随着数量的增长,进口金额亦呈现急剧膨胀,并且随着石油价格的波动而产生极大的不稳定性。因此,战略性资源应成为主权财富基金最重要的海外投资目标。2020 年新冠疫情暴发以来,全球原油价格持续动荡,并持续处于价格低位,一度触及 10 美元每桶的历史低位,这也为我国原油的战略性储备创造了绝佳的条件。

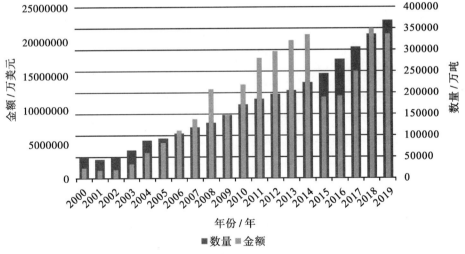

图 8-1 中国历年原油进口数量和金额

资料来源:中华人民共和国国家统计局

其次,黄金作为国际储备的主要资产之一,在稳定国民经济、抑制通货膨胀、提高国际信用等方面有着特殊作用,是各国综合实力的标志之一。二战之

---

① 2011 年 1—5 月我国原油表观消费量为 1.91 亿吨,对外依存度达 55.2%,首次超过了美国成为全球第一。

后,黄金储备虽然地位下降,但其作为最后支付手段和最终保值手段的特性并没有改变。此外,由于黄金价格与美元汇率之间是负相关关系,黄金储备是对冲美元贬值的最佳金融资产,持有黄金储备能在规避美元贬值风险的同时获取黄金升值的收益。根据世界黄金协会数据,2021 年第二季度,美国黄金储备量为 8 133.46 吨,占全球黄金储备的 22.87%,尽管近年来我国逐步提高了黄金储备数量,但黄金储备量为 1 948.31 吨,仅为美国的 23.95%。此外,根据国际货币基金组织数据,2021 年 10 月,美国黄金储备在国际储备中占比66.2%,而中国仅为 3.3%。远低于全球平均水平,就从发展中国家来看也明显偏低。因此适当增加黄金储备数量、提高黄金储备比例、加大黄金储备投资与管理是非常必要的。为了避免世界黄金价格因为需求增加、全球经济动荡与通货膨胀等因素的影响而不断上扬的情况,建议国家还可分阶段逐步提高黄金储备的比重,也可以适当投资国际金矿资源。

再次,美国作为世界主要发达国家,在产业发展、科技、金融等方面都具有领先优势,投资其国债符合安全性和流动性两方面的要求,其股市也有较大的投资潜力。美国股市的三个指数分别为道琼斯工业指数、标准普尔 500 指数和纳斯达克综合指数。由于构成标准普尔 500 指数的上市公司一半的收益来自海外,在美元走弱的趋势下,它们以美元计的收入就会增加,公司竞争力增强,其股票价值就会上升(谢国忠,2009),因此本章选取标准普尔 500 指数来模拟中投公司投资美国股票的代替指数。

最后,考虑到投资组合的相关性以及控制投资风险,基于本章第一部分研究的结果,由于日经 225 指数与大部分国家或地区相关程度较低甚至负相关,我们在资产池中纳入日经 225 指数,作为降低风险分散化投资的一个资产代表。

(二)模拟资产投资收益的相关性分析

本章选取美国 10 年期国债、标准普尔 500 指数、日经 225 指数、黄金和原油现货价格指数作为我国主权财富基金投资模拟资产池的资产,具体数据从 Yahoo Finance 数据库中获得。考虑到 2008 年金融危机的影响,选取 2009 年 1 月至 2020 年 4 月的数据,得到 136 个月的有效样本,进而分析它们之间的相关性。其中 10 年期美国国债、标准普尔 500 指数、日经 225 指数、黄金和原油价格指数的收益率,可运用式 8-2 得到。

$$R_t = \text{Ln} \frac{P_t}{P_{t-1}} \qquad \text{(式 8-2)}$$

其中:R_t 表示第 t 期的投资收益率;P_t 和 P_{t-1} 分别表示第 t 期和第 $t-1$ 期的收盘价。首先计算得到五种金融资产投资收益率的相关性,见表 8-2 所示:

表 8-2　储备池五种金融资产的相关性

资产	美国国债	黄金	原油	标普 500	日经 225
美国国债	1				
黄金	−0.2813	1			
原油	0.4288	−0.0590	1		
标普 500	0.5464	−0.2913	0.2027	1	
日经 225	0.4398	0.0669	0.2555	0.6723	1

从表 8-2 可以看出五项金融资产之间的相关性概况:作为基础性资产的 10 年期美国国债收益率与黄金呈负相关,但与其他四类资产投资收益率之间均成正相关关系,且相关性较高。这也说明虽然我国外汇储备配置了大量的美国国债,但长期而言并不是最优的选择,故需要重新进行资产配置,降低整个外汇储备的系统性风险。

(三)相同权重下不同组合方案的收益风险

首先,考察不同资产的风险收益特征。由图 8-2 可知,金融危机之后金融市场发生了较大的变化,其中 10 年期美国国债整体波动率超过证券市场,且收益率整体为负。这也进一步说明了,当前全球金融市场不确定性持续增加,持有美国国债、原油的风险收益率在下降,亟须重新分配资产组合。

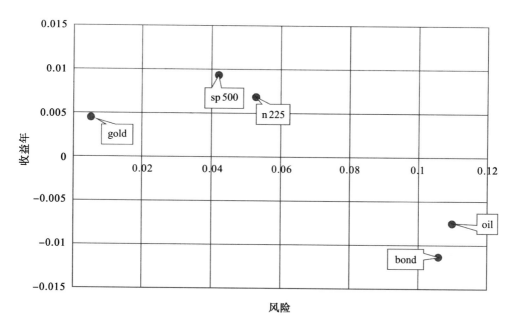

注：样本区间为 2009 年 1 月—2020 年 4 月。

图 8-2　不同资产的风险收益特征

其次，通过将备选资产进行不同品种、不同数量（$N=2,3,4$）、相同权重的组合，得到如下组合的收益风险特征。由图 8-2 可以直观看到，相对于单个风险资产而言，通过将资金投资到相关性比较低甚至是负相关的不同类型的资产中，可以大幅度降低系统风险，获得更高的组合收益。表 8-3 为具体投资组合方案。

表 8-3　　投资组合方案

	投资组合	收益	风险
$N=3$	美国国债、黄金、原油	-0.0048	0.0597
	美国国债、黄金、日经 225	5.09E−05	0.0447
	美国国债、黄金、标普 500	0.0009	0.0428
	黄金、原油、日经 225	0.0013	0.0439
	黄金、原油、标普 500	0.0021	0.0448
	原油、日经 225、标普 500	0.0029	0.0519
	美国国债、日经 225、标普 500	0.0016	0.0563
	黄金、日经 225、标普 500	0.0069	0.0307
	美国国债、原油、日经 225	-0.004	0.0702
	美国国债、原油、标普 500	-0.0032	0.0677

续表

投资组合		收益	风险
N＝4	美国国债、黄金、原油、日经 225	−0.0018	0.0511
	美国国债、黄金、原油、标普 500	−0.0012	0.0502
	黄金、原油、日经 225、标普 500	0.0033	0.0392
	美国国债、黄金、日经 225、标普 500	0.0024	0.0409
	美国国债、原油、日经 225、标普 500	−0.0007	0.0588
N＝5	美国国债、黄金、原油、日经 225、标普 500	0.0004	0.0460

由表 8-3 可以看出：当组合数目是 3 时，收益区间为 −0.48％～0.69％，风险区间为 3.07％～7.02％；当组合数目是 4 时，收益区间为 −0.18％～0.33％，风险区间为 3.92％～5.88％。与单个资产相比，效果均有很大的改善。在相同权重下，组合中资产数量越多、越分散，效果越好。

四、我国主权财富基金最优投资组合

先整体考虑五种资产的最优投资组合。如果不考虑美国国债现实中配置的必要性和不可替代性，则可以计算模拟资产池的有效边界，如图 8-3 所示，接着计算最优投资组合为：美国国债（占比 0％）、黄金（占比 26.99％）、原油（占比 0％）、日经 225（占比 6.1％）和标普 500（占比 66.9％）。

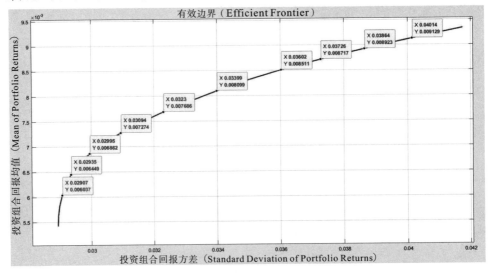

图 8-3　风险资产的有效边界

考察中国投资有限责任公司 2016—2018 年连续三年的年报数据,公司在全球投资组合中政府债券比重分别为 15.01％、15.90％和 15.20％,其中大部分为美国国债。因此估计美国国债在当前我国投资组合中的比重为 15％左右。考虑到短期内大幅度变动美国国债金额的不可实现性,我们假设未来投资组合中美国国债的比重为 15％,在此基础上运用资产组合优化模型,对最优资产组合比重进行计算,得到黄金、原油、日经 225 指数、标普 500 指数的最优比重分别为 22.94％、0％、4.68％和 57.75％,如图 8-4 所示。

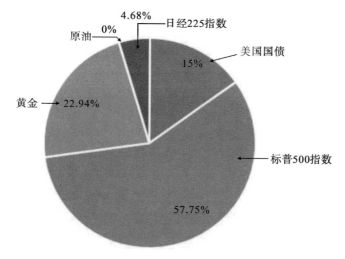

图 8-4　最优组合比重

考虑到如果将美国国债的持有比重放宽到 0％～20％一个幅度区间,对其进行敏感性分析,那么最优投资组合及各资产比重见表 8-6。

表 8-6　　模拟资产池最优组合比重

单位:％

金融资产	方案 1	方案 2	方案 3	方案 4	方案 5
美国国债	0	5	10	15	20
标普 500	67.94	64.54	61.15	57.75	54.35
黄金	26.55	25.22	23.89	22.57	21.24
原油	0	0	0	0	0
日经 225	5.51	5.23	4.96	4.68	4.41

五、结论及启示

（一）主要结论

综上所述，从全球资产配置的角度来看，我国主权财富基金最优投资组合比重由大到小依次为：标普 500 指数（54.35%～67.94%）、黄金（21.92%～31.28%）、日经 225 指数（4.41%～5.51%），而美国国债和原油的投资组合比例为 0。这个比例与中投国际海外资产配置（公开市场股票 38.3%、固定收益15.2%、另类资产 44.1%、现金 2.4%）存在较大的差异，尤其是黄金的储备存在较大差异。此外，在低油价持续的背景下，适当的原油储备也是必要的配置，故以上比例也需要随时根据国际经济金融形势变化予以动态调整。特别要说明的是：文中的标普 500 指数是一个分散化投资的代表指数，并不是说要将 50% 以上的资金投向美国股市，尤其在美股持续动荡的背景下，把握投资的安全边界尤其重要。在实际操作中，可以依据本章第一部分的研究结果，选取与其他四个资产相关性低的资产，如新加坡海峡时报指数、韩国综合股价指数等作为替代。只要金融资产之间相关性低，就可以达到降低组合投资的系统性风险的目的。

（二）政策建议

第一，我国目前继续投资美国市场是必要的，但同时应增加对欧洲国家或亚洲新兴市场国家的投资。美国作为世界主要发达国家，其市场机制与监管体系比较健全，相对来说保持现有的投资规模是可行的；但基于降低风险的考虑，今后可以进一步分散投资领域，同时在资产组合中选择与美元资产相关性低或负相关的资产。

第二，今后我国的投资应逐渐从纸质性或虚拟性资产过渡到战略性、资源性资产。从研究结论来看，以原油为代表的战略性能源储备投资并不在最优组合里，这可能与原油的价格变化有关；但整体趋于下降的油价，无疑给我国战略原油储备提供了绝佳的机会。另一战略性、资源性资产，黄金，目前的储备水平也比较低，与最优投资组合的要求相距较大，故需要进一步加大黄金资产配置。因此，今后我国应增加对此类资产的投资。当然，短期内将大量资金投资于战略性能源、资源，还须讲究策略与措施，避免引起某些国家的过度警惕与市场的过度"预期"。

第三，中投公司在今后具体的投资决策中，应审时度势，灵活应变，动态地、及时地调整投资组合。本文得到的投资组合结论，仅仅是从实证角度提供的一个理论参考，实际操作中，中投公司可以根据全球经济发展和国际资本市场的实际变化情况及走势，以及我国经济社会发展的战略需要灵活微调投资区域、投资行业和资产等。

本章小结

截至 2020 年 12 月底，我国外汇储备存量达到 32 165 亿美元。要提高外汇储备投资收益，如何在全球范围内进行资产配置是值得深入研究的问题。本章以现代投资组合理论为基础，选用 10 个世界主要国家或地区的证券市场指数，研究了时间跨度在 2009 年 1 月—2020 年 4 月这些指数之间的相关性；在此基础上，结合我国战略发展目标，构建了中国主权财富基金投资模拟资产池，构建了最优投资组合。结果表明，在充分考虑资产的分散化和收益性的条件下，我国主权财富基金最优投资组合占比由大到小应分别为：标普 500 指数、黄金、日经 225 指数、美国国债、原油。

总之，外汇储备的科学运用与管理比起外汇储备规模的累积与币种结构安排来得更加重要，更有现实意义（当然，它们之间也是相互促进与影响的）。因此，我国务必采取各种措施加强外汇储备的风险管理与合理运用，在运用中增强外汇储备管理的有效性！

第九章 中国外汇储备风险管理：
汇率风险损失区间测度
——基于重新定义下的研究[①]

自 2008 年次贷危机以来,世界经济金融格局变化莫测,美联储不断推出量化宽松政策。之后欧洲主权债务危机爆发,欧洲债务问题迟迟得不到有效解决,欧洲经济持续低迷,欧元汇率起伏不定。这些复杂多变的国际金融局势,都会使我国巨额的外汇储备面临越来越大的风险。因此,研究我国储备货币汇率风险并对其进行测度,对于降低外汇储备汇率风险和提高外汇储备管理水平,具有重要的理论和现实意义。

一、对外汇储备风险的重新定义

关于外汇储备汇率风险定义,我们在第五章中已经做了一定的分析,包括风险的定义及其分类。过去学者一般认为,我国外汇储备面临的外汇风险主要由美元汇率波动引起。朱孟楠、喻海燕(2007)认为中国外汇储备面临的汇率风险主要是美元汇率波动给储备资产损益带来的不确定性;陈雨露、张成思(2008)指出在新型金融危机下,我国庞大的外汇储备规模不仅面临美国国债、机构债的市场价值下跌的价值重估风险,还面临美元不断贬值的风险;孔立平(2009)对次贷危机后我国外汇储备资产风险进行研究,认为美国通过美元大幅度贬值来平衡其经常项目收支,从而把债务负担转移给其他国家,给其他国家外汇储备带来汇率风险;王永中(2011)也认为由于美元的长期贬值趋势,无论是用外币计价还是人民币计价,我国外汇储备资产均面临较大的汇率风险。

[①] 朱孟楠,侯哲.中国外汇储备汇率风险损失区间测度——基于重新定义下的研究[J].财贸经济,2013(8).

对于外汇储备汇率风险的测度,不同学者运用了不同的方法或模型来考察。崔百胜、陈浪南(2011)利用极值理论和多元时变 Copula 模型对我国外汇储备所面临的汇率风险进行测量,认为在给定的目标收益率区间,美元最优持有比例随目标收益率提高而下降,日元则同方向增加。潘志斌(2010)将 VaR 进一步分解为边际 VaR、成分 VaR 和增量 VaR,并对我国的外汇储备进行风险测量,研究发现:在极端市场条件下我国外汇储备面临的汇率风险远大于正常市场条件下的风险;相对于美元和日元来说,欧元和英镑资产具有更大的边际风险。马杰、张灿(2012)采用动态 DCC-GARCH 度量动态协方差,采用可刻画超额损失的 CVaR 模型来度量我国外汇储备风险,结果显示:在 95% 置信水平下,我国外汇储备组合收益率最大值为 0.042995。肖文、刘莉云、刘寅飞(2012)对 Agarwal 模型进行修正,并利用修正后的模型对我国外汇储备规模进行测度,结果表明:我国实际外汇储备规模超过合理水平,超额的外汇储备导致外汇风险加大。

郭立甫(2013)等利用极值分位数的估计方法和动态 Logit 预警模型来识别和预测中国的外汇风险,实证结果表明:极值分位数法较为客观地识别了外汇风险,而动态 Logit 预警模型无论在样本内还是样本外的预测能力都比静态 Logit 模型有了很大的提高,适当地增加汇率弹性不会增加汇率风险。赵茜(2018)[①]通过构建跨国资产配置模型,进行实证研究发现,推进资本账户有序开放会引发货币升值风险,而货币市场化改革却可能加剧货币贬值风险,只有当资本账户有序开放和汇率市场化改革相互配合,才能有效释放外汇市场风险。

国外研究方面,Don Bredin(2002)研究了一个小型开放经济体——爱尔兰的外汇储备风险,借助指数移动加权平均法(EWMA)对下一期方差-协方差进行预测,用 VaR 方法对其外汇储备的资产组合所暴露出的外汇风险敞口进行度量,理论 VaR 值区间为 0.03～0.06。Kai Shi,Li Nie(2012)通过动态最优化方法建立了中国外汇储备由实际构成向最优化构成调整的路径,结果发现,将美元资产转化为日元资产能有效降低汇率风险。Cenedese G.等(2014)利用外汇市场投资组合回报的方差来衡量汇率风险,通过分位数回归和样本外模拟交易,发现市场方差对于未来套利交易收益分布的左尾有显著的负面影响;当套利交易出现巨额亏损时,市场方差提供了关于预测后续是否会发生

---

① 赵茜.资本账户开放、汇率市场化改革与外汇市场风险——基于外汇市场压力视角的理论与实证研究[J].国际金融研究,2018(7):86-96.

亏损的有用信息。Álvarez-Díez 等（2016）提出了一种最小化外汇风险的多币种交叉套期保值策略，分别讨论了在多币种交叉对冲的情况下 VaR 和 CVaR 的降低程度：两种货币的对冲策略可以将 VaR 降低到 35.98%，平均降低 19%；将 CVaR 降低到 41.46%，平均降低 17%。而在不考虑任何约束的情况下，如果把对冲货币的数量从两种增加到 10 种，VaR 和 CVaR 的降低程度将平均增加 9%。Filippou 等（2018）则考察了全球政治风险在外汇市场中的作用，通过实证研究发现，汇率走势可能受到套利限制的驱动，那些表现出高度不流动性、波动性、相关性的货币将具有更大的吸引力。

综上所述，对我国外汇储备的汇率风险定义大都集中在美元汇率波动上面，已有的测度汇率风险的方法集中在单一币种汇率的波动上面，这一方面夸大了美元汇率波动带来的外汇储备风险，另一方面忽略了其他币种汇率波动给外汇储备带来的风险。因此，现有研究无法全面、准确地测度外汇储备汇率风险。

在投资组合理论中，当资产之间存在较强的相关关系时，单一资产收益率的波动并不一定会引起整个资产价值的变化。同理，在外汇储备中，当外汇组合中的币种汇率之间的波动高度相关时，外汇储备整体风险可能会因为这种相关性而增大或相互抵消。因此，本章将外汇储备面临的汇率风险定义为：外汇储备中各个币种各自的汇率波动性、币种之间汇率波动的相关性及这两者共同作用给储备资产损益带来的不确定性。

二、相关的风险测度理论说明

（一）GARCH-M-EWMA 模型

VaR 是在一定的置信水平下和一定的目标期间内，预期的最大损失。其表达式为：

$$\text{VaR} = W_0(\mu - r^*) = -Z_a \sigma W_0 \qquad \text{（式 9-1）}$$

其中，r 为收益率，服从正态分布 $N \sim (\mu, \sigma^2)$，令持有期为 1 期，初始时刻资产组合价值为 W_0。测度资产组合的 VaR 值关键点在于求资产组合方差 σ。由数理统计知识可知，

$$\sigma_p^2 = (w_1, w_2 \cdots w_n) \begin{bmatrix} \sigma_{11} & \sigma_{12} & \cdots & \sigma_{1n} \\ \vdots & \vdots & \vdots & \vdots \\ \sigma_{n1} & \sigma_{n2} & \cdots & \sigma_{nn} \end{bmatrix} (w_1, w_2, \cdots w_n)^T \qquad (式9\text{-}2)$$

可以简写为 $\sigma_p^2 = \omega \sum \omega^T$。其中 ω 为各项资产在总资产中的比重组成的行列式，$\sum$ 为各项资产的收益率组成的协方差行列式。下面通过指数加权移动平均（EWMA）来求资产收益率的方差和协方差。EWMA 的独特之处是对时间序列中的数据采取不等权重，它根据历史数据距当前时刻的远近，分别赋予不同的权重，越远的历史信息所起的作用越小，赋予权重越小；同理，时期越近权重越大。其公式为：

$$\sigma_{i,t}^2 = \lambda \sigma_{i,t-1}^2 + (1+\lambda) r_{i,t-1}^2 \qquad (式9\text{-}3)$$

$$\sigma_{ij,t} = \lambda \sigma_{ij,t-1} + (1-\lambda) r_{i,t-1} r_{j,t-1} \qquad (式9\text{-}4)$$

其中：$\sigma_{i,t}^2$ 为 t 时刻第 i 种资产的方差；$\sigma_{ij,t}$ 为 t 时刻资产 i 和 j 的协方差；$r_{i,t-1}$ 和 $r_{j,t-1}$ 为 $t-1$ 时刻资产 i 和 j 的收益率；λ 为 EWMA 中的衰减因子。EWMA 最大的局限性在于目前还没有最佳的理论方法来估计衰减因子 λ，在 RiskMetrics 中，λ 被当作一个常数 0.94。现实中每项资产收益率每时每刻都在变动，若将所有收益率的衰减因子视为同一个常数是不合适的。为解决这一问题，本章采用 GARCH-M 模型重新测定每项资产的衰减因子。

GARCH-M 模型在收益率生成过程中（均值方程）融入风险测量，这更加符合金融市场中各项资产的时间序列特点。方差方程中的 β 表示当前收益率波动程度与前一期波动的相似性大小，这与 EWMA 中的衰减因子 λ 所起的作用是相同的，故把 GARCH-M 模型估计出的滞后系数 β 设定为 EWMA 中的衰减因子。

（二）O-GARCH 模型

正交化 GARCH 模型（Orthogonal GARCH），是采用正交化方法和 GARCH 模型相结合的方法对 VaR 中的协方差矩阵重新计算。正交化的理论依据是主成分分析法（Principal Components Analysis，PCA），对于成分 F_i 的选择标准是，应当尽可能多地反映收益率序列的信息，通常用方差来衡量信息量的大小。F_i 的方差越大，表明第 i 个成分包含 R 的信息越多，解释力越强。

令协方差矩阵 R 的特征根为 $\lambda_1 \geqslant \lambda_2 \geqslant \cdots \lambda_\kappa \geqslant 0$，对应的标准化正交特征

向量为 $e_1, e_2 \cdots e_\kappa$，则协方差矩阵可以写为：$\sum = \sum_{i=1}^{\kappa} \lambda_i e_i e_i^T$。当 $\beta = e$ 时，方差达到最大。如果进一步假定得到的 κ 个主成分之间是不相关的，那么就可以用一元 GARCH 模型分别来拟合各个主成分的波动率：

$$\lambda_{it} = \sigma_{it}^2 = \omega_i + \sum_{j=1}^{q} \beta_\phi \sigma_{t-j}^2 + \sum_{i=1}^{p} \alpha_i u_{t-i}^2 \qquad \text{(式 9-5)}$$

然后利用上面求得的特征值对应的标准正交特征向量，就可以得到原收益率序列 R 的协方差矩阵：$\sum^* = \beta_i \Lambda \beta_i^{T'}$。按照此方式求得的协方差矩阵，由于是由标准正交特征向量与 GARCH 模型结合而成的，因此通常被称为正交 GARCH 模型，简称 O-GARCH 模型。

（三）MFA-VaR 方法

因子分析方法（Factor Analysis, FA）是将变量之间的共有信息最大限度地提取出来，侧重于解释各个变量之间的相关关系或者协方差之间的结构。对于 VaR 方法来说，因子分析是将注意力集中在协方差矩阵 $\sum$ 对角线以外的元素。若外汇储备中涉及 n 个币种的收益率序列，且不同收益率序列之间具有较强的相关性，则因子分析可表示为（$m < p$）：$R_{(p \times 1)} = L_{(p \times m)} F_{(m \times 1)} + \varepsilon_{(p \times 1)}$。假设各个公因子相互独立，并且期望为 0，协方差矩阵为单位矩阵。特殊因子向量 ε 也是相互独立的，期望为 0，且 F 与 ε 独立，VaR 中的协方差矩阵可以重新写成：

$$\sum = \sigma_{R,R} = E(RR^T) = E[(LF + \varepsilon)(LF + \varepsilon)^T] = LL^T + \varphi \qquad \text{(式 9-6)}$$

因子载荷就是变量 R 与公因子 F 之间的相关系数，可以用如下形式表示：

$$\text{cov}(e_i, F_j) = \text{cov}(\sum_{m=1}^{n} l_{im} F_m + \varepsilon_i, F_j) = \text{cov}(\sum_{m=1}^{n} l_{im} F_m, F_j) + \text{cov}(\varepsilon_i, F_j) = l_{ij} \qquad \text{(式 9-7)}$$

令 $l_{i1}^2 + l_{i2}^2 + \cdots l_{in}^2 = \sum_{j=1}^{n} = h_i^2$，则 $\text{VaR}(r_i) = h_i^2 + \varphi_i = 1$。其中：$h_i^2$ 称为变量共同度，或者公共方差，反映了 r_i 对公因子的依赖程度；φ_i 称为特殊方差，或者剩余方差。

因子旋转（factor rotation）是在因子分析的基础上，对因子载荷矩阵结构进行简化。用公式可以表示成如下形式：若 $L^* = LE$ 且 $EE^T = I$，则 $\sum = LL^T$

$+\varphi = LE(LE)^T + \varphi$。若最终选择两个公因子，对其进行正交旋转。旋转后的协方差矩阵 $\sum^* = L^* L^{*T} + \varphi^*$。对于收益率序列 r_1 来说，其旋转后的对角线上元素为 $l_{11}^{*2} + l_{12}^{*2} + \phi_1^2$。这一项正好是该收益率序列的方差，我们用 GARCH-M-EWMA 模型测度的 r_1 方差进行替代，这样就在原来 GARCH-M-EWMA 模型和 O-GARCH 模型注重收益率方差的同时，兼顾不同收益率序列之间波动相关性，使得模型在理论上更加符合实际。将修正后的因子分析与 VaR 相结合，形成了 Modified Factor Analysis Value at Risk 模型，简称为 MFA-VaR 模型。

从表 9-1 中可以看出，基于 VaR 的三种风险测度模型都有各自的优点，在处理实际问题上，综合比较三个模型，MFA-VaR 模型无论是在波动性上，还是在处理相关性问题上均具有明显的优势。因此，本章运用 MFA-VaR 模型对我国外汇储备的汇率风险进行测度具有很强的理论依据。

表 9-1 三种测度 VaR 值的方法比较

模　型	要　　点
GARCH-M-EWMA 模型	该方法是计算 VaR 的传统方法，在考虑了前期收益率序列波动对当期波动影响的同时，也兼顾了两个币种收益率波动之间的相关性。缺点是忽略了多个币种收益率波动之间的相关关系。
O-GARCH 模型	建立在主成分分析方法上，将外汇资产组合的方差-协方差矩阵进行正交化分解，然后用 GARCH 模型测度波动率来替代特征值。注重了币种收益率波动性计算，但弱化了相互之间波动的相关性。
MFA-VaR 模型	以因子分析为基础，在保持对角线上的元素不变情况下，重点关注对角线以外的因素。本章对因子分析进行修正，将对角线上的元素用 GARCH-M-EWMA 模型测度的方差进行替换，使其既注重各币种收益率波动的相关性，同时又兼顾各自的波动性。

三、实证研究

（一）样本选取与数据处理

2005 年 7 月人民币汇率形成机制改革时，中国人民银行没有对外公布我国外汇储备币种的具体构成情况。根据 IMF 公布的 2015 年第一季度的"官方外汇储备货币构成"(COFER)中有关发展中国家和新兴市场国家外汇储备各币种的数额,可以推算出发展中国家和新兴市场国家外汇储备中美元占 67.75%,欧元占 18.29%,日元占 2.84%,英镑占 4.63%,澳元占 1.59%,加元占 1.89%,瑞郎占 0.06%。本章采用该比重作为我国外汇储备中的币种构成。

本章选取 2015 年 11 月 10 日至 2020 年 5 月 6 日国际外汇市场上美元、欧元、日元、英镑、澳元、加元和瑞郎对人民币的日交易汇率数据,每个币种汇率时间序列为 1 093 个数据。并将 $r = Ln(P_t) - Ln(P_{t-1})$ 作为各币种资产的收益率序列。

(二)实证分析

对 5 组收益率序列进行 ADF 平稳性检验,结果显示在 5% 置信水平下,P 值均小于 0.05(拒绝存在单位根的零假设),这表明各币种收益率序列均是平稳的。ARCH-LM 效应检验结果也显示均存在 ARCH 效应。因此,可以建立 GARCH-M 模型。

从表 9-2 中可以看出,除去瑞郎的 GARCH 项,各个 GARCH-M 模型参数值在 5% 置信水平下都显著。根据 GARCH 项可以得出各币种收益率序列波动的衰减因子分别为 0.81、0.93、0.90、0.76、0.92、0.93 和 0.04。根据衰减因子得出外汇储备资产协方差矩阵如表 9-3 所示。从表 9-3 中可以看出方差协方差矩阵并不是对称的,原因在于指数加权移动平均法,以及每个波动序列的衰减因子不同。从符号看,币种汇率波动两两之间存在正相关关系,即波动同时增大或者同时减小,反映在外汇储备上就是相对于人民币同时贬值或升值;从绝对值大小看,币种收益率两两之间波动相互依赖性较强。CNY/EUR 自身方差为 1.4847E-05,CNY/EUR 和 CNY/CHF 协方差为 1.04281E-05,相关系数为 0.636。CNY/EUR 每波动 1%,CNY/CHF 就要随之波动 0.636%。

表 9-2　各币种收益率序列的 GARCH-M 模型方差方程

		系数值	标准误	P 值
CNY/USD	常数项	-0.0003372	0.0001548	0.029
	ARCH 项	0.1323756	0.0209794	0.000
	GARCH 项	0.811251	0.0283412	0.000

续表

		系数值	标准误	P 值
CNY/EUR	常数项	−0.0004558	0.0005646	0.419
	ARCH 项	0.0281057	0.0069741	0.000
	GARCH 项	0.930813	0.0156527	0.000
CNY/JPY	常数项	0.0001392	0.0003618	0.700
	ARCH 项	0.0698236	0.0111313	0.000
	GARCH 项	0.8996662	0.0147331	0.000
CNY/GBP	常数项	0.0001177	0.0003895	0.762
	ARCH 项	0.1490599	0.0167642	0.000
	GARCH 项	0.7638617	0.0328378	0.000
CNY/AUD	常数项	−0.0005487	0.0003812	0.150
	ARCH 项	0.0546435	0.0107623	0.000
	GARCH 项	0.9214153	0.0195434	0.000
CNY/CAD	常数项	−0.000725	0.0004332	0.094
	ARCH 项	0.0415654	0.0085645	0.000
	GARCH 项	0.9341113	0.0143381	0.000
CNY/CHF	常数项	−0.0011333	0.000372	0.002
	ARCH 项	0.2388355	0.0307778	0.000
	GARCH 项	0.0416646	0.075569	0.581

表 9-3　GARCH-M-EWMA 模型测度的方差协方差

	CNY/USD	CNY/EUR	CNY/JPY	CNY/GBP	CNY/AUD	CNY/CAD	CNY/CHF
CNY/USD	3.9149E-06	1.3567E-06	6.6818E-07	1.0041E-06	1.0404E-06	7.1359E-07	2.9491E-07
CNY/EUR	1.5509E-06	1.3615E-05	4.9107E-06	8.2305E-06	5.8154E-06	2.5914E-06	9.5253E-06
CNY/JPY	7.4339E-07	4.7811E-06	2.5707E-05	8.6220E-07	3.9553E-08	1.2062E-06	9.3600E-06
CNY/GBP	9.4154E-07	6.7733E-06	7.0502E-07	2.7675E-05	7.7357E-06	5.1907E-06	4.7796E-06
CNY/AUD	1.1837E-06	5.7515E-06	4.0886E-08	9.3844E-06	2.6919E-05	1.1611E-05	3.0066E-06
CNY/CAD	8.3556E-07	2.5914E-06	1.2358E-06	6.3813E-06	1.1729E-05	1.7605E-05	1.7333E-06
CNY/CHF	1.4317E-08	4.1752E-07	4.1472E-07	2.5103E-07	4.1752E-07	7.3327E-08	7.2493E-07

本章提出的 MFA-VaR 方法注重的是各个收益率之间波动的相关性,也就是说需要存在着多重共线性,否则各变量之间没有共享信息,也就没有公因子需要提取。KMO 统计量用于研究变量之间的相关性,该统计量越接近于 1,表明各个变量之间相关性越强。一般认为 KMO 值大于 0.6 适合做因子分析。检验的结果显示 KMO 的值为 0.6062,Bartlett's 球形检验 P 值为 0.000 拒绝原假设,说明变量之间存在共享信息。两项检验结果都表明收益率序列波动存在相关性,有公共因子存在,可以继续做因子分析。

通过表 9-5 提取的主成分信息可以看出前 5 个主成分的累计方差贡献率达到了 89.80%。这说明 89.80% 的总方差可以由这 5 个公共因子解释。另外,5 个主成分中第一个方差贡献率达到了 33.31%,这表明第一个主成分解释了 5 组收益率序列波动信息相当大部分,第二个为 21.48%,第三个为 16.00%,第四个为 11.16%,第五个为 7.86%。提取 5 个主成分后的结果显示公因子上的变量的载荷有些杂乱,有很多变量的载荷不是很明确,为了使得 5 个公共因子所包含的信息尽量向两极分化,我们进行因子旋转,结果见表 9-6。

表 9-5 主成分信息

成分	初始特征值			提取平方和载入			旋转平方和载入		
	合计	方差 %	累积 %	合计	方差 %	累积 %	合计	方差 %	累积 %
1	0.828178	33.31	33.31	0.828178	33.31	33.31	1.63451	0.2336	0.2335
2	0.384053	21.48	54.79	0.384053	21.48	54.79	1.54097	0.2201	0.4536
3	0.338814	16.00	70.79	0.338814	16.00	70.79	1.07204	0.1531	0.6068
4	0.230866	11.16	81.95	0.230866	11.16	81.95	1.03201	0.1474	0.7542
5	0.124838	7.86	89.80	0.124838	7.86	89.80	1.00664	0.1438	0.8980
6	0.136482	6.07	95.88						
7	0.092636	4.12	100						

表 9-6   因子旋转后的结果

	公因子方差		成分得分系数矩阵					旋转成分矩阵				
	初始	提取	成分 1	成分 2	成分 3	成分 4	成分 5	成分 1	成分 2	成分 3	成分 4	成分 5
CNY/USD	1.000	0.961	−0.0909	0.0812	0.8479	0.3944	−0.0995	−0.0029	0.0064	0.9481	−0.0038	0.0124
CNY/EUR	1.000	0.869	0.5321	0.1887	−0.2141	0.0991	−0.4183	0.7160	0.0386	−0.1403	−0.1174	0.0417
CNY/JPY	1.000	0.987	0.2396	0.5526	0.2242	−0.4032	0.6191	−0.0013	0.0024	−0.0040	0.9792	0.0031
CNY/GBP	1.000	0.998	0.3991	−0.2236	−0.1592	0.6750	0.5519	0.0006	−0.0015	0.0102	0.0029	0.9973
CNY/AUD	1.000	0.800	0.5321	0.1887	−0.2141	0.0991	−0.4183	−0.0056	0.6974	−0.1719	0.0836	0.0271
CNY/CAD	1.000	0.807	0.3242	−0.4862	0.3794	−0.2312	−0.0911	0.0063	0.7144	0.1752	−0.0715	−0.0292
CNY/CHF	1.000	0.862	0.4743	0.4170	0.0870	0.0917	−0.3349	0.6980	−0.0405	0.1448	0.1236	−0.0432

从提取的公因子方差来看,CNY/USD、CNY/JPY 和 CNY/GBP 提取的

公因子方差达到 90％以上，剩下的 10％可用特殊因子解释。其余收益率序列公因子方差都达到了 80％以上。

从表 9-6 旋转后的成分矩阵可以看出，公因子 1 支配的序列有 CNY/EUR、CNY/CHF，表明欧元、瑞郎两者之间的收益率序列波动相关性可由公因子 1 代替解释；公因子 2 支配的序列有 CNY/AUD、CNY/CAD，且两者相关性较大，表明澳元、加元两组收益率序列之间的波动相关性与公因子 2 关系密切；公因子 3 支配的序列为 CNY/USD；公因子 4 支配的序列为 CNY/JPY；公因子 5 支配的序列为 CNY/GBP。与旋转之前的因子载荷矩阵相比，旋转后的因子载荷更加明确，说明旋转对因子载荷起到了很好的分离作用。

图 9-1 是公因子 1 的得分序列与欧元收益率序列的拟合性，由该图可以发现两条曲线拟合程度很高，这也说明了表 9-6 中旋转后因子 1 在 CNY/EUR 上的载荷为 0.7160 的合理性，从而证明了提取的公因子 1 包括了欧元收益率序列波动的大部分成分，同样也包括了瑞郎收益率的波动成分。相比图 9-1 来说，图 9-2 中公因子 2 的得分序列与加元收益率序列拟合也非常好，只有部分阶段稍有偏离。

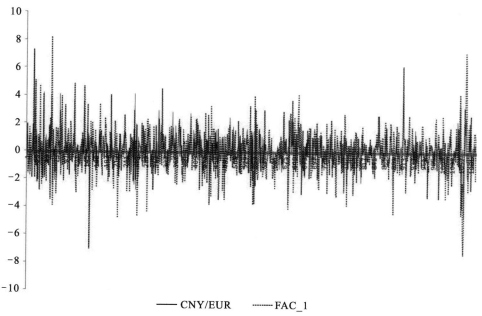

图 9-1　FAC_1 与 CNY/EUR 比较

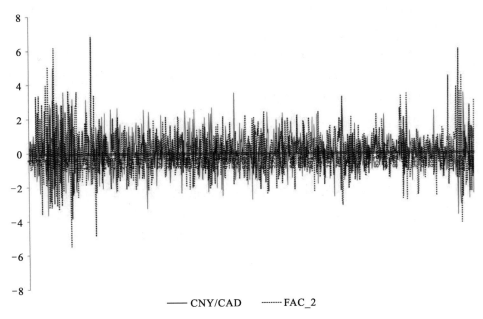

——CNY/CAD ·······FAC_2

图 9-2　FAC_2 与 CNY/CAD 比较

表 9-7 给出的是在不同置信水平下,用三种方法测度我国外汇储备面临的汇率风险所得出的理论风险值和实际风险值。在 95% 的置信水平下,我国外汇储备汇率风险日理论损失区间为 58 亿～354 亿美元。马杰、张灿(2012)测度结果为:在 95% 的日置信水平下我国外汇储备组合收益率最大值为0.042995。同样的置信水平下,姜昱、邢曙光(2010)测度结果显示:由于汇率变动导致的我国外汇储备平均损失最高每天达到 331.51 亿美元。

表 9-7　三种模型下外汇储备的理论 VaR 和实际 VaR

单位:美元/日

		90%置信水平 α=1.28	95%置信水平 α=1.65	97%置信水平 α=1.88	99%置信水平 α=2.33
GARCH-M-EWMA	理论 VaR	0.00175185	0.00232995	0.00299319	0.0042267
	实际 VaR	5415844275	7203040425	9253446885	13066843050
O-GARCH	理论 VaR	0.00169	0.002347	0.003032	0.004124
	实际 VaR	5224635000	7255750500	9373428000	12749346000
MFA-VaR	理论 VaR	0.00644	0.01032	0.01404	0.0206
	实际 VaR	19909260000	3.19E+10	4.34E+10	6.37E+10

表 9-7 比较各方法下的测度结果，可得出以下结论：

（1）在弱化各币种汇率波动相关性的条件下，我国外汇储备面临的汇率风险较小。GARCH-M-EWMA 模型和 O-GARCH 模型测度的结果显示，在 95％的置信水平下我国外汇储备日损失为 72.0 亿～72.5 亿美元。

（2）同时考虑各个币种汇率波动性与波动相关性条件下，我国外汇储备面临一定的汇率风险。MFA-VaR 模型在 95％置信水平下，我国外汇储备日损失为 319 亿美元；在 99％置信水平下，日损失达到 637 亿美元。

从总体来看，在 95％置信水平下，我国外汇储备面临的汇率风险高低在三种模型测度下的结果依次为 MFA-VaR ＞ O-GARCH ＞ GARCH-M-EWMA。我国外汇储备选择的货币都是在国际上具有较大影响力的币种，单个币种的贬值或升值必然引起其他币种的升值或贬值，各个币种的波动存在着强烈的此消彼长的相关性。正是这种相关性，使得我国外汇储备面临的汇率风险进一步加大。

四、结论与政策建议

本章重新定义了外汇储备面临的汇率风险，并根据定义的要求对因子分析方法进行修正，提出 MFA-VaR 模型，得出的结论是：在同时考虑各个币种汇率波动性与波动相关性条件下，我国外汇储备面临一定的汇率风险。为了降低汇率风险，我国应该积极采取以下措施：

（1）动态、合理调整币种的资产结构。借助投资组合理论，综合考虑整个外汇储备损益变化情况，及时或不定期地调整外汇储备的币种结构。目前，我国外汇储备中美元的权重较大，因此要充分考虑人民币与美元的汇率，以及与其他币种汇率变动的相关性，合理调整美元及其他币种的权重。

（2）加强对外汇储备的全面风险管理。外汇管理当局在外汇储备管理过程中，应根据汇率风险的性质、风险程度、风险承受能力等因素，恰当地选择风险管理工具和策略。要建立和完善全面风险管理框架，该框架应当包括运用先进的风险管理技术、建立完善的内部风险管理制度和风险披露制度等。

（3）积极促进"金砖"国家及发展中国家应急外汇储备库的建设。次贷危机以来全球多个主要发达国家的央行都在实施规模空前的量化宽松货币政策，发展中国家金融体系比较脆弱，一旦热钱大量涌入或撤离，会严重冲击金融市场的稳定。应急外汇储备库就如同一道金融防火墙,有助于"金砖"国家和发展中国家抵御金融危机的冲击。

本章小结

本章将外汇储备所面临的汇率风险重新定义为:储备中各个币种各自的汇率波动性、币种之间汇率波动的相关性及这两者共同作用给储备资产损益带来的不确定性。在国内外最新测度外汇风险的 GARCH-M-EWMA 模型和 O-GARCH 模型的基础上,根据本章的定义对因子分析进行修正,提出 MFA-VaR 模型。采用 IMF 发布的 COFER 中发展中国家外汇储备的币种结构作为我国外汇储备币种结构,国际外汇市场上的交易数据作为样本,利用上述三种模型分别对我国外汇储备面临的汇率风险进行测度,结果显示:在弱化各币种汇率波动相关性的条件下,我国外汇储备面临的汇率风险较小;若同时考虑各个币种汇率波动性与波动相关性,我国外汇储备面临一定的汇率风险。目前,在 95% 的置信水平下,我国外汇储备汇率风险日理论损失区间为 58 亿~354 亿美元。

总之,我国外汇储备因汇率波动产生的风险是明显的、不可忽视的,因此建议我国有关部门应积极、主动采取应对措施:(1)建立、完善包括汇率风险在内的各种风险预警机制,科学设立反映各种风险的指标和风险防范体系,即全面风险管理体系与机制;(2)开发出各种规避风险的金融工具及其衍生品;(3)培养既具有扎实的理论功底,又具有实际操作经验和国际视野的国际金融人才,由此占据风险管理的制高地。

第十章 金融危机背景下中国外汇储备全面风险管理体系的构建

外汇储备与金融危机存在着非常密切的关系。1997年的亚洲金融危机,促使人们对如何重塑外汇储备、防范与抵御危机冲击及如何提升经济发展信心等问题进行了深度的反思。2007年的美国次贷危机及之后蔓延至全球的金融危机,对世界经济、国际金融市场以及全球资产投资等带来了巨大冲击,又促使人们进一步思考危机的根源和传染机制,进一步促使人们高度重视外汇储备的功能与作用,推动国际社会、各国政府去思考并建立与现实世界经济发展特点相适应的外汇储备管理体系。一句话,世界金融危机给国际社会带来了前所未有的挑战,但也带来了千载难逢的机会。因此,面对现实,提升高度,果断采取措施,建立全面的外汇储备风险管理体系,势所必然!

本章将在借鉴主要国家和地区先进外汇储备风险管理经验的基础上,探析我国外汇储备全面风险管理体系的基本框架及具体的策略措施。

一、外汇储备风险管理的国际经验和借鉴

(一)主要发达国家和地区的外汇储备风险管理

1. 日本

日本政府对外汇储备的管理目标就是追求流动性、安全性,因此非常重视外汇储备资产的风险监管。在规模管控方面,日本采取多种手段促进外汇储备规模的适度、稳定和可控,具体包括:(1)放开资本流动限制,鼓励企业对外投资和开展国际化经营;(2)完善外汇市场体制,减少中央银行对外汇市场的干预,提高市场主导作用;(3)增强国内企业核心竞争力,提升企业应对风险的

承受力[①];(4)重视引进跨国金融机构的风险管理技术,发展本国的外汇衍生品交易,以便为本国企业管理汇率风险提供种类多样和有效的对冲工具;(5)积极推动日元国际化。

基于安全性考虑,日本在储备资产结构安排上偏于保守,其储备资产主要投资于外国国债、政府机构债券、国际金融机构债券、资产担保债券等,以及在各国中央银行的存款、在国内外信用等级高和偿还能力强的金融机构的存款。购买外国有价证券的比重占其外汇储备规模的80%以上。此外,日本还将外汇储备用于国内投资,改善民生。例如,在外汇储备紧缺的经济起飞阶段,日本不惜重金引进国外先进技术,通过充分消化吸收后,生产出更具竞争力的产品并出口创汇。随着国际收支顺差持续扩大,则不断将巨额外汇储备转换为战略物资储备,从中国等国家大量进口煤炭,沉于海底储备。在其列岛由北向南建立了10个"新人工油田"(国家储备基地),政府为民间石油储备提供巨额"利息补贴"。日本的外汇储备并没有大量集中在国家手中,在2006年日本民间拥有的流动性外汇资产就高达3万亿美元,数额庞大的"民间藏汇"分散了央行的风险,也使得日本外汇储备投资形式真正实现了多元化。

在外汇储备风险管理机制方面,日本采用了覆盖信用风险、市场风险和操作风险的全面风险管理体系,并通过内部模型法对储备风险进行控制。日本拥有一批高层次、高水平的海外证券投资专业技术人才,以及一整套严密的防风险措施和制度。

2. 欧盟

欧盟外汇储备来源于各成员国。根据《欧洲中央银行系统法》的规定,各成员国中央银行向欧洲中央银行转移的国际储备资产由它们各自在欧洲中央银行的资本所占的份额决定,其中85%以美元和日元组成的外汇形式转移,15%以黄金形式转移。欧洲中央银行和欧元区各成员国中央银行都持有并管理外汇储备,其中欧洲中央银行扮演决策者角色。欧盟外汇储备的管理目标是保持外汇储备的流动性和安全性,以满足干预外汇市场的需要,在此基础上追求储备资产的价值最大化。

欧洲中央银行的外汇储备管理体系主要分为两个层面:一是由欧洲中央

---

① 日本政府在20世纪60年代就提出"科技立国",以自主研发和科技创新来支持日本的产业升级和出口竞争力;同时,在本国企业界大力倡导进行各类经营体制革新,以创造一个"无论日元升值或贬值都能应付"的风险管理和盈利模式。

银行制定战略性投资决策,该决策主要涉及储备的货币结构、利率风险与回报之间的平衡、信用风险、流动性要求等;二是各成员国中央银行实施与欧洲中央银行储备战略一致的策略性投资,并对自有储备实施独立的储备管理。

欧洲中央银行在管理外汇储备风险时,主要对以下内容进行决策:(1)对每种储备货币定义了两个级别的投资基准——战略性投资基准和策略性投资基准。前者由其管理委员会制定,反映长期政策的需要以及对风险和回报的偏好;后者由其执行董事会制定,反映当前市场情况下对中短期风险和回报的偏好;(2)确定风险收益相对于投资基准的允许偏离程度以及相关的纠偏措施;(3)确定储备交易的操作机构以及可投资的证券种类;(4)对信用风险暴露的限制。

3. 挪威

挪威外汇储备主要来自石油出口收入。由于实施灵活的汇率制度,政府不需要保留大量高流动性储备进行外汇市场干预,同时石油出口来源稳定,这意味着政府持有的外汇储备可以用于长期投资。为了更好地管理石油财富,挪威于 1990 年建立了政府石油基金,所有石油出口收入都归入该基金。挪威对外汇储备积极管理的最终目标,是通过长期投资来保持基金的国际购买力。

挪威在外汇储备资产风险管理方面,主要采取如下措施:(1)逐步实行多元化管理。挪威央行投资管理公司(NBIM)的投资组合大致为:固定收益工具占比 60%;股票占比 40%。固定收益证券的区域分配主要根据该国在这一地区中的 GDP 权重确定,股票区域分配是欧洲占比 50%,美洲和亚洲占比50%。每一个区域内部对不同国家的股票投资比重参照该国股票在富时 100指数中的比重来定。(2)坚持分散持仓原则。NBIM 的投资组合强调分散性,《挪威政府石油基金投资指引》(以下简称《指引》)规定对单一公司的最高持股是 3%。通过分散持仓降低风险集中,也可起到保值增值的作用。(3)采用内部与外部管理相结合。从 1999 年开始,NBIM 部分资产交由外部经理管理,策略资产配置也是由外部管理和内部管理共同进行。NBIM 对外部基金经理的管理能力设有严格的考察标准,外部基金公司的组织、资产与客户、管理业绩、投资控制能力等都是考察范畴。为保证投资的绩效和安全,NBIM 对外部基金经理在研发、团队组建、投资决策执行等方面都提出明确要求。NBIM 还对外部基金经理实行严格的监管,除要求每日报送交易和持仓数据外,还要对《指引》的执行情况、投资风险评价、投资结果分析和成本分析等进行检查。

《指引》规定了风险控制的基本规则:(1)为了降低投资风险,规定 NBIM

只能投资于金融市场,而且出于安全性考虑,只投资于成熟市场的成熟公司的股票或者债券;(2)对核心资产实行指数化管理;(3)对资产配置进行直接限制,对信用风险进行限制,对债权的持有期限做出规定(一般为 3～7 年),以及对投资基准的最大偏离加以限制(1.5%),等等;(4)加大管理透明度,NBIM每个季度公布一次财务报告,政府部门可以从中了解投资收益情况。NBIM有时编制更加详细的分析报告,直接报送央行行长。

NBIM 建立了完善的风险管理内部机制:投资决策部门与负责交易结算、风险控制、回报管理、会计核算等部门设有明确界限;控制责任由前台办公部门(Front Office Department)负责,它们对内部和外部管理进行经常性监督;投资支持部门(Investment Support Department)对市场和信用风险进行独立的控制;法律部门对内部控制职能进行检查;内部的审计部门对下属机构经营和财务情况进行审计。在 NBIM 以外,挪威银行的行长设有专员由此监督NBIM 的守规情况。

(二)主要发展中国家或地区的外汇储备风险管理

1. 俄罗斯

和挪威一样,俄罗斯的外汇储备主要也来自石油收入。俄罗斯是全球排名前列的石油生产大国,其日产石油量已超过 1 000 万桶。21 世纪之初,油价不断攀升使俄罗斯获得巨额利润,进而使得俄外汇储备急剧增长,从 2000 年仅有外汇储备 243 亿美元,一度升至 2007 年的 4 664 亿美元,而后在 2012 年达到近年来外汇储备的历史峰值 4 731 亿美元。随着近几年油价的波动,其外汇储备于 2013 年开始下降,至 2016 年降至 3 080 亿美元,但随后几年始终保持上升趋势,在 2019 年又再次突破 4 000 亿美元的大关,达到 4 333 亿美元。2020年为 4 445 亿美元。

在外汇储备风险管理方面,俄罗斯主要是围绕储备结构多元化进行改革,具体策略有:(1)实行币种多样化。据估计,俄罗斯外汇储备的货币构成是:美元约占 50%,欧元约占 40%,英镑约占 9%,日元约占 1%。俄罗斯还在考虑扩展外汇储备的范围,并已有意将加元、澳元、丹麦克朗等货币包括进组合中。(2)实行资产多用途。俄罗斯政府充分发挥储备资产的用途:首先,用部分储备购买黄金,提高了黄金在储备中的比重;其次,用石油换回的外汇提前偿还了巴黎俱乐部 213 亿美元的债务;再次,把这些外汇收入用于国内的投资,包括固定资产投资。

由于俄罗斯经济对能源出口的依赖度非常高,因此在2004年成立了经济稳定基金,以应付有可能发生的石油价格下跌或者经济波动。自2008年2月1日起,俄罗斯稳定基金一分为二,拆分为储备基金和国家财富基金:储备基金合1 254亿美元,占原稳定基金的80%;国家财富基金合320亿美元,占原稳定基金的20%。两种基金的功能定位有所不同:储备基金的主要功能是缓冲国际石油价格下跌对俄罗斯可能造成的预算冲击,其作用实际上等同于稳定基金,是稳定基金的延续;国家财富基金则对风险资产进行增长型的投资,其收益主要用于对公民的养老积累拨款。为了使稳定基金保值和增值,俄罗斯政府做出了严格的投资规定。比如,以有价证券形式投资的外国政府债券只能选择美、德、法、意、荷等稳定的发达国家的国债,债券发行国的长期偿债能力评级不得低于惠誉和标准普尔的AAA级,或者不低于穆迪评级的Aaa。为规避风险,还要求基金在做投资安排时自行限制在一家公司的持股上限比例。

2. 中国台湾

台湾的外汇储备自20世纪90年代开始在世界各经济体中一直名列前茅,并且从20世纪初开始保持稳步上升趋势,从2000年的1 067亿美元升至2020年的5 299亿美元。目前,台外汇储备数量位于大陆、日本及沙特阿拉伯之后,居全球第四。台湾的外汇储备主要来源于对外贸易顺差和外商投资,近年外汇储备增加的原因除投资收益外,还有欧元等主要货币对美元升值,以这些货币持有的外汇折成美元后,金额增加。

台湾外汇储备管理的总原则是安全性、流动性、获利性、经济性。安全性放在第一。依此原则,在外汇储备不断增长的过程中,台湾当局采取了相应的比较宽松的政策措施。

台湾对外汇储备的管理主要从20世纪80年代开始。自80年代以来,台湾外汇储备迅速膨胀,1984年已位居世界外汇储备四强之列①。为了缓和外汇储备增长带来的压力,台湾当局采取了增加进口与冲销措施:首先,大幅解除进口限制,"除涉及社会安全与人民健康之货物及若干农产品外,其余的均尽量开放";其次,降低关税。此外,面对由于货币供应量增加而形成的通胀压力,台湾当局采取了提高银行存款准备金率、提高信托投资公司资金准备率、调整"中央银行"贴放利率、调整银行各种存款最高利率等冲销手段。此外,

---

① 截至1992年年底,中国台湾外汇储备高达895.04美元,跃居世界首位,外汇储备规模足以抵付当时17个月进口需要,占全球外汇储备的1/12。

"中央银行"在公开市场上积极干预,放出"国库券",收回本币,减少货币发行量。

1987年7月,台湾当局继续出台了一系列放松外汇管制的措施:(1)准许民间持有和自由运用外汇;(2)进出口用汇不必申报,可自行结购外汇;(3)取消对外投资和小额外汇流出的限制,远期外汇市场完全开放。自1989年4月起,在放松外汇管制及一系列汇率制度微调的基础上,正式废除机动汇率制,实施新的浮动汇率机制,取消变动幅度,限制汇率基本上由买卖双方协商决定。除了放松外汇管制,台湾当局还通过将官方储备转化为民间储备的方式缓解外汇储备规模增长。1993年,"中央银行"拨出70亿美元以及5亿德国马克,作为台湾外币拆借市场的种子资金,供岛内银行拆借,转融通给岛内企业。台湾当局采取种种措施拓宽民间投资渠道,允许民间投资的行业包括银行、保险、证券、运输、通讯、电力、石油、电信、物流业、娱乐场所等。

台湾对外汇储备风险管理的具体做法体现在:(1)储备货币结构安排上。为了减少汇率、利率风险,有意识地提高世界坚挺货币的比重,主要表现在大幅增持欧元,使其成为仅次于美元的第二大投资货币,此外还增加了日元等其他货币的持有。(2)资产配置和运用上。主要运用于两个方面:一是供当局正当的外汇需求,二是存放在境外获取利息。当局正当外汇需要又分为两部分:一部分是岛内居民出境探亲、观光、走访、旅游、就职以及其他各种汇出款,依照有关的规定,居民可以用新台币向指定银行申请结汇;另一部分是"中央银行"运用外汇储备对各民营企业进行各种融通和贷款,支援这些企业进口各种民生物资、机器设备、劳务和技术。这些融通或贷款在到期之后,连同利息以新台币折还给"中央银行"。也就是说,当局是本着稳定岛内物价和协助经济发展的原则来运用这部分外汇储备的。岛外获取利息的外汇储备一部分存在美国、日本和欧洲等地的大银行,另一部分购买各种有价证券,这些外汇资产主要以现金以外的货币(包括存款、支票、本票、汇票等)或有价证券(包括公债、国库券、股票、公司债等)的形式保有。

台湾外汇储备风险管理的主要原则是分散投资以及不投资于高风险的资产。其资产投资趋于保守,基本不涉及结构型投资工具。台湾当局成立专门小组,负责研究分析国际金融市场货币汇率、利率走势,及时提供信息,以便决策机构对其经营方针策略随时做出必要的调整。台湾还有计划地派出人员到纽约、伦敦等主要国际金融市场学习研究,掌握世界最新的市场操作技术。近几年,台湾外汇储备通过委托投资机构进行投资,"中央银行"负责从合格的投资银行及投资机构名单中进行挑选,但投资标准由"中央银行"决定。

3. 印度

印度是仅次于中国的世界上第二大发展中国家,自 1991 年经济改革以来,其经济发展日益受到世人瞩目,其中一个亮点是国际收支状况逐步改善,外汇储备迅速增加。从 2013 年的 2 677 亿美元升至 2020 年的 5 857 亿美元。

印度对外汇储备的管理由来已久。1934 年颁布的《印度储备银行法》明确规定,印度储备银行(Reserve Bank of India,RBI)作为印度外汇储备的保管者和管理者,负责储备币种构成及资产分配。该法在序言中就指出,印度外汇储备管理的目标是"持有外汇储备以实现金融体系的稳定,并充分运营货币和国家信用体系"。

印度外汇储备的币种结构以及投资的期限方式都遵循安全性、流动性和盈利性原则。印度外汇储备币种主要是美元、英镑、欧元,近年来美元资产比重有所下降。在资产投资安排上,《印度储备银行法》允许将外汇储备投资于以下几类:一是其他中央银行和国际清算银行(The Bank for International Settlements,BIS)的存款;二是外国商业银行存款;三是代表主权国家及其担保的债券(期限不超过 10 年);四是由中央银行的董事会批准的其他金融工具及金融机构债券。

为了降低储备规模过大带来的压力和投资风险,印度非常重视富余储备资产的运用:一是将外汇储备用于基础设施建设;二是运用外汇储备在世界范围内开发油气资源,提高国家能源竞争力;三是运用外汇储备鼓励企业对外投资;四是运用外汇储备提前偿还外债,减轻将来还本付息的压力。

与一些储备管理国家按照流动性和投资收益两大目标和政策要求将储备资产细分为流动部分和投资部分不同,RBI 根据风险系数不同,将储备资产组合分为货币市场投资组合和债券投资组合。货币市场投资组合主要是期限低于 1 年的工具,主要用于交易和干预需要。由于期限很短,该组合的市场风险较低。而债券投资组合一般为持有期限较长(最长为 10 年)的 AAA 级政府债券。此外,还有一小部分的外汇储备是委托外国资产经理管理,以获得更高的收益。其目的之一是利用国外的技术,提高中央银行管理外汇储备的水平与加强人员培训。在风险管理方面,RBI 已经有一套完善的系统来识别、衡量、监测、控制外汇储备管理所涉及的各类风险,例如对信用风险、市场风险、流动性风险、操作风险以及保管风险等如何防范和管理都形成了一套完整的体系。此外,印度通过制定法律制度与实施规则来规范外汇储备管理。除

1934 年《印度储备银行法》及 1999 年《外汇管理法》外，印度还有大量涉及外汇管理具体领域的管理规则，如 2000 年《外汇管理（在印度设立分支机构、办公机构或其他商业场所）规则》、2000 年《外汇管理（外国人的证券的转让和发放）规则》和 2000 年《外汇管理（保险）规则》等。

4. 韩国

韩国外汇储备快速增长是从 1998 年亚洲金融危机之后开始的，虽然在 2008 年金融危机时有所降低，但是之后继续保持增长的态势。2020 年年底接近 4 301 亿美元，排在全球第九位。

随着外汇储备规模的迅速增长，韩国政府对控制储备规模提出了多项改革方案：一是加快推进外汇自由化政策，促进企业和个人海外投资；二是放宽资金流出，有效平衡外汇市场的资金流入。2005 年 6 月 15 日财政部推出了《搞活海外投资方案》，该方案全面废除企业对海外金融、保险业投资的限制，大幅放宽企业和个人购买海外不动产的限制，鼓励资金流出。2006 年 2 月底政府再次推出一系列放松外汇市场管制的措施以鼓励企业和居民加大海外投资，包括银行每月外汇交易头寸占其资本金的比例上限从 20% 调至 30%，取消个人和私有企业海外投资的种种限制等。

从 1997 年开始韩国银行将储备资产分为流动部分、投资部分和信托部分进行分档管理，不同部分设定不同的投资基准：流动部分追求高度流动性，由美元存款和短期美国国库券组成，每季度根据储备现金流来决定合适的规模，2002 年以后韩国持有的外国债券中美国国债的比重基本维持在 35% 左右；投资部分追求高收益率目标，主要投资于中长期、固定收益证券，该部分资产的币种构成主要取决于政府和韩国银行的外债币种结构、国际收支币种结构以及全球主权债市场的规模，其他中央银行的货币结构也作为参考；信托部分由国际知名的资产管理公司进行管理，在提高收益率的同时向其学习先进的投资知识。

2005 年 7 月 1 日韩国政府对外汇储备管理进行改革，其做法就是仿效新加坡 GIC，成立了韩国投资公司（Korea Investment Corporation，简称 KIC）。KIC 的主要职能是提高外汇储备的利用效率，并支持韩国成长为亚洲金融枢纽之一。

在风险管理方面，为了控制信用风险，韩国银行规定：投资只能分布于 AA 级以上的证券，存款只能存放在 A 级以上的金融机构。为了控制流动性风险，储备资产应是有高度流动性的主权债、政府机构债券、国际机构债券、金融机构债券,但信托部分还可以投资于 AA 级以上的公司债券、资产担保证券(ABS)和抵押支持债券(MBS)。至于市场风险,则主要通过 VaR 系统控制。韩国央行储备管理的一般性投资观点和方向都通过年报披露给公众,但并不披露货币构成、资产构成、储备收益等具体细节,以免对外汇储备管理产生逆向影响。

5. 新加坡

新加坡的外汇储备主要来自国际收支盈余与投资运作。根据新加坡金融管理局数据,2020 年新加坡外汇储备增至 3 593 亿美元,全球排名第十一位。新加坡外汇储备管理与投资,主要是通过新加坡政府投资公司、淡马锡控股有限公司来实现。

(1)新加坡政府投资公司(The Government of Singapore Investment Corporation,简称 GIC)是依据《公司法》于 1981 年 5 月成立的一家资产管理公司,其成立目的是受政府委托管理外汇储备,以提高储备资产的投资回报率。GIC 经营目标是追求相对长期的投资回报。其下属四个主要企业,分别集中于公共市场、房地产、直接投资和公司服务方面的业务。公共市场投资是 GIC 最大的业务部门,主要投资领域包括股票、固定收入证券和货币市场工具。房地产公司(GICRE)的主要职责是投资于新加坡之外的房地产以及房地产相关资产。直接投资公司(GICSI)管理一个包括风险资本、私人证券基金在内的分散化的全球投资组合,此外,该公司也对私人公司进行直接投资。公司服务集团的业务包括了公司规划、金融服务、内部审计、风险与业绩管理、信息技术、行政和人力资源管理方面的服务业务。由于业务遍及世界,GIC 还在纽约、伦敦、旧金山、东京等地设有六个办事机构。目前,GIC 所管理的资产已经超过 1 000 亿美元,跻身全球最大的 100 家基金管理公司行列。

GIC 内部的外汇投资部门统筹货币配置,负责从整个公司的层面控制货币风险,虽然 GIC 没有公布其投资币种详细资料,但从其投资区域分布判断,美元计价资产的比重应该在 50% 左右。从资产配置结构看,GIC 储备管理的基本原则是改变以外国政府证券和货币等低收益率储备资产为主的资产配置,通过多元化的资产组合,追求储备资产的保值增值和长期回报。从公开透露的信息来看,其投资组合包括九大资产类别,比重较大的为蓝筹股票、房地产、私人股权投资等期限长、风险高、回报高的资产,分别由下属的公共市场投资部门、GIC 房地产公司和 GIC 直接投资公司专责。在 GIC 的全部资产中,约有 50% 的资产为股票,25%~30% 为债券,剩余的资产配置在私人股权、房地产、商品和其他资产中。GIC 对蓝筹股票的配置包括银行、公用事业、工业等不同领域；房地产投资主要在发达国家，包括酒店、商务房产和零售店面。2006 年以来对对冲基金和大宗商品的投资比例有所扩大。

GIC 有一套规范、成熟的风险控制体系。首先，GIC 的投资决策强调"风险否决"原则，只有与新投资活动有关的风险得到充分认知、确认可以承受，并具有衡量、评估、管理和控制这一风险的能力时，才能做出投资决策。其次，GIC 设有如下需严格遵循的风险控制程序：一是为各种风险制定政策、程序、合规性限制；二是信用风险委员会、运营风险委员会以及分散化政策委员会对各种风险进行经常性评估；三是投资部门在评估风险基础上，按照资产的回报要求和风险偏好配置资产；四是高级经理对投资计划定期评估，防止过高的风险资本配置；五是设置专职风险控制部门对投资指引、例外管理制度执行情况及合规性进行监督。再次，近年来 GIC 在控制风险方面进一步强调三个方面的内容：公司高层直接介入风险控制；降低不同投资战略之间的风险相关性；越来越注重运用计量模型进行资产配置和风险评估。

（2）淡马锡控股有限公司（Temasek Holdings，简称 TH）成立于 1974 年，是新加坡财政部的全资注册公司，其成立的目的是控股管理本国战略性产业，提升新加坡企业的盈利水平和长期竞争力。

淡马锡控股有限公司将外汇储备风险分为三大类：战略风险、财务风险和运营风险。在对风险进行细分的基础上，公司制定了有针对性的风险控制安排。针对战略风险，公司主张调整投资组合，使之在地区、行业保持平衡。针对财务风险，公司强调风险控制部门应定期进行风险评估；集团全部投资风险每月评估一次，其所属基金管理公司投资风险每日评估一次。针对运营风险，公司强调内部审计、法律部门的作用：内部审计部门每 18 个月对公司各部门审计一次，法律部门则负责监督集团各部守规情况。在必要时，公司还聘请外部独立审计机构与内部审计部门一起，对特定单位进行联合审计。为了达到保值和增值目的，淡马锡董事会必须向总统负责并确保每次投资的交易价格符合其公平市场价值。未经总统批准，淡马锡的年度营运预算或计划中的投资项目不能动用过去的储备金。淡马锡董事长和总裁必须每半年向总统证明当前和以往储备金报表的正确性。此外，淡马锡定期向财政部提供财务报告和简报，并不定期和财政部审查股息发放政策，在现金回报和再投资之间寻求最优组合。

（三）主要国家或地区外汇储备管理的经验与启示

通过以上对发达国家和发展中国家或地区外汇储备风险管理政策与措施的分析,可以总结出以下几个共同点:

(1)各国或地区基本上都是通过规模管理,降低外汇储备持有及投资风险。绝大多数国家都不会放任外汇储备规模过高增长。虽然在规模控制上政策和方式不同,但其目的都是力图将储备规模控制在一定的适度范围内,对适度范围之外的外汇资产进行投资或利用。

(2)为了降低外汇储备投资风险,外汇储备结构均趋于多元化。外汇储备币种结构已经从"美元独霸"的状态发展为"多元共存"的现状,除了美元外,还有欧元、日元、英镑、人民币和其他货币。值得一提的是,自从 2016 年 IMF 首次在官方外汇储备货币构成季度调查中单独列出人民币资产后,根据近几年来公布的数据可以看出,人民币储备占比处于上升趋势。从资产配置看,随着储备规模的增加,一些国家储备投资不再局限于低风险、低收益的高信用评级政府类固定收益产品,开始涉足股票、房地产、货币期权、黄金及与通胀相关的外国债券等投资领域,资产结构日益多元化。

(3)随着资产结构安排的多元化,越来越多的发展中国家更加重视外汇储备风险管理。他们通过建立、完善风险管理框架,运用先进的风险管理技术,构建有效的风险内控机制等,提高对风险的预测和控制。一些国家(地区)通过提高储备管理的信息透明度,减少公众不必要的猜测与错误的预期,并通过社会公众的监督进一步提高外汇储备管理的效率。中国香港地区就根据 IMF 的"数据公布特殊标准"(Special Data Dissemination System,简称 SDDS)对金融相关数据予以公布,并在年报上定期公布储备管理政策、储备规模、货币构成、基准组合、实际收益等方面的详细信息。当然,由于外汇储备管理直接关系到一国(地区)的经济安全,在关键细节上予以保密是允许的,也是合理的。SDDS 也认为鉴于某些细节的公布可能弱化储备管理机构在市场中操作的能力,一些管理操作细节是允许不公布的。

(4)一些国家(地区)已形成比较完善的储备投资内部风险管理组织。根据负责业务的内容不同,风险管理的组织结构通常分为前端、中端和后端三部分。前端业务室承担实际交易,负责外汇资产的投资操作,管理货币和资产组织配置的头寸,制定储备投资方面的有关措施。中端业务室承担交易支持功能,主要负责测算风险和回报,维护前端交易系统,提供绩效评价和风险信息作为决策基础。后端业务室承担服务督察功能,主要负责支付清算和财务审计工作,为前端业务室的储备管理提供清算和媒介服务,同时出具审计报告对储备管理的运营状况进行监督。功能部门之间通常设立严格的防火墙,保证各部门都有独立的汇报线路,以减少储备管理的系统性风险。

二、我国外汇储备全面风险管理体系的构建

(一)全面风险管理体系的内涵

所谓全面风险管理体系,是指以监控管理风险为目标,存在于外汇储备形成、持有与运用全过程中的一种制度安排。它有两个主要内涵。一是指设置独立的风险监管组织,对外汇储备管理机构的不同业务层次、各种类型风险进行全盘管理。这种管理要求将市场风险、环境风险、操作风险以及包含这些风险的各种金融资产与资产组合、承担这些风险的各个业务单位纳入统一的体系中,依据统一的标准进行风险测量并加总,依据全部业务的相关性对风险进行控制和管理。二是指对外汇储备规模、外汇储备币种结构、外汇储备资产运用、外汇储备各币种及相互间汇率波动等进行重点管理。

全面风险管理体系一般包括风险管理组织构架的建立和风险管理程序的设计两方面。风险管理组织既要独立于业务部门,又应与各储备运营机构保持密切的沟通与联系。外汇储备风险管理程序包括风险辨识、风险度量、风险管理决策实施、风险控制以及风险管理效果评估五个阶段。

(二)全面风险管理组织构架的建立

借鉴全面风险管理理论,笔者认为可以按图 10-1、图 10-2 所示建立一个独立、有效的全面风险管理体系。

(1)国务院外汇资产监督管理委员会。这是风险管理决策的制定机构,其职责是明确对外汇储备风险的忍受程度、风险敞口的大小,并据此动态调整外汇储备风险管理的政策、资产组合计划、风险限额以及下属机构之间承担和控制风险的责任,监督风险管理政策的贯彻以及执行情况等。委员会必须由一

定比例的富有经验的风险管理专家组成。

（2）风险管理执行委员会。它是高层监管人员和各机构部门风险管理者之间的联系枢纽，确保从下而上风险报告的畅通，同时对风险管理部门的实际操作实施监督和检查。该委员会负责人由国家外汇管理局，财政部下属中金公司、中投公司等具体参与外汇储备管理的机构各派一负责人组成。

（3）风险管理部门。它是风险管理执行委员会下设的、分布在各储备管理机构并独立于业务部门的部门。其职责是对外汇储备实施具体的风险管理。

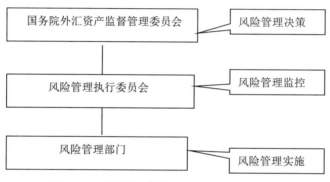

图 10-1　中国外汇储备风险管理的组织构架

风险管理部门必须保持独立性，但是也需要与外汇储备整体管理体系中其他部门以及外部机构与人员进行沟通和协作。同时，风险管理部门还需要经常与上级监管者、审计机构、评级机构和社会公众联系。风险管理部门的运作以及内外关系如图 10-2 所示。

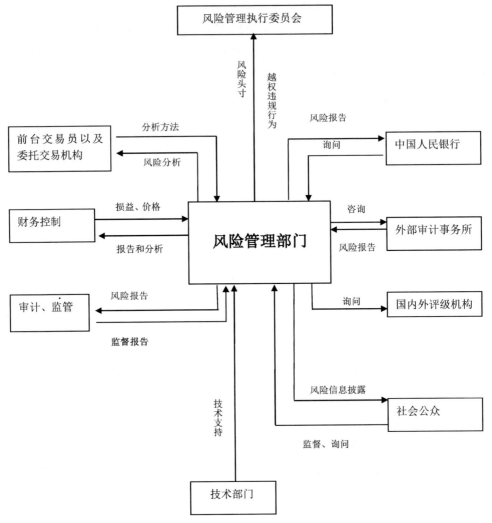

图 10-2 中国外汇储备风险管理部门的内外联系

图 10-2 中,风险管理部门和外汇储备管理体系内部各部门的联系主要有:

(1)与前台交易员以及各委托交易机构的联系。之所以要跟前台保持联系,主要是为了收集风险敞口、市场变化以及损益的信息,以及交易员对这些信息的看法;同时,风险管理部门需要向交易员提供风险分析,并就风险管理模型的可行性征求交易员的意见。

(2)与财务控制部门的联系。之所以要跟财务控制部门联系,是因为要从财务控制部门获得损益数字，并核实风险管理报告中反映的数字是否准确。财务控制部门也需要风险管理部门定量分析的帮助，以独立地评估资产工具的价格。

（3）与内部审计、监管部门的联系。该部门也是监督风险管理部门管理水平和管理绩效的部门。

（4）与技术部门的联系。由于风险管理要求较高的技术能力，并且需从不同的部门收集大量的数据，风险管理部门必须密切与技术部门的联系。

风险管理部门和外部的联系包括：

（1）与中国人民银行的联系。由于外汇储备的风险与央行政策的制定、实施密切相关，因此外汇储备的风险日益受到央行的重视。外汇储备风险管理部门必须定期向央行报送风险敞口、风险评估以及预测等报告，以便央行及时调整一些外汇干预政策。

（2）与外部审计部门的联系。外部审计部门协助央行监督外汇储备风险管理部门的风险管理，并独立地提出管理绩效的评估报告，配合央行的监管工作。

（3）与国内外评级机构的联系。外汇储备风险管理部门必须密切与国内外知名评级机构的联系，因为这些机构提供了较为科学、客观的投资工具的评级报告，特别有利于外汇储备资产中信用风险的管理。

（4）与社会公众的联系。根据 IMF 外汇储备管理指南中透明度的要求，社会公众拥有对外汇储备资产状况的知情权，因此，外汇储备风险管理部门应当向社会公众提供风险管理的数据和报告。社会公众也负有外部监督的义务。

（三）全面风险管理的程序设计①

外汇储备风险管理程序包括风险的识别、风险成因分析、风险度量、风险管理决策、风险管理具体行动方案、风险管理的实施、风险报告及风险管理效果评估等八个过程。这八个过程可分为风险分析、风险决策和风险处理三个阶段。参见图 10-3。

---

① 可参阅本书第五章的部分内容。

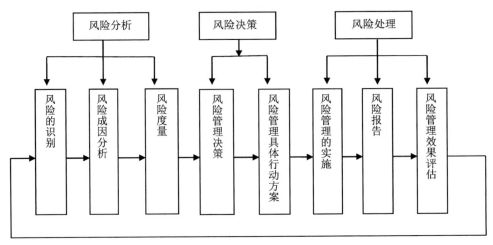

图 10-3 全面外汇储备风险管理的程序

关于外汇储备风险管理程序,具体分析如下:

1. 风险的识别

风险识别包括两个方面的内容:其一,哪些项目存在金融风险,受何种金融风险的影响;其二,各种资产或负债受到金融风险影响的程度。

2. 风险成因分析

造成金融风险的因素错综复杂,有客观和主观因素,有系统和非系统因素。不同因素造成的金融风险具有不同的特征。通过对风险成因和特征的诊断,管理者就可以分清哪些金融风险是可以回避的,哪些金融风险是可以分散的,哪些金融风险是可以减少的。

风险分析可以采用三种方法:(1)风险逻辑法,即从最直接的风险开始,层层深入地分析导致风险产生的原因和条件;(2)指标体系法,即通过外汇储备各项指标进行分析,从而得出一定的判定;(3)风险清单,即全面地列出储备资产所面临的市场环境,找出导致各类风险的原因,从而归纳其共同因素。

3. 风险度量

风险度量是指针对不同的风险种类,选择不同的模型进行测度。

(1)中国外汇储备市场风险的度量[①]

外汇储备市场风险是指外汇储备投资组合由于市场价格变化导致其市场价值产生波动带来的风险。根据国际清算银行的定义,这些市场价格变化主

---

① 这里的市场风险主要是指利率风险和汇率风险。

要是指股票、利率、汇率和商品价格的变化。我们可以借鉴 Bert 和 Han（2004）关于央行市场风险管理的资产平衡表模型（A Balance Sheet Approach）来建立一个较长期限内外汇储备市场风险衡量的模型[1]。由于本书主要讨论外汇储备资产，对资产平衡表模型做了一定的修改，舍去一些无关的资产和假定。

①模型假定

模型假定外汇储备资产管理部门独立性强，不存在其他利益部门干预外汇储备的现象；储备资产当中包括外币资产（比如外国债券、股票等金融资产）、借给金融机构的外汇储备以及其他资产；外汇储备资产回报服从联合正态分布，并且投资于线性资产组合[2]（不包含期权等非线性资产）；风险价值 VaR 和预期收益相互独立[3]。

②计算步骤

VaR 的计算。基于第三个假定，可以采用资产-正态模型[4]（asset-normal）方法来计算资产组合 VaR：

$$VaR = \rho \sigma_P \sqrt{\Delta t} \qquad (\text{式 10-1})$$

其中：ρ 表示标准正态分布下置信度对应的分位数[5]；Δt 是资产持有期限；σ_P 是指组合回报的标准差，是用一系列组合的头寸权重 ω 和头寸回报的协方差 $\sum$ 计算而来的，即 $\sigma_P = \sqrt{\omega' \sum \omega}$。

计算预期收益。用 $E(P)$ 表示资产组合的预期利润，即

$$E(P) = r_F F + r_L L + r_O O - r_C C - OC = rX - r_C C - OC \qquad (\text{式 10-2})$$

---

① 该模型主要考虑了预期收益，这和短期内市场风险度量不同。在短期内资产的市场风险可以直接用 VaR 来近似地表达（比如巴塞尔委员会推荐 10 天为计算期）。

② 这一假设通常符合现实情况，因为外汇储备当中占绝大部分的资产是线性金融工具而非期权等非线性工具。这一假定使得资产-正态模型得以适用。

③ 该假定是为了简化模型。实际上 VaR 与 $E(P)$ 不一定相互独立。VaR 起源于风险因子的潜在反方向运动，比如，利率的上升导致资产市场价值下降，但是同时，它正增加了再投资的回报，即使得 $E(P)$ 上升。

④ 资产-正态类模型假定头寸回报的 $N \times 1$ 向量服从联合正态分布，$N(\mu, \sum)$，μ 是头寸 i 每一单位期望回报的 $N \times 1$ 向量，$\sum$ 是头寸 i 回报的 $N \times N$ 协方差矩阵。因为组合是头寸的加权和，且正态变量的加总服从正态分布，所以组合的期望回报服从正态分布，均值 $\mu_P = \omega' \mu$，方差 $\sigma_P^2 = \omega' \sum \omega$。

⑤ 如 99% 的置信度对应的分位数为 2.33，95% 的置信度对应的分位数为 1.645。

式中:$E(P)$表示预期利润;r_F、r_L、r_O分别表示外币资产F、给金融机构的储备资产L以及其他资产O的预期回报;X表示资产组合F、L和O资产的和;r表示资产总回报;r_C表示货币储备C的偿还;OC表示操作成本。

计算潜在损失。考察较长期限(比如一年)内,储备资产的潜在损失(记为PL):

$$PL = VaR - E(P) \qquad (式10\text{-}3)$$

理论上,PL可能是负数,从而使得潜在损失变为收益,但是考虑到汇率风险,PL通常是正数,并代表了在特定置信度水平下的最大损失。

该模型提供了测量市场风险的总体方法。模型的缺陷在于:央行的储备管理往往负担其他方面的政策压力(比如监管和对外支付),从而需要预备额外的外汇储备资产,而该模型忽视了这些因素的影响;该模型只是个测试市场风险的静态模型,而实际上市场往往充满流动性。虽然该模型存在上述缺陷,但不妨碍其成为估计储备资产面临的风险的一个强有力工具。

由于中国外汇储备的资产结构数据及模型中需要的各类资产的收益状况等信息属于国家机密,不对外公布,所以本章无法借助实证检验来度量中国外汇储备面临的市场风险。但是这不妨碍我们在这里提供一个计量的思路,在将来数据条件允许的情况下,可以应用该模型进行实证研究和检验,并把该模型应用到外汇储备风险管理实践当中去。

(2)中国外汇储备流动性风险的度量

外汇储备的流动性风险是指央行无法迅速并且低成本地把其持有的外汇资产转变为现金以满足外汇流动性需要的可能性。此风险产生的原因主要是外汇储备资产和负债期限不匹配,一旦出现国际性投机资本的冲击,央行难以短期内以合理的价格筹集到足够的外汇储备以满足需求。流动性风险度量的目的,是对央行流动性管理目标进行检验,同时调整投资方案,降低潜在的流动性危机。衡量流动性风险的方法很多,如流动性缺口衡量法、现金流量法等。本章借鉴委内瑞拉中央银行(Banco Central de Venezuela,BCV)关于资产流动性风险的度量方法,针对中国的外汇储备流动性,设计流动性风险模型如下:

①模型假定

模型假定如下:流动性风险即指储备流动性危机产生的可能性;央行不允许以低于购入成本的价格转换资产(即损失一定比例的收益以获得流动性),因此流动性资产必须足够充足;流动性资产中仅包含短期性的金融工具,如现金、短期国库券等；对于每天的最佳流动头寸需求 ON^* 已有了清楚的界定；每周的短期存款都在周末同一天到期，以简化模型。

②计算步骤

在某一特定 t 日考察央行每日和每周外汇储备流动性头寸的需求。

在 t 日，外汇储备日头寸 ON_t 是前一天的外汇储备日头寸水平 ON_{t-1} 和外汇储备当天净变化 ΔR_t 的总和。当 t 日 ON_t 少于流动性日头寸的目标水平 ON^* 或者与之相等时，二者关系表示如下：

$$ON_t = \begin{cases} ON_{t-1} + \Delta R_t & 当 \quad ON_{t-1} + \Delta R_t \leqslant ON^* \\ ON^* & 其他 \end{cases} \qquad (式 10\text{-}4)$$

当 t 日 ON_t 大于目标水平 ON^* 时，仍然要保持该日头寸与目标水平 ON^* 相等，超过部分 EX_{ON_t} 将转到周流动性头寸 W_t 账户。如下式表示：

$$EX_{ON_t} = \begin{cases} ON_{t-1} + \Delta R_t - ON^* & 当 \quad ON_{t-1} + \Delta R_t > ON^* \\ 0 & 其他 \end{cases} \qquad (式 10\text{-}5)$$

另外，在当日外汇储备流动性头寸的盈余转变成周流动头寸的情况下，这个体系仅考虑满足周流动性头寸的目标水平 W^*。

$$W_t = \begin{cases} W_{t-1} + EX_{ON_t} & 当 \quad W_{t-1} + EX_{ON_t} \leqslant W^* \\ W^* & 其他 \end{cases} \qquad (式 10\text{-}6)$$

这一部分描述了流动性风险的数学公式，动态地考虑了央行每日和每周外汇储备流动性头寸的需求。

长期资产组合的计算。式 10-6 中超过周流动头寸 W^* 的部分 EX_{W_t} 将转变成长期资产组合 Opt_t，并离开流动性头寸系统。

$$EX_{W_t} = \begin{cases} W_{t-1} + EX_{ON_t} - W^* & 当 \quad W_{t-1} + EX_{ON_t} > W^* \\ 0 & 其他 \end{cases} \qquad (式 10\text{-}7)$$

$$Opt_t = Opt_{t-1} + EX_{W_t} \qquad (式 10\text{-}8)$$

每周末，日流动头寸都能从周流动头寸 W_t 那里得到转变而来的资产（记为 $\mathrm{Trans}f_W$，使得日头寸满足目标需要。

$$\mathrm{Trans}f_W = \begin{cases} ON_t - (ON_{t-1} + \Delta R) & 当 W_t \geqslant ON^* - ON_{t-1} + \Delta R \geqslant 0 \\ W_t & 当 ON^* - (ON_{t-1} + \Delta R) > W_t \\ 0 & 当 ON^* - (ON_{t-1} + \Delta R) < 0 \end{cases}$$

$$(式 10\text{-}9)$$

$$ON_t = ON_{t-1} + \Delta R + \mathrm{Trans}(f_W) \qquad (式 10\text{-}10)$$

计算流动性危机发生的概率。如果日流动头寸和周流动头寸不能满足央行的流动性需求,则流动性危机就会发生。利用棣莫弗-拉普拉斯定理(De Moivre-Laplace Theorem)[1],如果有足够多的数据模拟上述过程,那么就可能计算流动性危机每天发生的可能性,即:

$$\text{Prob}(\text{流动性危机}) = \frac{\sum \text{流动性危机}}{\sum \text{观测值}} \qquad (\text{式 }10\text{-}11)$$

其中,"$\sum$ 流动性危机"是在观测期间流动性危机发生的总次数,"$\sum$ 观测值"是总的样本数。

实际运算中,第一,目标日流动头寸 ON^* 和目标周流动头寸 W^* 的确定,必须结合央行外部干预需求以及其他流动性支付的需求来确定,当然还应该略有盈余以满足不时之需。第二,通过计量外汇储备日流动头寸,式 10-11 中流动性危机发生的可能性是可以用蒙特卡罗模拟技术来度量的。第三,棣莫弗-拉普拉斯定理要求变量服从二项分布,要求事件的发生是独立的。为了防止外汇储备流动头寸的日变动存在序列相关(即不彼此独立),流动性风险的概率可以用自回归来估计。

该模型在央行可以容忍的流动性风险程度的情况下,动态地考察流动性资产需求总量和流动性危机发生的概率。虽然该模型结构简单,假定条件严格,但还是可以体现流动性实时监控的好处,并有利于央行的流动性管理。

(3)中国外汇储备操作风险的度量

操作风险本身是一个比较模糊的概念,很多学者都对操作风险的界定进行了探讨。Jack King(1999)认为,广义的操作风险是指企业在提供产品或服务过程中的失误或带来的损失的不确定性;Peter Slater(1999)将操作风险狭义定义为遭受由于人为的、系统的错误而引起的内部控制缺乏或信息系统信息不足导致的不可预见损失的风险。2003 年巴塞尔委员会公布的新资本协议(第三稿)中也做出了界定,指出:操作风险是指由不完善或有问题的内部程序、人员及系统或外部事件所造成损失的风险。此风险包括两种类型的风险

---

[1] 该定理是中心极限定理的推论,定义是:设随机变量 X 服从二项分布 $B(n,p)$,则对于任何实数 x,有

$$\lim_{n \to \infty} P\left\{ \frac{X - np}{\sqrt{npq} \leqslant x} \right\} = \int_{-\infty}^{x} \frac{1}{\sqrt{2\pi}} e^{-\frac{t^2}{2}} \, dt = \Phi(x)$$

该定理表明当 $n \to \infty$ 时,二项分布以正态分布为极限分布(龚德恩,1998)。

事件:一是高频低危类型事件,二是低频高危的极端事件。高频低危类型事件在外汇储备资产管理过程中经常出现,但损失不大,而低频高危事件,如类似"里森事件"那样的极端事件①造成的危害和损失更为严重。由于这两类风险的同时存在,使得操作风险的分布呈现如图 10-4 所示的特征,即极端损失的存在使得操作风险的损失分布具有鲜明的厚尾性特点。学术界一致认为必须对高频低危类型事件进行管理,但未来操作风险管理的重点应是低频高危事件。

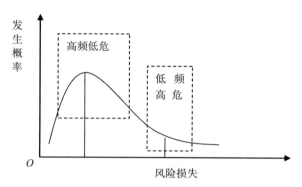

图 10-4　外汇储备操作风险特征图

操作风险的度量方法也有很多。内部衡量法、损失分布法(LDA)和极值理论的 POT 法都为操作风险的度量提供了参考。本章借鉴损失分布法来测量操作风险。

第一步:收集历史数据。该步骤要求外汇储备管理当局定期按照类别收集由于各类操作风险引起的损失额度,并汇总成报表。本章假定②:按照货币类别③来划分中国储备资产类型,选取某一时期 t 内,观察的损失数据没有结构性的变化。在这种假定情况下,储备管理当局按照划分的事故类型和资产类型逐次收集数据填入表 10-1 中。其中,$X_{i,j}^{w}$ 是外汇储备管理当局划定的某种资产在某一特定时期 t 内遭遇某种风险事故类型的损失额度,其中,i 表示资产类型,j 表示事故类型,w 表示损失次数($w=1,2,\cdots$)。

第二步:将损失幅度和损失次数加权,计算 t 时期每一种资产类型的累积

①　尼克·里森是巴林银行新加坡分行的职员,由于其违规操作导致巴林银行的破产(1995 年)。

②　之所以做这样的假定是为了符合损失分布法的度量要求。

③　理论上也可以用金融工具的种类来划分资产类型。但是考虑到负责外汇储备投资的各地区代理机构以及交易员的分工与国家类别相关,所以我们选择货币种类为资产划分标准。

损失 $\sum\limits_{j=1}^{6}\sum X_{i,j}^{w}$ 和每一种事故类型的累积损失 $\sum\limits_{i=1}^{4}\sum X_{i,j}^{w}$。即在 t 时期内，每一种资产类型/事故类型的累积损失为：$L_{i,j}^{t}=\sum\limits_{w=1}^{N_{i,j}^{t}}X_{i,j}^{w}$（其中，$N_{i,j}^{t}$ 表示第 i 种事故或第 j 种资产下损失发生的次数）。

第三步：度量操作风险。在上式中，如果把 t 定义为一年，即表示每一种事故类型/资产类型在时间 t 年到 $t+1$ 年之间的累积损失。用 $g(L_{i,j}^{t+1})$ 表示 $L_{i,j}^{t+1}$ 的分布，选定一个置信度 α，即可得到在 α 置信区间内极端情况下即损失超过 VaR 值的风险。

$$g(L_{i,j}^{t+1})=\begin{cases}F_{L}^{t+1}{}_{(\alpha)}=\mathrm{VaR}_{\alpha}(L^{t+1})\\ \mathrm{ES}_{\alpha}(L^{t+1})=E[L^{t+1}\mid(L^{t+1}>\mathrm{VaR}_{\alpha}(L^{t+1}))]\end{cases} \quad （式10-12）$$

对于整体外汇储备资产来说，总的风险是各种资产和各种事故类型的风险的总和：

$$\sum_{i,j}g(L_{i,j}^{t+1}) \quad （式10-13）$$

式 10-13 中所得到的 VaR 值在一定的置信区间上直接度量了最大可能损失。

表 10-1　t 时期外汇储备操作风险的测量模型

单位：美元

资产分类	主观风险		结构匹配风险		技术风险	机会风险	每种资产类型的累积损失
	内部欺诈	外部欺诈	币种	资产	系统失效	潜在损失	
美元资产	损失额 $\sum X_{11}^{w}$	损失额 $\sum X_{12}^{w}$	损失额 $\sum X_{13}^{w}$	损失额 $\sum X_{14}^{w}$	损失额 $\sum X_{15}^{w}$	损失额 $\sum X_{16}^{w}$	$\sum\limits_{j=1}^{6}\sum X_{1,j}^{w}$
欧元资产	损失额 $\sum X_{21}^{w}$	损失额 $\sum X_{22}^{w}$	损失额 $\sum X_{23}^{w}$	损失额 $\sum X_{24}^{w}$	损失额 $\sum X_{25}^{w}$	损失额 $\sum X_{26}^{w}$	$\sum\limits_{j=1}^{6}\sum X_{2,j}^{w}$
日元资产	损失额 $\sum X_{31}^{w}$	损失额 $\sum X_{32}^{w}$	损失额 $\sum X_{33}^{w}$	损失额 $\sum X_{34}^{w}$	损失额 $\sum X_{35}^{w}$	损失额 $\sum X_{36}^{w}$	$\sum\limits_{j=1}^{6}\sum X_{3,j}^{w}$
其他货币资产	损失额 $\sum X_{41}^{w}$	损失额 $\sum X_{42}^{w}$	损失额 $\sum X_{43}^{w}$	损失额 $\sum X_{44}^{w}$	损失额 $\sum X_{45}^{w}$	损失额 $\sum X_{46}^{w}$	$\sum\limits_{j=1}^{6}\sum X_{4,j}^{w}$
每种事故类型的累积损失	$\sum\limits_{i=1}^{4}\sum X_{i,1}^{w}$	$\sum\limits_{i=1}^{4}\sum X_{i,2}^{w}$	$\sum\limits_{i=1}^{4}\sum X_{i,3}^{w}$	$\sum\limits_{i=1}^{4}\sum X_{i,4}^{w}$	$\sum\limits_{i=1}^{4}\sum X_{i,5}^{w}$	$\sum\limits_{i=1}^{4}\sum X_{i,6}^{w}$	整体操作风险造成的损失额：$\sum\limits_{i=1}^{4}\sum\limits_{j=1}^{6}\sum X_{i,j}^{w}$

备注：为统计便利，欧元、日元以及其他货币资产按照当期汇率也以美元计价。

第四步:蒙特卡罗模拟[①]。首先从频率分布函数中抽取一个损失次数的随机数 N,从损失额度分布函数中随机抽取出"N"个数据。其次将这些损失加权。最后将上述过程重复足够大的次数(例如 100 万次以上),将计算得到的损失量连接成一条能够较好地描述潜在损失事件的曲线,从而得到损失分布函数。为确定估计出的曲线是否代表了所观察到的损失分布,还可以运用 Pearson's、Chi-Square、Kolmogorov-Smirnov 等统计方法加以检验。

4. 风险管理决策

不同的风险,可以采取不同的决策。有的策略是避免风险(如改变投资策略或调整投资方案),有的是控制损失(即在损失发生前运用其他投资工具抵消风险可能带来的损失或减少发生的概率,在损失发生后减轻损失程度),还有的是转嫁风险(即将风险转嫁给与其有经济利益关系的另一方)。我国外汇储备风险管理策略见本章第三部分。

5. 风险管理具体行动方案

在选择了金融风险管理策略后,管理者必须制订具体的行动方案。具体的方案必须针对每一笔投资业务和每一类金融产品,提出可操作的步骤以及公司运用有限资源进行投资可承受的风险范围以及可能出现的收益回报。

6. 风险管理方案的实施

风险管理方案确定后,必须付诸实施。风险管理方案的实施,直接影响到储备风险管理的效果,也决定了储备风险管理中内生风险的大小。在实施过程中,应不断根据各种信息反馈检查方案的准确性,并视情形进行调整和修正,以此更加接近风险管理的目标。

7. 风险报告

风险报告是风险管理的一个重要组成部分,它是了解风险管理结果的窗口,是各监管层面信息沟通的工具。风险报告要求:数据准确,即风险报告的结果必须经过仔细复查和校对来源于多个渠道的数据才能确定;具有实效性,即风险信息只有及时由适当的人得知才有用,数据的收集和处理必须高效准确,才能使准确的风险结果在一天中尽早得出;具有针对性,即风险管理部门需要和各个相关部门联系,如前台、财务部门、内外审计部门、技术部门、高级管理层,不同的部门对报告有不同的要求。

[①]　利用蒙特卡罗模拟,必须知道损失的分布。由于目前无法收集到外汇储备操作风险引起的损失分布,所以本章暂不进行实证检验。

8. 风险管理效果评估

风险管理效果评估,是对风险度量、风险管理工具选择、风险决策以及风险管理过程中业务员业绩和工作效果进行全面评价总结的过程。根据前一阶段风险管理的经验,管理层可总结出一些风险的预防措施,研究出一些今后可用的模型,为今后的风险管理提供历史经验。

三、中国外汇储备全面风险管理的现实策略

(一)市场风险控制的策略

1. 有效控制外汇储备规模,使之尽量接近或达到最优外汇储备规模

(1)转变外汇流入越多越好、外汇流出越少越好的观念,加强对外汇流动的监测与管理,逐步建立正常、合理、可调控的流入流出机制。

(2)调整国内经济结构性失衡,推动经济增长模式的转变。20 世纪 90 年代中期至 21 世纪初的 10 多年里,我国外汇储备规模的非常态增长根本上是国内经济结构失衡的反映。要调整国内储蓄大于投资的现状,改变以出口拉动经济增长的经济增长模式,扩大内需,构造一个根据国内外经济金融情势变化的、内外需动态调整的经济增长与高质量发展模式。

(3)调整国际收支结构,提高储备来源的稳定性。一是有效控制资源性产品出口,增强出口产品竞争力。应加快产品升级换代,加大高科技产品创新,提高产品科技含量,扩大自主品牌产品的出口,使出口产品由数量扩张型向质量效益型转变;增强对资源性商品出口的征税,降低资源性商品出口,减少资源损耗。二是科学安排进口。积极增加能源、技术的进口,可以考虑放开我国紧缺资源的物资进口配额,降低进口税率,鼓励大量进口紧缺物资;扩大进口先进技术、先进设备免税范围,鼓励企业大量进行技术改造;加大石油、矿产、有色金属等重要战略物资进口。我国的重要商品储备起步较晚,储备水平偏低。没有一定的储备量,对重要商品的国际价格就没有话语权,只能被动地接受,影响经济的稳定发展。三是合理引进外资。要转变观念,调整引资方向,优化引资结构,完善引资政策,加强引资监管,规范引资秩序,提高引资效率。

2. 坚持储备币种多样化和储备资产分散化,降低汇率、利率等风险

(1)外汇储备币种选择,主要应遵循以下原则:币种多元化原则、交易匹配

原则、币值稳定原则、币种适当原则。

（2）应根据一国（或地区）对外贸易依存度、经济相关度，综合考虑进口支付、市场干预、偿还债务、维持汇率制度安排、投资收益等需求因素来安排储备币种。根据第七章的研究结论，我国的交易性储备币种安排是美元应占比 70％以上，日元应占比 10％左右，而欧元应占比 7％～10％，剩余部分可持有英镑、港币、加元、澳元、SDR 等；投机性储备币种合意动态结构是美元50.7％，日元和加元，分别为 13.2％和 17.9％，而欧元、英镑、澳元分别为5.4％、7.3％和 5.5％。

（3）在资产安排上，应对交易性储备、投资性储备设立不同的投资基准，分别选择投资对象。其中交易性储备可以选择风险最小的投资工具，比如信用级别较高的短期债券、具有规避风险功能的衍生金融工具和国内外商业银行短期存款等；投资性储备的投资组合可侧重于收益性，如长期债券、股票、对国内企业的贷款、直接投资等。

（4）动用部分外汇储备购买黄金，不仅能巩固储备价值而且能降低储备面临的汇率风险，维护储备安全。为了避免世界黄金市场因为需求增加而导致的黄金价格上扬，国家可视市场变化情况、分阶段逐步提高黄金储备的比重。

3. 采取循序渐进的储备结构调整方式

鉴于我国外汇储备规模较大，无论是币种的大量买入或抛出还是资产的调整，都可能导致国际金融市场价格的急剧波动，从而出现较高的操作成本，故应坚持采取循序渐进的调整方式，小幅度分阶段调整，且以在新增的储备资产中调整操作为宜。此外，要随着金融环境的变化，及时或不定期地动态调整结构比例。

4. 建立流动性资产的动态管理和预警机制

设立外汇储备周流动性头寸账户和月流动性头寸账户（见图 10-5），央行根据年度交易性需求和外汇干预需求确定流动性需求的目标头寸（周目标头寸 W^* 和月目标头寸 M^*）；由于经常账户、资本和金融账户会产生每天的外汇储备流入，而外汇支付需求、外汇干预需求和外债支付需求又会产生每天的外汇储备流出，日流入减去日流出就得到每天的净头寸。如果日流动性净头寸大于零，说明每日的流动性需求得以满足；如果日净头寸小于零，则说明当日流动性需求无法满足，出现短暂亏空，可用前一天的盈余净头寸来弥补当日的短暂亏空。一周累积七天的净头寸大于零，则流入周头寸账户，周头寸账户资金大于周目标头寸 W^* 时，多余部分就直接进入月头寸账户。当周流动头寸和月流动头寸都满足目标头寸的时候,则每日流动性头寸的结余就直接进入长期资产账户。一周累积净头寸小于零,则应引起预警,同时需调动周头寸账户资金来弥补。周头寸账户资金小于 W^* 时,需动用月头寸账户来弥补。当月流动头寸和周流动头寸都无法满足目标需求的时候,则会出现流动性危机。

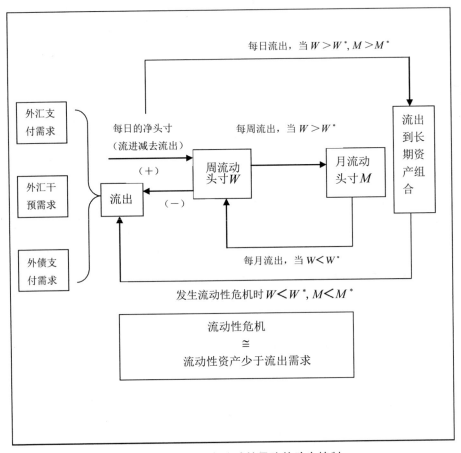

图 10-5 外汇储备流动性风险的动态控制

(二)操作风险控制的策略

1. 加强宣传

要加强操作风险危害的宣传,强化各部门和具体管理人员和交易者操作风险规避意识。

2. 加强管理人员技能培训,提高业务人员管理水平,降低操作风险

在国际投资市场进行投资,对业务人员有着极高的要求,不仅需要过硬的专业素质、扎实的研究功底、丰富的操作经验,更要具备对投资的悟性、对市场的敏锐判断力以及超人的心理承受力等过人之处。同时应具有良好的个人道德和职业操守。

3. 提高投资和风险管理技能,降低技术风险

各国金融机构在进行资产组合的风险管理时,普遍重视 VaR 的计算以及盯市分析,在汇率和利率变化幅度与预测难度都不断加大的条件下,应注重利用金融衍生工具进行风险对冲。此外,大量的数学、统计学及系统工程的方法也被应用于金融风险管理中。风险管理方法和技术越来越具量化、模型化的特征。投资和风险管理经验的积累是一个漫长的过程,投资初期,可选择委托投资,即将大部分资金交由专门机构进行打理,待积累了一定的投资经验,培养了投资人才,完善健全了公司内部治理和熟悉市场运作后,再逐步扩大自主运营。此外,完善交易系统,保证各部门之间的信息沟通方便、快捷,也能够降低技术风险。

4. 适当提高管理的信息透明度

一些国家(地区)通过提高储备管理的信息透明度,减少公众不必要的猜测与错误的预期,并通过社会公众的监督进一步提高外汇储备管理的效率。当然,由于外汇储备管理直接关系到一国一地区的经济安全,在关键细节上予以保密是允许的也是合理的。SDDS 也认为鉴于某些细节的公布可能弱化储备管理机构在市场中操作的能力,一些管理操作细节是允许不公布的。比如韩国央行对其储备管理的一般性投资观点和方向都通过年报披露给公众,但并不披露货币构成、资产构成、储备收益等具体细节,以免对外汇储备管理产生逆向影响。

建议我国对于一般性的管理信息,如总量规模、投资观点、资产种类、政策取向等方面的内容可以以年报形式予以公开,发送政策信号引导公众投资决策。至于货币构成、资产配置、收益水平等关键信息,则需要严格保密,仅作为核心管理层的决策和考评依据,以保持储备管理的主动性。

5. 完善风险激励和考核机制

定期进行风险绩效考评,在风险调整的绩效测量基础上,充分考虑风险因素和风险管理战略的执行效果,将激励机制的目标与风险调整回报、绩效的绝对指标以及变化情况相结合,在保证激励机制合理性、科学性、动态性的同时,促进风险管理政策的调整和改进。

（三）外汇储备环境风险控制的策略

1. 提高储备资产的流动性,降低流动性风险

（1）有计划、有步骤地增持欧元资产,提高欧元资产在外汇储备中的比重。

（2）对美元资产进行内部结构的调整。我国对美国的短期债券投资也是偏重于政府债,对机构债和企业债投资不足,今后可将部分美元长期国债调整为美国信用评级较好的公司债券。

（3）将部分流动性资产转移或投资欧洲货币市场。可考虑将部分外汇存放在欧洲银行。从安全性角度考虑,欧洲存款是对欧洲银行的债权,而非直接对货币发行国银行的债权,因此被冻结的政治风险小;从流动性看,欧洲货币市场规模巨大,可以应付大额的存款和提款,而不会在这一过程中给中央银行带来利率变动损失;从收益性看,欧洲货币存款由于无须缴纳法定准备金,因而存款利率通常高于货币发行国存款利率。此外,由于欧洲货币市场的主要客户一般都是大的组织,包括非欧洲银行机构,如跨国公司、政府及国际组织和欧洲银行本身,而且,由于欧洲货币市场大都采用浮动利率,给予投资者较大的获利空间,因而欧洲货币市场无疑是我国外汇储备的一个良好投资场所。欧洲货币市场短期信用工具如国库券、欧洲商业票据、欧洲票据和欧洲中期票据等,均由信誉良好、实力雄厚的公司发行,且发行前均由国际著名评级公司进行鉴定,不仅风险小,而且回报率相对于国债和国库券要高,不失为我国外汇储备市场化管理的新出路。另外,欧洲债券市场发行的各种形式的债券可提供长期的相对稳定的回报,因而也可成为我国外汇储备的投资方向。

（4）逐步放松外汇管制,进一步完善结售汇制,实现藏汇于民,增加民间外汇储备规模。在一些发达国家,官方外汇储备占全国外汇资产比例很低,如加拿大为 3.8%,意大利为 3.5%,德国为 2.1%,美国为 1.7%,法国为 1.5%,英国为 0.5%。企业、银行等微观主体手中拥有大量的民间外汇储备,民间机构对外支付和借债融资的能力都很强,凭借外汇往来支付和国际结算的自主权,企业、银行等民间国际收支的支付基本上由微观主体直接解决。

2006 年 4 月我国央行推出了放松外汇管制的新措施,放宽和简化了国内机构和公众购汇、投资的限制,并允许个人、企业以购买外汇的方式,通过金融机构对境外投资。2007 年 2 月 1 日,国家外汇管理局公布并实施《个人外汇管理办法》,个人年度购汇总额提高到 5 万美元,这些政策沿用至今,较好地满足了境内个人的用汇需求,也有利于储备管理风险的分散。伴随着我国改革开放的不断深入,建议进一步放松我国外汇管制,使创汇者对自己的外汇资产有充分的支配权,并同时独立地承担风险,外汇持有主体与风险承担主体统一。目前已经挂牌的中国自由贸易试验区在这方面进行了一定的改革尝试,这有利于提高外汇经营与管理效率,推动藏汇于民政策的实施。

2. 出台相关法律,降低法律风险

建议制定《外汇储备资产投资管理法》,使外汇储备资产管理有法可依。《外汇储备资产投资管理法》的作用是:厘清职责,加强管理,增加透明度,便利监管。除了保留相关法律法规中适用的内容外,该法律至少还应当增添以下内容:官方外汇储备的定义和分类;储备管理目标、管理机构及各自职责、储备资产的构成;外汇储备投资运作原则;投资管理绩效考核和奖惩制度;其他官方外汇资产的管理目标、管理机构、职责、资产构成;官方外汇储备及其他官方外汇资产之间的关系及预算处理原则;购买和持有其他官方外汇资产的筹资安排;对官方外汇储备及其他官方外汇资产的监管;等等。

3. 促进亚洲国家合作建立亚洲储备体系

世界上外汇储备量以亚洲国家最多,主要集中于中国、日本、韩国、印度等地。到 2019 年年底亚洲国家外汇储备已达到 7.15 万亿美元,占全球外汇储备的 61%。长期来看,这种储备分配格局给亚洲经济带来益处的同时也带来了巨大的风险,也使得全球经济蕴藏着潜在的危机。由于亚洲国家积聚的大量美元储备和各国之间的地缘关系,加强外汇储备管理方面的合作势所必然。建议亚洲国家和地区通力合作成立亚洲货币合作或稳定基金、亚洲储备管理体系以及储备体系风险规避机制等,加强亚洲国家外汇储备管理的合作,特别是在全球金融市场动荡时,加强管理政策的协调与行动的一致性,共同规避、减低储备风险。

四、中国外汇储备全面风险管理的配套建设

(一)有效市场的构建

实施"藏汇于民"政策是有效管理官方外汇储备规模的手段之一,也是分散风险的主要方式。而要真正实现"藏汇于民",必须有一个健全的金融市场

特别是成熟的外汇市场,这是实现"藏汇于民"的前提。从微观结构角度来看,成熟的外汇市场应具备以下几点:(1)拥有多元的、理性的机构参与者,有丰富的交易品种以及完善的交易机制;(2)市场可随时披露交易价格及交易量信息,并可通过订单流、做市商报出的买卖差价反映私有信息;(3)汇率由外汇供求的均衡状况来决定,而外汇供求的其中一个力量源于私人经济部门(企业和居民)的自主性经济行为,外汇市场的数量归集和汇率的传递是同步的,且汇率的变化随着外汇交易的变化而变化。从宏观方面来看,完善、发达、有效的金融市场的建立还应包括人们投资理念的培育、熟练的专业人才、健全的金融法规、宽松的税收制度、高水平的监管能力等。从我国金融市场发展现状来看,这些条件的完善还需要比较长的时间,目前及今后一段时间可选择的具体举措包括:

1. 进一步增加市场交易主体,培养和巩固外汇市场参与者

完善的外汇市场交易既包括银行间的交易又包括银行与客户间的交易,市场的交易是通过多个做市商机制来完成的。我们应进一步增加外汇市场的交易主体,培养实力相当的、非垄断的、多元化的交易者,让更多的企业和金融机构直接参与外汇的买卖。这有助于避免交易价格的垄断,防止汇率的大起大落。

2. 增加外汇市场交易品种,完善市场交易工具

中国外汇市场交易品种与国际上比较完善的外汇市场相比还有差距,表现为交易币种和交易工具都较为单一。为了更好地发挥外汇市场的服务作用,应增加外币交易币种,积极发展外汇避险工具,完善银行间外汇拆借市场,在现有改革基础上进一步增加外币和外币之间交易、外币期货和外币期权等交易方式。

3. 培育市场理性预期

汇率决定的新闻模型认为,任何"新闻"因素都会通过影响外汇市场上交易者的预期影响到即期和远期汇率。培养市场主体对汇率信号的敏感度,减少非理性投资,既可以促进金融市场发展,又可以进一步提高微观主体规避汇率风险的意识,为中央银行减少干预创造必要的条件。

4. 减少央行直接干预,提高外汇市场监管者的管理水平与信誉

央行直接入市干预市场供求的做法使中央银行处于金融监管者和市场参与者双重身份共存的"尴尬"处境,也令潜在的市场参与者产生地位不对等的不良预期,不利于市场的健康发展,也不利于央行干预的有效进行。可选择的改革路径是改变央行干预手段,通过间接影响商业银行等金融机构的交易行为对外汇市场进行间接干预,提高干预质量,实现调控手段多样化和市场化。由央行进行机构创新,成立专门的外汇平准稳定基金,由专职的外汇市场投资家通过纯粹的市场操作贯彻央行的干预意图也是比较合理的选择。

(二)外汇储备管理政策与其他政策的协调

1. 适机加快人民币汇率制度改革,提高外汇储备管理与汇率政策的协调性

我国外汇储备规模与人民币汇率制度密切相关。2015 年 8 月 11 日,中国人民银行宣布对人民币汇率中间价报价机制进行改革。做市商在每日银行间外汇市场开盘前,参考上一日银行间外汇市场收盘汇率,综合考虑外汇供求情况及国际主要货币汇率变化,向中国外汇交易中心提供中间价报价。此举使人民币汇率中间价形成的规则性、透明度和市场化水平得到了显著提高。2015 年 12 月,央行公布了确定汇率中间价时所参考的三个货币篮子:中国外汇交易中心(CFETS)指数、国际清算银行(BIS)和特别提款权(SDR)。2016 年 2 月,央行进一步明确,做市商的报价要参考前日的收盘价,加上 24 小时之内的一篮子汇率的变化。之后,人民币汇率中间价报价机制又进行了进一步改革。例如 2017 年央行调整了中间价定价机制,加入了"逆周期因子"作为汇率定价基准。从实际运作来看,现行汇率制度已产生了一定的积极影响。但现行汇率制度也存在一些不足,与进一步开放条件下的系列市场化要求存在一定的差距。全球金融、经济的进一步开放,有它的基本要求,表现为:(1)政府的直接行政干预降低或直至为零;(2)国内中央银行的货币主权部分地转移至一个统一的区域性金融组织,国际间的协调与合作加强;(3)在资本流动不断加强的前提下,诸如汇率制度等经济制度也更加趋于开放与灵活;(4)一国货币当局或国际金融组织不断健全制度与运行机制,防范系统性金融风险与危机的爆发。显然,当前我国汇率制度的安排与这一基本要求仍然存在一定的差距。在存在本币升值预期的前提下,为维持汇率稳定,央行就仍然要通过投放基础货币购买外汇储备,从而带动储备规模增长。要改变这种规模被动变化的状态,就应该扩大人民币汇率变动的弹性区间。

从现实的政策选择来看,人民币汇率制度改革的路径,实际上也是选择波动幅度较大的,但汇率也可以约束在一定区间范围内的汇率目标区制度,在条件进一步成熟后可以转换为类似于某些发达国家的完全由市场决定的浮动汇率制度。所以接下来应该进一步加大汇率体制改革,完善汇率形成机制,提高

对汇率变动的容忍度,形成汇率目标制度,同时处理好实现国家战略目标与汇率市场化的关系,降低对外汇市场的干预频率,由此保证外汇储备规模的稳定与可持续。

2. 积极推动利率市场化改革,使利率与汇率产生更好的联动效应

利率是国内资金供求状况的杠杆,而汇率是外汇市场上资金供求状况的集中反映。完善利率市场化进程是推进汇率市场化的前提和基础,在利率市场化的基础上,才能实现汇率的市场化。我国正在逐步进行利率市场化改革,如已上调了金融机构存贷款基准利率,放宽了人民币贷款利率浮动区间,允许人民币存款利率下浮。2013 年和 2015 年取消了贷款利率浮动下限和存款利率浮动上限,2015 年下调常备借贷便利利率以及 2019 年中国人民银行宣布改革完善 LPR 形成机制等[①]。今后还要加大力度推动利率市场化进程,促进利率、汇率联动效应的形成。

3. 加强外汇储备管理与外债管理政策的协调

由于在多数情况下,外债需用人民币兑换为具体的计价货币进行还本付息,具体的计价货币会在外汇市场上产生明显的需求,因而从确保外债的及时还本付息及尽量降低币种转换成本考虑,外债的币种结构和期限结构会影响到外汇储备的币种结构。加强外汇储备管理与外债管理的共同协调优化,一方面就是在优化我国外债结构的同时,使储备结构与外债结构相一致,以降低偿还外债时的货币兑换成本;另一方面,在外汇储备大幅度增长的同时,可适当控制外债的增长规模,避免国家整体资源配置的低效率。可以考虑在目前外汇储备比较充裕的条件下提前偿还部分利息较高的外债,这也是协调外债管理和外汇储备管理的一种有效途径。

(三)积极探索本币区域化、国际化途径

只要人民币没有完全实现国际化,就离不开对外汇储备规模的高需求,外汇储备的结构也始终要被动地随着主要国际储备货币的汇率、利率变化而不断进行调整。因此,只有积极探索本币区域化、国际化途径,才能从根本上降低我国外汇储备管理的难度和压力。

---

① LPR 就是贷款市场报价利率(Loan Prime Rate,简称 LPR),是由代表性的银行,根据对最优客户的贷款利率,以公开市场操作利率(主要是中期借款便利利率)加点形成的方式报价,由中国人民银行授权全国银行间同业拆借中心计算并公布的基础性的贷款参考利率。LPR 促进了贷款利率的市场化,较充分反映了信贷市场资金供求状况。

　　20 世纪 90 年代以来人民币在柬埔寨、缅甸、尼泊尔等国家已被广泛接受；韩国、新加坡、马来西亚等国在一定程度上也开始接受人民币；俄罗斯远东地区已大量使用人民币；越南边贸成交额中人民币结算几乎占据了全部的比重；人民币在香港、澳门特别行政区能够很便捷地兑换，台湾地区也推行了人民币的兑换业务。从 2008 年 12 月开始，我国央行分别与韩国、马来西亚、白俄罗斯、印尼和阿根廷等国家签订了上千亿人民币规模的货币互换协议。截至 2020 年 6 月，中国与 39 个国家签订双边本币互换协议，协议总规模达到了 3.5 万亿元左右，并在诸多国家建立人民币清算行，人民币国际地位逐渐攀升。人民币的国际使用量以及覆盖面日益加大，但人民币离真正成为国际化的储备货币还有很长的路要走。在此过程中，我们应该采取稳慎措施，推动人民币国际化进程。

　　首先，应进一步稳步推进人民币已有的区域化。可尝试与周边国家和地区的经常项目往来用人民币结算，向境外释放人民币流动性。鼓励韩国、东盟、中国台湾、中国香港等国家和地区，用贸易顺差积累起来的人民币对境内直接投资，在周边形成基于人民币的贸易、资本循环。其次，可利用中国香港、中国澳门的特殊地理位置，允许在这些地区进一步开展各项人民币离岸业务，使其成为境外人民币投融资中心。再次，适机推进亚洲的货币合作。在亚洲经济区域内通过加强经贸合作扩大人民币的计价范围和使用程度，提高人民币的地位，为人民币创造良好的国际环境，实现人民币区域化，在条件具备时促进人民币区的形成。最后，实现以强势货币支撑我国强势经济的发展战略，通过巩固人民币在亚洲经济区域中的地位，带动我国经济的快速发展；反过来又促进人民币稳健实现国际化。

（四）加强发展中国家区域合作与建立危机救助机制

　　自从 1997 年亚洲金融危机爆发后，危机涉及国都看到了国际金融组织在危机救助上存在着很大的缺陷和不公平性，需要一个更有效率的机制加以完善。因此，加强发展中国家货币合作与危机救助至关重要。

1. 加强亚洲货币合作，积极签订区域性的双边、多边货币互换协议

　　从某种意义上说，紧密的国际货币合作，可以使一国降低持有外汇储备的数量。一方面，签订区域性货币合作协议的成员国可以通过协议采取货币抵消方式进行双边贸易清算，两国一定程度上能够共享外汇储备，因而没必要把外汇储备规模维持在缺乏合作时的高水平上，可以把节约的外汇储备用于国内建设;另一方面,当区域内成员国发生短期对外支付困难时,协议国还可以通过货币互换进行融资,这也减少了为防范金融危机或突发事件而持有的外汇储备水平。2000年5月"清迈双边货币互换协议"(下称"清迈协议")作为一项补充性危机救助机制得到亚洲各国的支持和参与。2006年5月在印度海德拉巴召开的第九届东盟与中日韩(10+3)财长会议上,各国财长对"清迈协议"的主要原则进行了修订,推出了集体决策机制,这推动了该协议向"多边制"过渡。一定意义上来说,多边货币互换协议比双边货币互换协议在协议国要求帮助时对其他成员国的约束力更强,中国应在现有基础上,积极参与多边货币互换协议,拓展危机救助渠道。

2. 积极发展亚洲债券市场

发展亚洲债券市场,一定程度上可以降低对西方买家的依赖,促进亚洲资本市场的发展,继而推动亚洲金融合作机制的建立。完善的亚洲债券市场需要一个安全高效的多边或双边支付清算体系、一个区域性的评级体系以及一个区域性的担保体系,当前这些条件都还不具备,这也决定了发展亚洲债券市场是一个循序渐进、稳步发展的过程。在这一进程中,各国完善自身的市场环境(如信用担保、信用评级、信息披露、支付清算等)是前提和基础。在此基础上,通过加强相互间的技术交流,促进各个国家和地区的协调与合作,以建立能够满足跨境交易要求的区域体系。2008年东盟10国和中国、日本、韩国3国领导人就推进区域债券清算机制,已达成一致意见。13国领导人还同意成立区域性监管机构,以提高对该地区各经济体的监控力度,并通过积极参与国际协作,提高亚洲在全球的地位。

3. 积极推动亚洲外汇储备池的建立,提高应对国际金融危机的能力

2007年5月5日,东盟和中国、日本、韩国在日本京都召开的财长会议上发表了联合声明,提出根据单一协议建立的"自我管理的外汇储备池安排"是多边化的适宜形式。这意味着多边货币互换协议未来将转变为融资渠道更直接的单一协议。一旦加入储备池的成员国发生货币危机,其他成员国可以伸出援助之手,通过鼎力合作共同抵御区域内遭受到的货币冲击。尽管危机后的援助机制不是对付货币危机爆发的根本方法,但通过建立外汇储备池凝聚区域力量,有助于提高亚洲各国抵御国际投机资本冲击的能力。

2007年美国次贷危机导致的全球金融危机的爆发加速了这一项目推进的速度,2008年9月24日,"10+3"领导人在北京就成立外汇储备基金以共同应对不断扩散的国际金融危机进行了商讨。与会13国领导人一致同意在

2009 年上半年成立总额高达 800 亿美元(约合 5 464 亿元人民币)的外汇储备基金,以维持本地区货币稳定。2009 年 12 月 28 日,"10＋3"国家宣布正式成立亚洲区域外汇储备池,该池建立初期资金总规模为 1 200 亿美元,其中中国出资 384 亿美元,日本出资 384 亿美元,韩国出资 192 亿美元,分别占储备库总额的 32％、32％和 16％,东盟 10 国共出资 24 亿美元。根据协议,在发生金融危机时,这些国家将通过货币互换交易向面临国际收支和短期流动性困难的参与方提供资金支持。各参与方有权根据协议规定的程序和条件,在其出资份额与特定借款乘数相乘所得的额度内,用其本币与美元实施互换。中日韩三国的借款乘数较小,分别为 0.5、0.5 和 1;东盟 10 国的借款乘数则分为 2.5 和 5 两档。

区域外汇储备池的建立标志着"10＋3"财金合作在建立区域多边资金救助机制方面取得实质性进展。未来,如何更好地发挥储备池的作用,弥补现有国际货币体系多边救援资金的不足,如何加强区域经济监测,增强亚洲地区防范危机能力,维护区域经济金融稳定,都是区域各国发展过程中应积极思考与应对的重要问题,我国在这些方面可以担当更重要的角色,发挥更大的引领作用。

本章小结

本章首先从发达国家和发展中国家或地区角度,对外汇储备风险管理原则和政策措施进行了分析,归纳了外汇储备风险管理的一般特点和先进经验,为我国加强外汇储备全面风险管理提供借鉴。在此基础上,从宏观角度,构建我国外汇储备全面风险管理体系:外汇储备风险管理的组织构架和外汇储备全面风险管理的程序设计。其中,外汇储备风险管理程序包括了风险识别、风险成因分析、风险度量、风险管理决策、风险管理具体行动方案、风险管理方案的实施、风险报告及风险管理效果评估等八个过程,这些过程可分为风险分析、风险决策和风险处理三个阶段,本章对每一过程如何实施进行了具体阐述。从微观角度,提出了中国外汇储备全面风险管理的现实策略。从市场风险、操作风险、环境风险三大风险角度,对如何结合外汇储备规模管理、外汇储备币种结构管理和资产结构管理,借此降低风险提出了具体的操作性建议。最后,对中国外汇储备全面风险管理的配套建设提出建议,构建有效外汇市场,加强外汇管理政策和其他政策的协调,积极探索本币区域化与国际化途径,加强发展中国家区域合作与建立危机救助机制等。

此外,进一步建议:(1)通过各种方式加强危机意识,即要居安思危、居危思危,珍惜来之不易的国民财富;(2)把建立全面的外汇储备风险管理体系提到议事日程,成立专门的中国外汇储备管理委员会,把握外汇储备投资的原则、方向,并立章建制,务必把我国外汇储备的管理与国家的中长期发展战略、国际发展战略等紧密地结合在一起。同时,设立中国外汇储备投资效益评估委员会,分析、评估、管理我国整体外汇储备资产的运用,提高外汇储备的管理效率。

参考文献

[1] 白钦先,张志文.外汇储备规模与本币国际化:日元的经验研究[J].经济研究,2011(10):137-149.

[2] 艾仁智,林文杰,杜明艳,陆思南.大公国家主权信用评级方法[EB/OL].ht-tp://www.dagongcredit.com/dagongweb/uf/gjzq.pdf.

[3] 巴曙松,刘先丰.外汇储备管理的多层次需求分析框架——挪威、新加坡的经验及其对中国的借鉴[J].经济理论与经济管理,2007(1):46-53.

[4] 巴曙松.全球主权财富基金的发展现状及趋势[J].发展研究,2009(8):8-10.

[5] 陈立梅,刘伟.外汇储备增长对我国经济影响的分析[J].改革,2000(3):21-25.

[6] 陈得胜,郭建伟,雷家啸.对中国1985—2004年间的外汇储备适度规模的实证研究[J].当代经济管理,2005(12):41-45.

[7] 陈荣,谢平.关于我国外汇储备的若干观点[J].金融研究,2007(8):58-63.

[8] 陈雨露,张成思.全球新型金融危机与中国外汇储备管理的战略调整[J].国际金融研究,2008(11):5-20.

[9] 陈文正.中国外汇储备最优规模的再思考[J].上海经济研究,2009(9):3-9.

[10] 陈珂.基于利率期限结构的我国外汇储备投资研究[D].湖南:湖南大学,2012.

[11] 陈奉先,邹宏元.中国最优外汇储备:数量特征、动机分解与调整速度[J].经济评论,2012(5):38-43.

[12] 蔡瑞胸.金融时间序列分析[M].王辉,潘家柱,译.2版.北京:人民邮电出版社,2001.

[13] 格莱葛·W.霍顿.基于Excel的投资学[M].北京:中国人民大学出版社,2003.

[14] 崔百胜,陈浪南.基于极值理论和多元时变copula模型的我国外汇储备汇率风险度量[J].国际贸易问题,2011(12):158-168.

[15] 戴维·M.达斯特.资产配置的艺术[M].上海:上海人民出版社,2005.

[16] 范从来,赵永清. 中国货币政策的自主性:1996—2008[J]. 金融研究,2009
(5):22-34.

[17] 方先明,裴平,张谊浩. 外汇储备增加的通货膨胀效应和货币冲销政策的有
效性[J]. 金融研究,2006(7):13-21.

[18] 冯晓华. 我国巨额外汇储备的运用研究——基于1997—2007年中国国际
收支平衡表的分析[J]. 世界经济研究,2008(12):35-40.

[19] 高丰,于永达. 中国外汇储备对经济的影响及适度规模分析[J]. 金融与经
济,2003(6):11-15.

[20] 高洁. 挪威主权财富基金——政府全球养老基金的投资模式[J]. 经济研究
导刊,2010(1):12-16.

[21] 郭立甫,黄强,高铁梅. 中国外汇风险的识别和动态预警研究[J]. 国际金融
研究,2013(2):4-15.

[22] 姜波克. 国际金融学[M].北京:高等教育出版社,1999.

[23] 郝婷婷. 人民币汇率改革后我国外汇储备币种结构管理研究[M]. 黑龙江:
哈尔滨工业大学,2009.

[24] 韩芳. 我国外汇储备过度增长的制度因素分析[D]. 成都:西南财经大
学,2007.

[25] 黄晓东. 中国外汇储备增长问题研究[D].成都:西南财经大学,2007.

[26] 黄梅波,熊爱宗. 全球主权财富基金的发展经验和启示[J]. 国际论坛,
2008,10(3):63-81.

[27] 胡援成. 我国外汇储备变动对货币政策的影响[J]. 中国井冈山干部学院学
报,2005(8):100-106.

[28] 何帆,陈平. 外汇储备的积极管理:新加坡、挪威的经验与启示[J]. 国际金
融研究,2006(6):4-13.

[29] 姜昱,邢曙光. 基于DCC-GARCH-CVaR的外汇储备汇率风险动态分析
[J]. 财经理论与实践,2009(3):12-19.

[30] 孔立平. 次贷危机后中国外汇储备资产的风险及优化配置[J]. 国际金融研
究,2009(8):77-84.

[31] 龙张红.中国外汇储备币种结构估计、优化及调整研究[D]. 湖南:湖南大
学,2010.

[32] 刘三宽.我国过度外汇储备规模的成因及对策研究——基于国际经验的比
较[D]. 天津:天津财经大学,2012.

[33] 刘莉亚.我国外汇储备管理模式的转变研究:从收益率、币种结构和资产配

置的角度[M].上海:上海财经大学出版社,2010.

[34] 刘红忠,熊庆东.提高国际清偿力:国际储备管理与区域货币合作[J].中国外汇管理,2002(10):14-16.

[35] 刘艺欣.中国外汇储备制度创新研究[M].北京:经济科学出版社,2011.

[36] 刘艳靖.国际储备货币演变的计量分析研究——兼论人民币国际化的可行性[J].国际金融研究,2012(4):69-76.

[37] 李成,杜志斌.我国外汇储备币种结构的风险分析[J].新金融,2006(5):23-24.

[38] 李振勤.中国外汇储备降低美元资产比例,最终出路取决于汇率制度与经济战略调整[N].证券时报,2004-12-24.

[39] 李巍,张志超.一个基于金融稳定的外汇储备分析框架——兼论中国外汇储备的适度规模[J].经济研究,2009(8):27-36.

[40] 李俊,张炜.欧洲金融稳定基金的运作及其启示[J].国际金融研究,2012(4):54-60.

[41] 刘莉亚.新汇率制度下我国外汇储备最优币种结构配置的理论分析与实证计算[J].财贸经济,2009(9):24-29.

[42] 罗航.外汇储备与风险管理[M].武汉:武汉出版社,2009.

[43] 李海闻.中国主权财富基金最优投资组合模拟分析[J].商业时代,2010(4):86-87.

[44] 李江华.中国外汇储备风险管理研究[D].厦门:厦门大学,1997.

[45] 陆黎雪.中国投资者的全球资产配置策略[J].金融经济,2011(8):104-106.

[46] 马杰,张灿.DCC-GARCH-CVaR模型与中国外汇储备结构动态优化[J].世界经济,2012(7):67-82.

[47] 满向昱,朱曦济,郑志聪.新兴市场国家外汇储备适度规模研究[J].国际金融研究,2012(3):40-47.

[48] 潘志斌.我国外汇储备汇率风险的内部构成、边际变化及其额外增量[J].华东师范大学学报(哲学社会科学版),2010(5):113-123.

[49] 曲强,张良,扬仁眉.外汇储备增长、货币冲销的有效性及对物价波动的动态影响[J].金融研究,2009(5):47-60.

[50] 邱冬阳,姚雅,王全意.基于VECM的中国外汇储备生成机理研究[J].金融经济学研究,2013(4):15-25.

[51] 宋玉华,李锋.主权财富基金的新型"国家资本主义"性质探析[J].世界经济研究,2009(4):51-56.

[52] 滕昕,李树民. 基于径向神经网络的我国外汇储备规模预测[J]. 太原理工大学学报,2006(12):32-34.

[53] 王国林. 外汇储备的国际比较分析[J]. 国际金融研究,2003(7):62-66.

[54] 王国林,牛晓健. 外汇储备币种结构分析[J]. 上海金融,2006(9):52-53.

[55] 魏晓琴,尤元宝. 对阿格沃尔模型的改进与运用[J]. 世界经济研究,2004(8):45-49.

[56] 王红夏. 中国外汇储备适度规模与结构研究[D]. 北京:对外经济贸易大学,2003.

[57] 王丹,李海婴. 中国外汇储备规模实证检验研究[J]. 武汉理工大学学报(社会科学版),2004(4):425-427.

[58] 王路. 我国外汇储备投资优化路径研究[D]. 山西:山西财经大学,2012.

[59] 王爱俭,王景武. 中国外汇储备投资多样化研究[M]. 北京:中国金融出版社,2009.

[60] 王三兴,王永中. 资本渐进开放、外汇储备累积与货币政策独立性[J]. 金融研究,2011(3):37-45.

[61] 王珍. 我国外汇储备增长与物价波动的理论分析与实证分析[J]. 统计研究,2006(7):41-45.

[62] 王应贵,甘当善. 主权财富基金投资管理问题思考[J]. 亚太经济,2010(1):63-66.

[63] 王凌云,王恺. 对中国适度外汇储备的测度[J]. 经济评论,2010(4):117-123.

[64] 王悦. 谱分析方法及其在经济周期研究中的应用——以美国经济周期波动(1930—2009)的谱分析为例[J]. 财经科学,2011(11):34-43.

[65] 王永中. 中国外汇储备的构成、收益与风险[J]. 国际金融研究,2011(1):44-52.

[66] 王韬,何巍. 基于AHP模型的我国外汇储备结构管理研究[J]. 南方金融,2011(10):12-15.

[67] 王荣. 中国外汇储备结构的波士顿矩阵分析[J]. 经济导刊,2011(4):16-20.

[68] 吴志明. 开放经济条件下的我国外汇储备规模[M]. 长沙:湖南大学出版社,2012.

[69] 吴念鲁. 重新认识我国外汇储备的管理与经营[J]. 金融研究,2007(7):1-9.

[70] 魏章友. 高额外汇储备对我国经济的影响及对策[J]. 当代经济,2008(9):82-83.

[71] 徐剑明.我国适度外汇储备规模的模型分析[J].数量经济技术经济研究,1999(4):21-23.

[72] 许承明.中国的外汇储备问题[M].北京:中国统计出版社,2003.

[73] 谢太峰.关于中国外汇储备多与少的思考[J].国际金融研究,2006(7):62-70.

[74] 谢平,陈超.论主权财富基金的理论逻辑[J].经济研究,2009(2):4-17.

[75] 吴君羊.国际储备研究[M].北京:中国金融出版社,2000.

[76] 谢泽林.美国金融风暴对我国外汇储备的影响研究[J].管理评论,2009(2):68-76.

[77] 徐永林,张志超.外汇储备币种结构管理:国际研究综述[J].世界经济,2010(9):21-29.

[78] 肖文,刘莉云,刘寅飞.中国外汇储备适度规模与需求结构研究——基于修正的 Agarwal 模型[J].财贸经济,2012(3):46-52.

[79] 喻海燕,朱孟楠.世界金融危机背景下我国外汇储备管理研究——基于管理收益的思考[J].经济学家,2009(10):79-86.

[80] 喻海燕.中国外汇储备有效管理研究[M].北京:中国金融出版社.2010.

[81] 喻海燕,朱孟楠.主权财富基金投资:理论探讨及现实选择[J].投资研究,2011(5):11-17.

[82] 喻海燕.外汇储备规模管理:适度规模目标区的构建与思考[J].江西社会科学,2011(5):50-54.

[83] 喻海燕,田英.中国主权财富基金投资:基于全球资产配置视角[J].国际金融研究,2012(11):36-42.

[84] 易江,李楚霖.外汇储备最优组合的方法[J].预测,1997(2):57-61.

[85] 易纲.把握当前有利时机外汇管理"稳中求进"[J].中国外汇,2012(1):3.

[86] 姚淑梅,张岸元,等.我国外汇储备研究[M].北京:中国计划出版社,2008.

[87] 姚东.加强外汇储备经营中的风险管理[J].中国外汇管理,1999(4):34-35.

[88] 杨胜刚,刘宗华.国际资本流动对中国货币供给的影响及政策分析[J].世界经济,2001(6):61-66.

[89] 杨胜刚,谭卓.基于层次分析法的中国外汇储备货币结构管理研究[J].财经理论与实践,2007(3):2-7.

[90] 杨胜刚,龙张红.基于模糊决策理论的中国外汇储备币种结构研究[J].财经理论与实践,2009(5).

[91] 杨胜刚,龙张红,陈珂.基于双基准与多风险制度下的中国外汇储备币种结

构配置研究[J]. 国际金融研究,2008(12):49-56.

[92] 杨湘豫,崔迎媛. 基于 Copula-GARCH-EVT 的中国开放式基金投资组合风险度量[J]. 财经理论与实践,2009(5):26-31.

[93] 余力,张勇,李国勇.基于门限分位点回归的条件 VaR 风险度量[J]. 经济问题,2010(4):104-108.

[94] 周靖祥. 外部失衡下的外汇储备累积及宏观经济金融波动关系研究[M]//朱民.动荡中的国际金融.北京:中国金融出版社,2009.

[95] 朱孟楠,余玉平. 新兴市场国家货币汇率"害怕浮动"现象分析——以新制度经济学为视角[J]. 厦门大学学报,2006(3):106-113.

[96] 朱孟楠,陈晞. 进化博弈论视角下的国际货币体系演变与人民币国际化路径研究[J]. 金融发展研究,2008(12):14-17.

[97] 朱孟楠,喻海燕. 中国外汇储备急剧增长原因、问题及对策[C]//建部正义,张亦春.中日金融制度比较.东京:中央大学出版社,2009.

[98] 朱孟楠. 国际金融学[M]. 厦门:厦门大学出版社,2013.

[99] 朱孟楠,喻海燕. 中国外汇储备的风险集中与控制策略——基于中国外汇储备高速增长的思考[J]. 厦门大学学报,2007(6):82-89.

[100] 朱孟楠.中国外汇储备:质量与数量研究[D]. 厦门:厦门大学,1997.

[101] 朱孟楠.中国外汇储备必须弄清楚的三大理论问题[J]. 经济研究参考,1997(A1):32-35.

[102] 朱孟楠,陈晞,王雯.全球金融危机下主权财富基金:投资新动向及其对中国的启示[J]. 国际金融研究,2009(4):4-10.

[103] 朱孟楠,喻海燕. 中国外汇储备有效管理与现实选择[J]. 财经理论与实践,2007(9):20-26.

[104] 朱孟楠.关于适度外汇储备量的思考[J]. 国际金融导刊,1995(6):18-26.

[105] 朱孟楠.面对人民币汇率持续上升应弄清的几个问题[J]. 金融研究,1995(9):25-28.

[106] 朱孟楠.新加坡对外汇储备的管理与投资及启示[J]. 中国外汇管理,1997(1):37-39.

[107] 朱孟楠. 香港外汇基金的投资策略及若干启示[J]. 国际经济合作,1997(6):12-15.

[108] 朱孟楠,侯哲. 中国外汇储备汇率风险损失区间测度——基于重新定义下的研究[J]. 财贸经济,2013(8):58-66.

[109] 朱孟楠,喻海燕. 中国外汇储备高增长的有效管理及路径选择[J]. 山西财

经大学学报,2007(6):88-93.

[110] 朱孟楠.金融监管的国际协调与合作[M].北京:中国金融出版社,2003.

[111] 朱孟楠.香港金融市场的运作与管理[M].厦门:厦门大学出版社,2009.

[112] 朱孟楠,刘林.中国外汇市场干预有效性的实证研究[J].国际金融研究,2010(1):52-59.

[113] 朱孟楠,刘林.短期国际资本流动、汇率与资产价格——基于汇改后数据的实证研究[J].财贸经济,2010(5):5-13.

[114] 朱孟楠,胡潇云.我国主权财富基金投资:风险识别与风险评估体系设计[J].经济学家,2011(11):13-21.

[115] 朱孟楠,叶芳.人民币区域化的影响因素研究——基于引力模型的实证分析[J].厦门大学学报,2012(6):102-109.

[116] 朱孟楠,陈欣铭.外汇市场压力、短期国际资本流动及通货膨胀——基于马尔可夫区制转换模型的实证研究[J].投资研究,2013(3):33-45.

[117] 朱孟楠,王雯.外汇储备投资:亚洲新兴市场国家的比较与借鉴[J].金融理论与实践,2008(6):32-37.

[118] 朱孟楠,张乔.基于随机前沿模型的人民币汇率低估问题研究[J].当代财经,2010(10):50-59.

[119] 朱孟楠,严佳佳.人民币汇率波动:测算及国际比较[J].国际金融研究,2007(10):54-61.

[120] 仲雨虹.谈中央银行外汇储备风险审慎性管理[J].中国外汇管理,2000(10):10-12.

[121] 朱淑珍.中国外汇储备的投资组合风险与收益分析[J].上海金融,2002(7):26-28.

[122] 张雪鹿.人民币一篮子货币的权重研究[D].厦门:厦门大学,2010.

[123] 张亦春,郑振龙.金融市场学[M].2版.北京:高等教育出版社,2003.

[124] 张斌.中国对外金融的政策排序[J].金融与保险,2011(9):5-7.

[125] 郑振龙,邓弋威.外汇风险溢酬与宏观经济波动:基于随机贴现因子的研究框架[J].世界经济,2010(5):51-64.

[126] 周光友,罗素梅.外汇储备最优规模的动态决定——基于多层次替代效应的分析框架[J].金融研究,2011(5):29-41.

[127] 邹宏元,袁继国,罗然.最优外汇储备币种结构选择研究[J].管理世界,2010(6):169-170.

[128] 郑木清.证券投资资产配置决策[M].北京:经济科学出版社,2003.

[129] 郑凌云.2007 年主权财富基金境外投资概况及 2008 年展望[J]. 国际金融研究,2009(6):4-13.

[130] 钟伟.论中国国际储备的适度规模[J].财经研究,1995(7):47-49.

[131] 者贵昌.中国国际储备的分析与研究[J].国际金融研究,2005(5):56-61.

[132] 兹维·博迪,罗伯特·C.莫顿,戴维·L.克利顿.金融学[M].北京:中国人民大学出版社,2010.

[133] Aizenman,Joshua and Jaewoo Lee. Financial versus Monetary Mercantilism: Long-Run View of Large International Reserves Hoarding. The World Economy,2008,31(5): 593-611.

[134] Bird,G. and R. Rajan. Too Good to Be True? The Adequacy of International Reserve Holdings in an Era of Capital Account Crises. The World Economy,2003,26:873-891.

[135] Baillie,Richard T. and Tim Bollerslev. A Multivariate Generalized ARCH Approach to Modeling Risk Premia in Forward Foreign Exchange Rate Markets. Journal of International Money and Finance,1990,9(3): 309-324.

[136] Beck,R. and Rahbari E. Optimal Reserve Composition in the Presence of Sudden Stops: The Euro and the Dollar as Safe Haven Currencies. ECB Working Paper Series,No. 916,2008.

[137] Jorge Belaire-Franch and Kwaku K. Opong. Some Evidence of Random Walk Behavior of Euro Exchange Rates Using Ranks and Signs. Journal of Banking & Finance,2005,29(7): 1631-1643.

[138] Ben-Bassat A. The Optimal Composition of Foreign Exchange Reserves. Journal of International Economics,1980,10(2):285-295.

[139] Borio,C, Ebbesen. J, Galati,G. and Health,A. FX Reserves Management:Elements of a Framework. BIS Papers No. 38 Bank for International Settlements 2008a.

[140] Boyer,Brian H. ,Tomomi Kumagai,and Kathy Yuan. How Do Crises Spread? Evidence from Accessible and Inaccessible Stock Indices. The Journal of Finance, 2006,61(2): 957-1003.

[141] Bert Boertje,Han van der Hoorn. Managing Market Risks:A Balance Sheet Approach. European Central Bank,April 2004.

[142] Caballero,Ricardo J. and Stavros Panageas. Hedging Sudden Stops and Precautionary Contractions. Journal of Development Economics, 2008,85

（1）：28-57.

[143] Chinn，Menzie，and Jeffrey Frankel. Why the Euro Will Rival the Dollar. International Finance，2008，11（1）：49-73.

[144] Claessens Stijn，and Jerome Kreuser. A Framework for Strategic Foreign Reserves Risk Management. Risk Management for Central Bank Foreign Reserves，2004：47-73.

[145] Cornelia Hammer，Peter Kunzel，and Iva Petrova. Sovereign Wealth Funds：Current Institutional and Operational Practices. IMF working paper，2008. 11.

[146] Dooley Michael. An analysis of the management of the currency composition of reserve assets and external liabilities of developing countries. The Reconstruction of International Monetary Arrangements，MacMillan，New York（1986）：262-280.

[147] Dooley Michael P.，J. Saúl Lizondo and Donald J. Mathieson. The currency composition of foreign exchange reserves. Staff Papers-International Monetary Fund（1989）：385-434.

[148] Dooley Michael P.，David Folkerts-Landau and Peter Garber. An essay on the revived Bretton Woods system. No. w9971. National Bureau of Economic Research，2003.

[149] Dani Rodrik，Andrés Velasco. Short-Term Capital Flows. NBER Working Paper，1999，No. w7364.

[150] D. Delgado Ruiz，P. Martínez Somoza，E. Osorio Yánez，R. Pabón Chwoschtschinsky. Management of the international reserve liquidity portfolio. European Central Bank，April 2004.

[151] Don Bredin. FOREX Risk：Measurement and Evaluation using Value-at-Risk，Technical Paper，December 2002 .

[152] Edwards，S. On the interest-rate elasticity of the demand for international reserves：some evidence from developing countries. Journal of International Money and Finance，1985，4：287-295.

[153] E. Papaioannou et al. Optimal currency shares in international reserves：The impact of the Euro and the prospects for the dollar. Journal of the Japanese and International Economics，2006（7）：1-40.

[154] Eichengreen B. and Mathieson，D. J. The Currency Composition of Foreign Exchange Reserves：Retrospect and Prospect. IMF Working Paper，

WP/00/131,2000.

[155] Elton, E. J. Gruber, M. J. Brown, S. J. ,& Goetzmann, W. N. Modern portfolio theory and investment analysis. John Wiley & Sons,2009.

[156] Engle Robert F. and Kevin Sheppard. Theoretical and empirical properties of dynamic conditional correlation multivariate GARCH. No. w8554. National Bureau of Economic Research,2001.

[157] Flood, Robert and Nancy Marion. Holding International Reserves in an Era of High Capital Mobility. IMF Working Paper,2002,No. 02/62.

[158] Forbes, Kristin. The Asian flu and Russian virus: firm-level evidence on how crises are transmitted internationally. No. w7807. National Bureau of Economic Research,2000.

[159] Gary P. Brinson, Randolph L. Hood and Gilbert L. Beebower. Determinants of Portfolio Performance. Financial Analysts Journal,1986,42(4):39-44.

[160] H. R. Heller. Optimal International Reserves. The Economic Journal, 1966,Vol. 76:296-311.

[161] H. R. Heller, M. Knight. Reserve Currency Preferences of Central Banks. Essays in International Finance,1978,No. 131.

[162] Harris, Chin. Reserve Currency Preferences for Central Banks: The case of Korea. Journal of International Money and Finance, 1991, Vol. 12: 36-42.

[163] Hutchison, Michael M, Ilan Noy. Sudden Stops and the Mexican Wave: Currency Crises, Capital Flow Reversals and Output Loss in Emerging Markets. Economic Policy Research Unit, Institute of Economics, University of Copenhagen,2002.

[164] Han Ki C., Suk Hun Lee, and David Y. Suk. Mexican peso crisis and its spillover effects to emerging market debt. Emerging Markets Review, 2003,4(3): 310-326.

[165] Hansen, Lars Peter, and Robert J. Hodrick. Forward exchange rates as optimal predictors of future spot rates: An econometric analysis. The Journal of Political Economy,1980: 829-853.

[166] Lars Peter, Hansen and Robert J. Hodrick. Risk averse speculation in the forward foreign exchange market: An econometric analysis of linear models. Exchange rates and International Macroeconomics. University of

Chicago Press,1983:113-152.

[167] Heller H R, Knight M D. Reserve-currency preferences of central banks. International Finance Section,Department of Economics,Princeton University,1978.

[168] Heinrich Hauss. The role of international property investments in the global asset allocation process. University of South Australia,2003.

[169] Jeanne,O. The dollar and its discontents. Journal of International Money and Finance,2012:1-14.

[170] IMF. Guidelines for Foreign Exchange Reserve Management. http://www. imf. org/external/np/mae/ferm/eng/index. htm,September 20, 2001.

[171] IMF,Guidelines for Foreign Exchange Reserve Management: Accompanying Document. http://www. imf. org/external/np/mae/ferm/2003/eng/index. htm,March 26,2003.

[172] IMF. Guidelines for Foreign Exchange Reserve Management. http://www. imf.org/external/pubs/ft/ferm/guidelines/2004/081604.pdf,August 16,2004.

[173] IMF. Guidelines for Foreign Exchange Reserve Management: Accompanying Document and Case Studies. http://www. imf. org/external/pubs/ft/ferm/guidelines/2005/index. htm.

[174] IMF Monetary and Capital Markets and Policy Development and Review Departments. Sovereign Wealth Funds—A Work Agenda,2008.

[175] J. M. Flemming. IMF and International Liquidity. IMF Staff Paper,1964,7:110-132.

[176] J. P. Agarwal. Optimal Monetary Reserves for Developing Countries. Weltwirts chaftliches Archiv,1971,CVII. 3: 254-271.

[177] Jacob A. Frenkel. The Demand for International Reserves by Developed and Less-Developed Countries. Economica New Series,1974,Vol. 41:14-24.

[178] Jian Yang, Xiaojing Su; James W. Kolari. Do Euro exchange rates follow a martingale? Some out-of-sample evidence. Journal of Banking & Finance,2008,(32): 729-740.

[179] Johnson S. The rise of Sovereign Wealth Funds. Finance,2007.

[180] Aizenman,Joshua & Jinjarak,Yothin & Park,Donghyun. Evaluating Asian Swap Arrangements. ADBI Working Papers 297,Asian Development Bank Institute,2011.

［181］ Lucio Sarno，Paul Schneider and Christian Wagner. Properties of foreign exchange risk premiums. Journal of Financial Economics，2012，(105)：279-310.

［182］ Kai Shi，Li Nie. Adjusting the Currency Composition of China's Foreign Exchange Reserve，International Journal of Economics and Finance，Vol. 4，No. 10，2012 .

［183］ Landell-Mills，J. M. The demand for international reserves and their opportunity cost. IMF Staff Papers，1989，36：708-732.

［184］ Lev Dynkin，Jay Hyman. Multi-factor risk analysis of bond portfolios［R］. European Central Bank，April 2004.

［185］ Laila Arjuman Ara，Zhu Mengnan，Mohammad Masudur Rahman. China's Exchange Rate System—A Policy Perspective. Chinese Business Review，2004，3 (6).

［186］ Milton A. Iyoha. Demand for International Reserves in Less Developed Countries：A Distributed Lag Specification. The Review of Economics and Statistics，1976，58：351-355.

［187］ Michael P. Dooley. An Analysis of the Management of the Currency Composition of Reserve Assets and External Liabilities of Developing Countries. The Reconstruction of International Monetary Arrangements，editor，R. Aliber. Macmillan，1987.

［188］ Malliaropulos Dimitrios. A multivariate GARCH model of risk premia in foreign exchange markets. Economic Modelling，1997，14(1)：61-79.

［189］ McCurdy，Thomas H. and Ieuan G. Morgan. Tests for a systematic risk component in deviations from uncovered interest rate parity. The Review of Economic Studies 1991，58(3)：587-602.

［190］ Mussa，M. The role of official intervention. New York：Group of Thirty，1981.

［191］John Murray，Mark Zelmer，Shane Williamsom. Measuring the Profitability and Effectiveness of Foreign Exchange Market Intervention：Some Canadian Evidence. Technical Report，Bank of Canada，1990，No. 53.

［192］ McKinsey. Sovereign Wealth Funds［R］. New York：Global Institute，2007.

［193］Taylor，D. Official Intervention in the Foreign Exchange market，or Bet Against the Central Bank［J］. Journal of Political Economy，1982，90：356-68.

[194] Markowitz, H. M. Portfolio Selection, The Journal of Finance, 1952, 7 (1):77-91.

[195] Meng-Nan Zhu, Hai-Yan Yu, Hsu-Ling Chang and Chi-Wei Su . Money demand function with asymmetric adjustment: Evidence on Brazil, Russia, India and China(BRICs) . African Journal of Business Management. Vol. 5(14):5449-5459, 18 July 2011.

[196] Olivier Jeanne and Romain Rancière. The optimal level of international reserves for emerging market countries: a new formula and some applications. The Economic Journal, 2012, 121(9):905-930.

[197] Pierre Cardon and Joachim Coche, Strategic asset allocation for foreign exchange reserves, European Central Bank, 2004.

[198] Peter Ferket and Machiel Zwanenburg. The risk of diversification[R]. European Central Bank, 2004.

[199] P. Wang, Country Risk and Sovereign Risk Analysis. The Economics of Foreign Exchange and Global Finance, 2009.

[200] Peter Kunzel, Yinqiu Lu, Iva K. Petrova, Jukka Pihlman. Investment Objectives of Sovereign Wealth Funds —A Shifting Paradigm . IMF Working Paper, 2011.

[201] Pierre-Olivier Gourinchas, Helene Rey, Kai Trümpler. Managing Capital Inflows: The Role of Capital Controls and Prudential Policies. NBER Working Paper Series 08/2011.

[202] Stephen J. Fisher, Min C. Lie . Asset Allocation for Central Banks : Optimally Combining Liquidity, Duration, Currency and Non-government Risk, Risk Management for Central Bank Foreign Reserves[R]. European Central Bank, May 2004.

[203] Roland Beck, Michael Fidora. The impact of Sovereign Wealth Funds on global financial markets[J]. Intereconomics, 2008.

[204] Roger G. Ibbotson, Paul D. Kaplan. Does Asset Allocation Policy Explain 40, 90, 100 Percent of Performance? Financial Analysts Journal, 2000, 56(1).

[205] Srichander Ramaswamy. Reserve Currency Allocation: An Alternative Methodology. BIS Working Paper, 1999, No. 72.

[206] Sharpe, William F. Capital asset prices: A theory of market equilibrium under conditions of risk, The Journal of Finance, 1964, 19 (3): 425-442.

［207］Takatoshi Ito. Is Foreign Exchange Intervention Effective? The Japanese Experiences in the 1990s. NBER Working Paper,2002,No. 8914.

［208］Tai,Chu-Sheng. Can currency risk be a source of risk premium in explaining forward premium puzzle? Evidence from Asia-Pacific forward exchange markets. Journal of International Financial Markets,Institutions and Money 2003,13(4): 291-311.

［209］Wei Wei xian, Zhu Meng nan. Modelling State Foreign Exchange Reserves Under the Managed Floating Exchange Rate System in China. Journal of Systems Science and Systems Engineering,2000,9.